Francesco Griselini

Versuch einer politischen und natürlichen Geschichte des temeswarer Banats in Briefen an Standespersonen und Gelehrte

Francesco Griselini

Versuch einer politischen und natürlichen Geschichte des temeswarer Banats in Briefen an Standespersonen und Gelehrte

ISBN/EAN: 9783743312012

Hergestellt in Europa, USA, Kanada, Australien, Japan

Cover: Foto ©ninafisch / pixelio.de

Francesco Griselini

Versuch einer politischen und natürlichen Geschichte des temeswarer Banats in Briefen an Standespersonen und Gelehrte

Franz Griselini,
mehrerer Akademien Ehrenmitgliedes und der k. k. Gesellschaft zur Aufnahme des Ackerbaues, der Künste, Manufakturen, und Handlung zu Mailand Sekretärs,

Versuch
einer politischen und natürlichen
Geschichte
des
temeswarer Banats
in Briefen
an Standespersonen und Gelehrte.

Erster Theil.

Wien,
im Verlage bey Johann Paul Krauß.

1 7 8 0.

Vorbericht.

Ich kenne nur wenige Länder, wo nicht Männer von Muth, Geist und Einsicht durchgedrungen wären, um ihre natürlichen Produkte sowol, als die Religion und Sitten der Einwohner kennen zu lernen: unterdes in Europa noch mehrere unbereiset sind, wo doch richtige, mit Beurtheilungskraft unternommene Beschreibungen dem Gelehrten zur Unterhaltung dienen, jedem Wisbegierigen Vergnügen gewähren, und durch die Gemeinnüzigkeit der Gegenstände, selbst Personen von höherem Berufe interessiren müsten.

Unter diese Länder ist das **temeswarer Banat** zu zählen. Eine beträchtliche Provinz, die in ihrem weiten Umfange, gegen Morgen sich an Siebenbürgen und die Walachei, genauer zu sagen, das ehmalige **severiner**, izt unter türkischer Hoheit stehende **sozorener** Banat, ausbreitet; gegen Mitternacht und Abend mit Niederungarn und Sklavonien gränzet; gegen

)(2 Mit-

Mittag aber von Servien umgeben wird. Wir haben von ihrem Zustande, in alten sowohl als neuern Zeiten, nur zerstreute Nachrichten bei den Erdbeschreibern, und in einigen wenigen ungarischen Geschichtsbüchern, aus denen man kaum eine mittelmässige Kenntnis sich beilegen wird. Kurz, uns fehlet eine zusammenhängende Geschichte, wo nach der Ordnung die Begebenheiten erzählet werden, von denen dieses Land solange der Schauplaz war, bis es zu Anfange dieses Jahrhunderts durch die siegreichen Waffen des allerdurchlauchtigsten Erzhauses aus dem türkischen Joche gezogen ward, dessen Last es 164. Jahre hindurch gefühlet hatte.

Die vielen Moräste und stehenden Wässer machten damals die Luft äuserst ungesund; das Volk war wenig; und dieses ohne alle Kultur, zur Barbarei herabgesunken. Man kann nicht berechnen, welche Summen Karl VI. glorwürdigster Gedächtnis, bereits verwendet hat, und welche noch heutzutage von der grosen Nachfolgerinn in seinen Reichen und Regierungstugenden, auf Verbesserung des Bodens und andere wesentliche Gegenstände verwendet werden.

Unter der Landesadministration eines vortreflichen Generals Mercy, und anderer würdigen Minister, die nach seinem Plane, gleichförmig der allerhöchsten Absicht, fortarbeiteten, sah man aus Temeswar, einem bisdahin unbedeutenden Orte, einen beträchtlichen Waffenplaz hervorsteigen. Moräste wurden ausgetroknet; reisende Ströme in ihre Ufer zurükgewiesen; lange und tiefe Kanäle gegraben: damit mehrten sich die Dorfschaften, wo vorher nur elende Hütten standen; aus

Wü-

Wüsten wurden bewohnte Ländereien; es wuchs die Population, so daß man zufolge dieses Systems, unter den alten Einwohnern, als Walachen, Raitzen, Zigeunern, Bulgaren, Ungarn, Griechen aus Macedonien und den Inseln des ägeischen Meeres, auch Deutsche, Franzosen, Wälsche aufgenommen hat, der vielen Juden nicht zu vergessen. Zu Becskerek hatte sich sogar eine Kolonie Spanier aus Biscaja niedergelassen; daher man den Ort Neu-Barcellona nennet. Und doch ist es sowenig bekannt, daß es Mercy war, der Manufakturen und Künste einführte, und die von der höchsten gesäzgebenden Weisheit getroffenen Anstalten mit dem wirksamsten Eifer zur Volkommenheit brachte, in der man sie gegenwärtig siehet — ein wahres Phönomen der Staatsklugheit, oder besser zu sagen, ein unsterbliches Denkmaal der Wolthätigkeit und Völkerliebe der Besten unter den Monarchinnen, und des grossen Kaisers, Ihres Mitregenten.

Das ist es noch nicht alles. Auch das gelehrte Europa hat noch wenig Kenntnis davon, daß im Umfange und in den benachbarten Gegenden des Banats nicht wenige Ueberbleibsel de römischen Grösse sich finden; daß öfters Medaillen und Münzen, aus der ersten, mittlern und letzten Zeit des Reiches, in seinem Boden ausgegraben werden; daß endlich ein Theil seiner Einwohner, die Walachen, Abkömmlinge einer lateinischen Kolonie sind, welche dahin verpflanzet ward, als N. Nerva Traian dieses Land mit dem übrigen alten Dacien eroberte.

Ebenso verborgen sind noch dem Naturkündiger die Schäze, mit denen die Vorsicht diese Provinz im Ueberflusse gesegnet hat. Ihr fruchtbarer Boden trägt alles, was Hauswirthschaft, Manufakturen und Künste zu benutzen wissen; selbst der Seidenbau könnte, bei getroffenen guten Anstalten, einst mit jedem andern Lande in Europa wetteifern. Auch findet der Botaniker hier eine reiche Aerndte, die zahllosen Geschlechter der Vegetabilien zu vermehren. Zu Pflegung des zahmen Viehes ist das Land, seiner physischen Beschaffenheit nach, so geschikt, daß man in ältern Zeiten seine Meierhöfe pascua Romanorum nannte; die Wälder bieten Wildpret in Menge an; die Flüsse sind fischreich; Federvieh aller Arten ist unzählig; selbst unter den Insekten findet man die seltensten Gattungen, die alle Aufmerksamkeit verdienen, und von Naturkündigern noch nicht untersucht worden sind. Seine Berge, theils mit Wäldern bedekt, theils steile Klippen — diese von grausem, jene von dem lachendesten Ansehn; die einen aus einer einförmigen felsichten Steinart, die andern aus mannigfaltigen Schichten bestehend, scheinen recht dazu gemacht, das Auge des Beobachters auf sich zu ziehn. Denn, da die einen allen unterirrdischen Reichthum schlechterdings entbehren, so bieten die andern eine Menge hältigen Erzes verschiedener Gattungen dar; nicht zu gedenken der Ueberbleibsel von organisirten Körpern aus dem Thier- und Pflanzenreiche, als Holz, versteinert, oder durch hinzugekommenes bituminöses Wesen zu Steinkohlen verwandelt, Stüke von Gebeinen, Zähne von Elephanten, andern Thieren und ungeheuren Meerwundern, nebst andern Auswürfen des Meerwassers, welche man in einer dritten antrift. Ich darf nicht vergessen, daß Flüsse und kleinere Bäche im Banat goldhaltigen Sand führen, und daß

man

man im Gebirge sowol als auf dem platten Lande, mineralische Wässer und Gesundbrunnen antrift, z. B. die berühmten warmen Bäder zu Mehadia, welche von den alten Römern dem Herkules geheiligt waren, der daselbst Tempel, Säulen, und Altar hatte, und von dem sie noch heutzutage Thermae Herculis heisen.

All diese, und noch viel mehrere Merkwürdigkeiten finden sich im temeswarer Banat, von dem wir doch nichteinmal eine richtige topographische Karte haben, daraus man mit einiger Genauigkeit die Zahl und wahre Lage seiner Städte, Ländereien, Dörfer und Schlösser bestimmen, den Lauf der Flüsse und Bäche, welche sein Innerstes bespülen, und das Land in allen Theilen durchschneiden, beobachten, kurz einen wahren Begrif von seiner natürlichen Beschaffenheit sich machen könnte, sowol des flachen Landes, als der Gebirge und Hügel, mit denen es durchsäet ist.

Ich fühle mich verpflichtet, der Gnade S. E. des Freiherrn Joseph von Brigido, k. k. Kammerherrn, wirkl. Geheimenraths und seit dem J. 1775. Landesadministrationspräsidenten, hier öffentlich für die Gelegenheit zu danken, welche ich gehabt habe, das Banat grossentheils zu bereisen. Dem Schuze dieses grosmüthigen Beförderers der Wissenschaften bin ich alle die eigenen Beobachtungen sowol als fremde Nachrichten schuldig, aus denen das Werk erwachsen ist, welches ich dem Publikum hier überreichen darf.

Eine Folge von Briefen an Personen, die durch Stand und Gelehrsamkeit verehrenswerth sind, macht einen zusammenhänhängenden Versuch über die politische und natürliche Geschichte dieser Provinz aus. Solchen zu berichtigen und zur Volkommenheit zu bringen, fordere ich die fähigen Genies auf, die mit mir unter dem glücklichsten und glorreichesten Zepter leben. In einem so aufgeklärten Jahrhunderte bin ich damit zufrieden, wenn ich ihnen den Weg eröfne, sich durch ihre Bemühungen Verdienste um einen Gegenstand zu erwerben, der in seinem ganzen Umfange bearbeitet, den Gelehrten aller Stände angenehm seyn, und zugleich die allerhöchste Aufmerksamkeit J. K. und KK. MM. sich zuziehen könnte, als welche, neben sovielen glorreichen Sorgen, alle nützlichen Kenntnisse mit dem thätigsten Eifer befördern — jedes Talent mit der Grosmuth belohnen, die Ihre Regierungen neben den schönen Jahrhunderten der **Auguste, Trajane, Mark-Aurele** und **Theodose**, in die Geschichte sezen wird.

Wie sehr könnten meine Beobachtungen bereichert und berichtiget werden, wenn gelehrte Naturforscher das Banat mit dem Geiste besuchen wolten, den Liebe zur Menschheit — die einzige wahre Philosophie — schönen Seelen giebt. Das ist mein ganzer Wunsch, meine Hofnung: ut si quando iis, quae aliorum in hoc genere detexerit industria, nostra adiiciantur, junctis viribus communis suppellex felici conamine succrescat, augeatur (*)

(a) Isaac Bibergii Oeconomia naturae, in Linnaei Amoenitat. Academic.

Erster Theil.

Politische Geschichte des temeswarer Bannats. Sitten und Gebräuche der Völker, welche das Land bewohnen. Alterthümer, welche aus den Zeiten der Römer sowol, als der Barbarei, in diesen und den benachbarten Gegenden noch übrig sind.

Erster Brief

An den hochwohlgebohrnen Grafen, Johann von Soro, k. k. Generalfeldwachtmeister, Kommandant der Stadt und Festung Temeswar, und des hohen militarischen Marien-Theresien Ordens Ritter 2c.

Enthält die Geschichte des Bannats von der Zeit, da es als römische Provinz, einen Theil von Dacia Ripensi ausmachte, bis auf das Jahr Christi 1456.

Temeswar den 1 Maj. 1776.

Eu. 2c. klagen nicht ohne Grund, daß diese Provinz, welche man heutzutage unter dem Namen des temeswarer Bannats begreift, am meisten von den Geschichtschreibern vernachlässigt ist. Es wäre zu wünschen daß jemand eine Beschreibung desselben unternehmen möch-

möchte, da es in seinem Umfang so viel Merkwürdiges enthält, welches die Aufmerksamkeit des Gelehrten und Naturkündigers sowohl, als jedes andern verdient, dem getreue und genaue Nachrichten Anlaß zu Betrachtungen über die physische Beschaffenheit der Länder, über die Sitten, den Geist und die Gebräuche ihrer Einwohner geben können.

Bei einem so fruchtbaren, ausgebreiteten und mannichfaltigen Gegenstand: was könnte da ein Mann von Einsicht in der politischen und natürlichen Geschichte nicht alles leisten — welchen Beweis von seinen Talenten geben? Und in einem so aufgeklärten Jahrhundert, als das unsrige ist! Gewis beurtheilen Eu rc. mich mit zuviel Partheilichkeit; ich besize weder Fähigkeit noch Kenntnis genug um mit Erfolg zu arbeiten; auch war mein Aufenthalt zu kurz, ich konnte in wenig mehr als zwei Jahren unmöglich alles selbst sehn, so beobachten und untersuchen, daß ich mir Beifall oder doch Nachsicht versprechen dürfte. Demohngeacht verführet dero Aufforderung mich so weit und gibt mir so viel Muth ein, daß ich den Versuch wagen will.

Das **temeswarer Bannat**, wie es heutzutag ist, nahm vormals ein grosses Stük Landes von demjenigen beträchtlichen Theile des **Dacischen** Reichs weg, welcher nach der römischen Eroberung riparia oder ripensis, aus der Ursache hies, weil die Ufer der beiden grossen Flüsse, der **Theiß** gegen Abend und der **Donau** gegen Mittag, seine Gränze machten.

Die alten Historiker und Geographen, wenn sie von den Völkern reden, die **Dacien** selbst den Namen gegeben haben, leiten diese aus Asien, mit den **Geten** gleiches Ursprungs, ab; (1) dahingegen ein neuerer Schriftsteller behauptet, daß sie **Sarmaten**, oder **Slaven** gewesen. (2) Als eine muthige und unternehmende Nation, führten sie

(1) Plinius, Strabo, Ptolomäus nachzulesen.

(2) Pastorius de, Origin. Sarmat. p. 54.

sie öfters blutige Kriege mit ihren Nachbarn, besonders den Tauroscythen, oder Scythotauren, wie sie Plinius (3) nennet, welche vermuthlich die Stifter von Taurunum, heutzutage Belgrad in Servien sind, und in der Folge mit den Römern, nachdem diese Mösiens und Panoniens sich bemächtiget hatten. Florus bemerkt, daß sie ihre Zeit meist im Winter genommen, wenn die Donau mit Eise bedekt war, und daß daher K. Augustus die sogenannten praesidia angeordnet d. h. Kriegsvölker nach Segeste verlegt habe, um dadurch sowohl die Kolonien in Sirmien, als die Ufer des Flusses zu schüzen. Sie noch mehr im Zaume zu halten, schikte dieser Kaiser den Kornelius Lentulus, (4) und nach diesem, den Konsul Vibius, von welchem ihr König Kotiso geschlagen, und auf solche Art, Dacia Ripensis von den Römern behauptet wurde. Er muste jedoch sich bald wieder zurüke ziehen; denn die Dacier faßten aufs neue Muth, drangen in ihren Streifereien noch viel weiter vor, und ließen den ganzen Zeitraum der nachfolgenden Regierungen hindurch, vom Tiberius bis auf den Domitian, nicht ab davon. (5) Tacitus schilt sie ein treuloses Volk, weil sie wider den getroffenen Vergleich, ihre Streifereien nie unterliessen, wie besonders zu den Zeiten Domitians geschah, da sie von Dorpora, oder Dorporeo, angeführt wurden, welches einer ihrer tapfersten Fürsten war. Er überwand zuerst den Konsul Oppius Sabinus, Heerführer der römischen Legionen, welche die Donauufer deken sollten, und nach ihm auch den Kornelius Fuskus, Präfekt der prätorianä cohortis, dem Domitian, nach der Niederlage des Sabinus, ein mächtiges Kriegsheer anvertrauet hatte, um sie zurük zu treiben, und zu bezwingen. Es folgten mehrere Unternehmungen; der Ausgang der lezten war, daß dieser Kaiser nicht allein

(3) Plinius Nat. Hist. lib. 4. C. 26.

(4) Horatius Ode VIII. ad Maecenatem: Mitte civiles super urbes curas, occidit Daci Cotisonis agmen.

(5) Suetonius in Vitell. & Vespasiano. Tacitus in vita Agricolae.

(6) Tacitus Hist. l. IV.

den Frieden erkaufen, sondern auch dem gedachten Fürsten Dorporeo einen starken Tribut bewilligen muste, damit er sich in seinen Gränzen hielt.

Trajans Tapferkeit und kriegerischer Geist rächten die Ehre des römischen Namens. Sein erster Feldzug gegen Dacien fällt im das Jahr Roms 854. oder 101. der christl. Zeitrechnung; er endigte damit, daß er den Decebalus welcher Dorporeo nachgefolgt war, überwand, und soweit brachte, daß er sich ihm zu Füssen werfen, und für sich sowohl, als alle seine Unterthanen, dem römischen Reich Gehorsam und jährlichen Tribut geloben muste. Doch dieser König vergas bald seines Versprechens. In zwei Jahren sah sich Trajan schon genöthiget, mit noch grösserer Macht das zweitemal in Dacien einzurüken, um gänzlich den Stolz einer Nation zu beugen, die eben so untreu als wild und unternehmend war. Auf diesem Zuge ließ er in Mösien, durch den Baumeister Apollodorus Damasenus, jene prächtige, bewundernswürdige Brüke über die Donau bauen, von welcher noch heutzutage Ueberbleibsel sich erhalten haben. (7) Wie nun das römische Heer über den Fluß gesezet und das benachbarte Gebirg erstiegen hatte, kam es nach Sarmizgetusa, der Hauptstadt des Decebalus, welche von ihm schon verlassen war. Sie fanden ihn mit zahlreichen Truppen verstärkt; demohngeacht siegten die römischen Waffen, und dieser König, nachdem er geschlagen und in die Gefangenschaft gerathen war, fand das Mittel einer schimpflichen Sklaverei zu entrinnen, indem er durch Gift sich das Leben nahm. (8) So

(7) Der Geschichtschreiber Dio-Cassius giebt von der Pracht dieser Brüke, eine sehr große Idee. In des Grafen Marsigli Werk über die Donau, findet man Abbildungen der Ueberbleibsel, welche in der Nähe des Severiner Schlosses, im westlichen Theile der Walachei, noch gesehen werden.

(8) Dio-Caßius hat diese beiden Heerzüge nur sehr kurz beschrieben. Eine umständlichere Geschichte derselben, welche, wie wir aus dem jüngern Plinius Lib. VIII. epist. 4. sehen, von seinem Freunde Caninius verfaßet worden, hat sich nicht bis auf unsere Zeiten erhalten.

So endigte das dacische Reich. Nachdem der Ueberwinder alles eroberte Land zur römischen Provinz gemacht, sah man solches bald durch Pflanzungen und neue Städte bevölkert. Ich kann mich nicht auf das heutige Siebenbürgen (Dacia mediterranea) noch auf die Moldau und Walachei, (Dacia transalpina) sondern nur auf das Land einlassen von dem hier eigentlich die Rede ist, und welches dazumal Dacia ripensis hies. In diesem sind folgende berühmt gewesen. Csernes, welche Trajan selbst angelegt, und ihr gleiche Rechte mit den italiänischen Städten verliehen; (9) Margum, Arcidara, Turris litterata, Centum Putea, wo man an der Moldowa noch Spuren vom römischen Bergbau findet; (10) Bersovia, noch izt der Name eines Flusses im Bannat, an dessen Ufern vermuthlich die Stadt gestanden; ad Aquas, ein Ort am Fluß Cserna, der durch die warmen Bäder von Mehadia bekannt genug ist; Lizisin, Morisenum und Tibiscum, welche leztere da gestanden wo der Fluß dieses Namens die Marosch aufnimmt, und es läßt sich aus einer alten Inschrift in Stein vermuthen, daß solche zu Zeiten Galiens, durch Gunst seiner Gemahlinn Salonina, die Municipalrechte erhalten. (11) Auch gedenken die Erdbeschreiber noch einer andern Stadt Zambara, von welcher einige behaupten, daß es nach verschiedenen Namensveränderungen, das heutige Temeswar ist. (12)

Man muß sich nicht verwundern, daß in diesem Theile Daciens so wie auch in den übrigen, so viele Pflanzstädte mit einer verhältnismäßigen Anzahl kleiner Dörfer gewesen sind, da Trajan, nach dem

(9) Csernensium colonia a Divo Trajano deducta, juris Italici est. Apud Ulpianum l. 1. de censibus, & in Notitia Imperii.

(10) Hievon der IXte Brief dieses Isten Theils nachzulesen.

(11) Deren gedenket Ptolomäus, und in der Peitingerischen Tafel kommt sie unter dem Namen Tiviscus vor. Die angeführte Inschrift wird unten im XI. B. zu stehen kommen.

(12) Joan. Severini Pannonia Veter. mon. illustrata L. 1. cap. 15. p. 41.

Eutropius (13) unzähliges Volk aus allen Ländern des römischen Gebietes dahin abführen lies, sowol den Städten Einwohner als dem Akerbau arbeitende Hände zu geben. Doch wurden dadurch die Dacier nicht so sehr vermindert und niedergedrükt, daß man von ihnen nichts mehr zu fürchten hatte. Sie liessen sich, unter der Regierung des M. Antoninus Pius, von den benachbarten Markomannen und Quaden zur Empörung reizen; so, daß um sie im Zaume zu halten, die Gewalt der Präsiden, welche damals die Regierung verwalteten, vergrössert und in den Gränzen der Provinz beständiges Kriegsvolk, nebst den zur Arbeit befehligten, scythischen und macedonischen Legionen gehalten, (14) auch in Dacia Riparia ein eigener Präfekt bestellt werden muste, um über die Ufer der Theiß und der Donau, nebst der Brüke Trajans Obsicht zu tragen. (15)

Diese Vorsichten dämpften zwar die innerlichen Unruhen; aber sie schüzten die Provinz nicht vor fremden Einfällen. Schon zur Zeit des M. Antoninus Karakalla sprach man von den Barbarn, welche um das schwarze Meer, die möotische See (palus mocotis) und im übrigen Asien, bis an den Berg Kaukasus hinwohnten; von daher diese Nationen bei Gelegenheit der Kriege, welche sie unter sich selbst führten, so wie sie in grosse Haufen sich versammlet hatten, eindrangen, um bessere Wohnsize zu finden. Noch grösser war der Name der Gothen. Diese waren damals schon aus Asien nach Skandinavien gewandert, und unter den Regierungen der drei

(13) Victa Dacia, ex toto orbe romano infinitas in eo copias hominum transtulerat, ad agros & urbes colendas. Eutrop. VIII. cap. 3.

(14) Auf einer dacischen Münze sieht man das Bildnis des Kaisers M. A. Philippus, und auf dem Revers das Königreich Dacien, welches die Fahnen dieser Legionen zur Seite hat. S. IV. Brief.

(15) In der Sammlung von Römisch-dacischen Inschriften, welche Joh. Sivert im Jahr 1773. zu Wienn herausgegeben, und auch bei andern Antiquarien, findet sich eine, woraus erhellet daß dieses Amt einem gewissen M. Papirius anvertrauet war. Ich will sie hersezen:

drei Gordiane, der beiden Philippe, des Trajanus Decius und Herennius Hertruscus Mösius, muste man schon besorgt seyn sie von den römischen Eroberungen abzuhalten. Wie aber die Macht und Grösse des Reichs immer mehr abnahm, besonders in den Zeiten eines Hostilian, Trebonian, Volusian, Aemilian, Valerian, und Galien; so hatten sich auch diese soweit genähert, daß sie anfiengen in Dacien einzudringen. (16.) Schwache Fürsten, welche in der Regierung folgten, und so viele kleine Tirannen, welche sich hier und da aufwarfen, und indem sie sich um den Vorzug stritten, das Reich von allen Seiten zertrümmerten — alles dieses verursachte daß die Einfälle der Barbarn immer häufiger wurden; es kam soweit, daß sie sich sowol Daciens, als der übrigen benachbarten römischen Provinzen, würden bemeistert haben, hätte nicht im J. C. 268. der Kaiser Klaudius II. mit soviel Kriegsvolk, als er nur immer aufbringen konnte, herbei geeilet, sie in die Flucht geschlagen, und eine Niederlage unter ihnen angerichtet, wel-

M. Papirio. M. F. Cor.
Praef. Coh. I. Pan.
In. Dacia Praef.
Ripae. Tibissi. Danv.
Bii. Curatori. Pon.
Tis. Aug In. Moesia.
II. Viro Pop. Plebs
Vlpia. Traian.
Sar. Patr. H. M. P.

Marco Papirio Marci Filio Corneliano, Praefecto Cohortis primae Pannonicae in Dacia, Præfecto ripae Tibissi, Danubii, Curatori pontis Augusti in Moesiâ, Duumviro, Populus, Plebsque Ulpiae Traana Sarmiz, Patrono, hoc Monumentum posuit.

(16) Festus in Braeviario.

welche die Geschichte als die grausamste angiebt, die bei Menschen gedenken sich zugetragen. (17)

Klandius erwarb sich durch diesen Sieg den Zunamen Gothicus. Demohngeacht erholten sich die Gothen sobald von ihrer Niederlage, daß sie im Jahr 275. den Kaiser Aurelian, da er zu schwach war ihnen zuwiderstehn, in die Nothwendigkeit sezten aus Dacien eine Menge lateinischer Kolonien, nebst den dahin verlegten Legionen und Besazungen derfesten Pläze, bis in das Herz von Mösien zurükzuziehn; ja er muste, um nur hier vor unvermuthetem Angrif sicher zu seyn, so gar die Abtragung des berühmten Pontis Augusti anbefehlen. (18) Dieser Kaiser wird von einer unbedeutenden Familie aus Dacia ripensi abgeleitet. (19)

Von dieser unglüklichen Epoche an, sah man das ganze Dacien, mithin auch den Theil von dem hier die rede ist, einem Herrn nach dem andern in die Hände fallen, indem die Gothen, die sich damals unter den verschiedenen Namen der Visigothen, Ostrogothen, Gepiden und Vandalen (20) in mehrere Volkerschaften zertheilet hatten, alle nacheinan-

(17) Treb. Pollio in Claudio. Eutropius l. IX. cap. 8. &c. Der Geschichtschreiber hat uns das Fragment eines Briefes aufbehalten, welchen dieser Kaiser nach seinem Siege geschrieben, und worinn er sich folgendergestalt ausdrükt: Delevimus trecenta viginti millia Gothorum, duo millia navium mersimus. Tecta sunt flumina scutis, spathis, & lanceolis omnia littora operiuntur. Campi ossibus latent tecti: nullum iter purum est: ingens Carrago deserta est. Tantum mulierum cepimus, ut binas & ternas mulieres victor sibi miles possit adiungere.

(18) Eutropius L. IX cap. 9. Sex. Rufus c. 8. Flavius Vopiscus in Aurel. Ferner Procopius l. I. cap. de bello Vandalico.

(19) Martinus Polonus in Chron. ad ann. 263. Hic (er redet vom Aurelian) de via ripensi oriundus.

(20) Hist. Miscell. L. XIV. Henschen in Act. Sanctor. Manlius Hist. Lusat. l. I. c. 29. Peyssonelus l. c.

einander das Land mit ihren Einfällen heimsuchten. Der Kaiser Galerius, ein so guter Soldat er war, hatte den Schmerz, daß er sein unterdrüktes Vaterland nicht retten konnte; denn auch dieser Fürst ist in Dacia ripensi geboren, und hat da sein Grab gefunden. (21.) Erst Konstantin der Grosse zwang, nach dem Treffen bei Nikopolis, die Gothen und Vandalen sich dem römischen Reich zu unterwerfen, welches sich denn mit auf die Länder erstrekct, die sie innehatten. (22)

Unter diesen Umständen brachten die Hunnen (23) Völker, welche tatarischen Ursprungs, und unter der Regierung Valentinians um das Jahr C. 396. zuerst nach Europa gekommen sind, eine neue Revolution hervor. Sie hatten, wie sie in Dacien eingedrungen waren, sich bald alle die genannten Nationen unterworfen, und nöthigten sie Theil an ihren Streifereien zu nehmen. Ich will sie auf diesen Zügen nicht verfolgen; weder wie sie unter ihren ersten Herzogen nach Pannonien kamen, noch wie sie nachmals im fünften Jahrhundert, von Attila geführet, durch Deutschland, Frankreich, Welschland und Illirien, Niederlage und Schreken ausbreiteten. Hier ist nur anzumerken, daß nachdem dieser fürchterliche Krieger im Jahr 454. in der Hauptstadt, welche er sich jenseits der Theiß, nah an der Abendseite von Dacia ripensi erbauet hatte, sein Leben geendiget, und unter seinen Söhnen Streit um die Regierungsfolge entstanden war, dieses den Visigothen, Ostrogothen und Gepiden Gelegenheit gegeben, das Joch abzuschütteln und sich selbst in Besiz der Länder zu sezen, welche sie entweder vorher schon innegehabt, oder sonst nach ihrer Gelegenheit fanden.

(21) Vom Galerius schreibt Aurelius Victor in seinem Epitome vit. Caess. fuit, licet inculta agrestique justitia, satis laudabilis, pulcher corpore, eximius & felix bellator, ortus parentibus agrariis, pastor armentorum, unde cognomen Armentarius fuit. Ortus Daciа ripensi, ibique sepultus est: quem locum Romulianum etiam vocabulo Romulae matris appellaret.

(22) J. Severini Pannonia Vandalica. Vet. Mon. illustrat. L. IV. de Pannonia.

(23) Der Ursprung der Hunnen hat auf die Geschichte des Bannats keinen Einfluß. Ich verweise daher auf des P. Pray Annales Hunnorum, Avarum & Hungarorum; desgleichen auf die Abhandlungen, welche man hierüber von dem P. Deseriz de initiis ac Majoribus Hungarorum hat.

den. Damals schränkten sich die Visigothen auf Mesien ein, die Ostrogothen wanderten nach Pannonien, und die Gepiden sezten sich in Dacien fest. Zwar machten die Hunnen mehrere Versuche zur Wiedereroberung alles vergebens, zerstreut und unter sich getheilt, musten sie endlich weichen; da sie denn theils nach Kleinscythien, theils nach Thracien gezogen, und dort unter dem Namen Cuturguri und Uturguri bekannt geworden sind. (24)

Mitten unter diesen Unruhen hatte Dacien, und vorzüglich der Theil, von dem wir reden, das Glük, daß die christliche Religion, durch die Bemühungen des Bischofs Nicetas, Eingang fand; welcher daher als Aposte von Dacien angerühmet wird. (25.) In diesen Zeitraum fällt die Bekehrung der Nachkömmlinge von römischen Pflanzern, die in diesem Theile Daciens noch übrig waren; und daher ruhret auch ihre Anhänglichkeit an der griechischen Liturgie, besonders da nachdem Theotimus, Bischof von Tomi, so eifrig war sie dabei zu erhalten, daß nach dem Berichte des Sozomenus (26) die Hunnen, unter welche sich die Lehre zugleich auch verbreitete, ihn Deum romanorum nannten.

So war das vierte Jarhundert geendigt, und unter diesen Abwechslungen schon fünfundzwanzig Jahr von dem folgenden fünften verstrichen, als die Longobarden in diese Gegenden kamen; von daher sie bald in Pannonien eindrangen, und die Ostrogothen verdrängten. Nur brachen bald aus Asien wieder andere Völker hervor, durch welche sich, sowohl in Pannonien, als Dacien, der Schauplaz veränderte. Diese hatten mit den Hunnen einerlei Geschlecht und Vaterland, wo sie zuerst Geougeni hießen, bis sie sich nachdem unter dem Namen der Abaren, oder Avaren, in Europa bekannt und fürchterlich machten. Sie waren im Jahr

(24) Ebendieselben.

(25) Hansizius T. I. Germaniae Sac. p. 54. Num. 1. ad ann. 397.

(26.) Sozomenus L. VII. cap. 25.

Jahr 553. an die Mündungen des Isters gekommen, und giengen mit starken Schritten auf Pannonien los. Alboin, der damals über die Longobarden regierte, und mit den Gepiden schlecht zufrieden war, nüzte die Gelegenheit, indem er die Macht dieser Fremdlinge mit der seinigen verband. Von allen Seiten mit solcher Stärke angegriffen, musten sie unterjocht werden, und Dacien fiel, dem eingegangenen Vergleich zufolge, den Avaren heim.

Alles dieses war mit einer Eilfertigkeit ausgeführt worden, daß zu Konstantinopel, wo damals unter Justinian I. der Siz des römischen Reiches war, die Nachricht eintraf, ehe man noch den Namen der Avaren daselbst gehöret hatte. Die Verwunderung war noch grösser, als sie im Jahr 557. eine Gesandschaft (27) an diesen Kaiser schikten, ihm mittelst eines Tributs, den sie dafür verlangten, ihre Waffen und ihren Muth in jeder Unternehmung, wo er sie brauchen wollte, anzubieten.

Theophanes erzehlet, welches Aufsehen diese Gesandschaft mit den Leuten, die in ihrem Gefolge waren, in der Hauptstadt gemacht. (28) Man schlos auch einen Traktat mit ihnen, kraft dessen sie alles, was noch von Hunnen um das schwarze Meer herum übrig war, angreifen sollten; aber ihre Unternehmungen in diesen Gegenden richteten viel weniger Schaden an, als sie nachdem dem Reich verursachten. Sie kamen im Jahr 561. um gegen die Franken gebraucht zu werden. Justin II. wollte sich ihrer nicht bedienen; das erbitterte sie, und da es eben die Gelegenheit gab, daß die Longobarden von Narses nach Wälschland ge-

(27) Melander in excerptis Legationum. Lib. I.

(28) Gens insolens atque incognita . . . . Constantinopolim advenerit . . . . ad ejus spectaculum, quod nusquam visi fuissent hujus formae homines, cuncta urbs effusa est. Comas siquidem a tergo longas admodum taeniis revinctas & implexas gestabant, reliquus habitus Hunnico simi limus conspiceretur. *In Chronographia ad ann. XXXI. Justiniani Imperatoris.*

gerufen waren, vereinigten sie sich mit Attilas Resten, und nahmen ausser Dacien, auch Pannonien ein.

Auf solche Art im Besiz eines Landes von ganz beträchtlichem Umfang, fiengen sie an sich darinn zu befestigen, indem sie in allen Gegenden eine Art von Verschanzungen anlegten, welche unter den Namen Ringi. Agani, Circuli bei mehreren Schriftstellern der mittlern Zeit, als die größten Arbeiten dieser Nation angerühmet werden. (29.) Solche Ringe waren neun an der Zahl, und auch einer in Dacia ripensi, in dem Theile der heutzutag das flache Land vom Temeswarer Bannat ausmacht. Man nennte ihn Hagias Homron, von einem Schloß am linken Ufer der Donau, wo izt Ujpalanka steht; welches Schloß zu den Zeiten der Avaren schon erbaut und in diesem Theile Daciens so beträchtlich war, daß man davon die ganze Gegend den Ring, oder die Schanze der Abaren hies. (30) Ich habe Gelegenheit dessen in der Folge öfters zu gedenken.

So wie die Avaren über zwei Jahrhunderte diese Länder innehatten, so waren auch die angränzenden von andern, ebenfalls asiatischen Völkern besezt. Der meiste Theil waren Slaven und Illyrier, unter denen die Bulgaren und Serven mitbegriffen sind, von welchen die Theile Mösiens, in denen sie sich ansezten, die Namen Bulgarei und Servien erhielten. (31) Die Avaren nahmen es mit allen auf; sie unternahmen zur Zeit des Kaisers Heraklius, in Verbindung mit den Persern Konstantinopel zu belagern, und wagten sich nachdem bis in Bojoarien, welches damals Karl der Grosse im Besiz hatte. Dieser Fürst

(29) Aventinus Ann. Boicor. L. IV. Monachus S. Galli in vita Caroli M. Lib. II. c. 2. Eccardus Rer. Francicar. L. XXV. c. 90.

(30) M. s. den IX. Brief, wo von dieser Schanze und den vorhandenen Ueberbleibseln derselben, umständlich gehandelt wird. Man hält solche fälschlich für römische Arbeiten; daher der deutsche Name: Römerschanze.

(31) Timon Imago antiquae Hungariae Lib. II.

Fürst kam ihnen im Jahr 790. entgegen, und überwand sie. Sein Sohn **Pipin** (32.) zerstörte, vom Hauptort angefangen, alle ihre verschanzte Pläze, und gab sie der Plünderung preis: den Resten der Völkerschaft aber wies er theils den Strich Pannoniens, welcher sich vom Berg **Romagen** bis an den Fluß **Raab** (Arabo) erstrekt, zum Siz an; theils hielten sie sich jenseits der Theiß, so, wie **Pipin** sie verjagt hatte, (33) zwischen der Marosch, dem genannten Fluße und der Donau bis an die Alluta. Dieses Stük Landes begreift das heutige Bannat, mit einem Theile der Walachei gegen Westen, in sich.

So wurde dieses Land, so wie Pannonien, von dem Held der Franken erobert. Die Avaren im Zaume zu halten, muste ein Schloß an der Mündung der Theiß, gegenüber **Titul**, erbauet werden; welches von der dahin verlegten Besazung der Franken, **Frankavilla** hies, so wie das Land selbst bald den Namen **Frankarion** annahm.

Nach dem Tode **Karls des Grossen**, im Jahr 814. kamen seine Eroberungen in diesen Gegenden auf **Ludwig den Frommen**, und von diesem im Jahr 843. auf **Ludwig den Deutschen**. Nach und nach fielen sie einem Slavischen Volk, den **Maravanen** oder **Moraven**, in die Hände; (34) daher alle diese Landschaften zusammen genommen, ums Jahr 884 den Namen **Moravia Magna**, auch Regnum Marahanorum führten; und, was unter den **Karolingern Frankarion** geheissen hatte, verwandelte sich mit dem Titel Ducatus Horomiensis, in ein besonderes Herzogthum. Ich habe schon angemerkt, daß Horom noch in den blühenden Zeiten der Avaren, ein fester Plaz in der Provinz war. Ausser diesem zählte man damals an der Donau: **Pa**nucca,

(32) Eginhardus ibidem ad ann. 796. Pray Annales Avarum.

(33) Pipinus autem Hunnis trans Tiziam fluvium fugatis. Eginhard. ibid. c. 13.

(34) Severin. im angef. Werk L. IX. de Pannonia Franc. & Marahanica; wo dieser Schriftsteller alles, was man von Denkmälern nur erwarten kann, beibringet.

nucca, heuzutag Pancsova; Revee, izt Rubin; Ursova, gegenwärtig Orsova; weiter hin Severinum, ein Schloß, welches nach einigen schon vom Alexander Severus erbaut seyn soll, und das alte Csernes; Zambara führte den Namen Bequey von dem vorbeifliessenden Fluße Begh; Morißenum, weil es an der Marosch liegt; Csanad, von einem Krieger dieses Namens, der es in Besiz hatte; die ehmalige römische Freistadt Tibiscum aber nannte sich Sunad, von ihrem Wiederhersteller, einem Herzoge, der den Theil der Provinz von der Marosch bis über Horom beherrschte. Nach dem Zeugnis eines alten Chronikenschreibers, kam das Land auf einen seiner Enkel, und damals zogen sich die Uguren, Unnuguren oder Ungarn, alles Völker hunnischer Abkunft, nach und nach in diese Gegenden. (35)

Dieses geschah nach einigen im Jahr 892; andere sezen die Ankunft dieser Völker erst nach 896. Sie hatten sieben Herzoge über sich, unter denen doch einer das Oberhaupt der übrigen war, von dem auch die gesäzgebende Macht und die allgemeinen Angelegenheiten der Nation abhiengen. Almus war es, dem die Einstimmung der übrigen Fürsten diese Sorgfalt anvertraute, die man ihm und seinen Erben und Nachfolgern eidlich übertrug.

Ich verfolge die Ungarn nicht in ihren ersten Unternehmungen auf dem Wege, den sie aus Asien nach Europa nahmen, und übergehe sowol die Völkerschaften, mit denen sie zu kämpfen hatten, als ihre ersten Eroberungen. Einige Schriftsteller lassen sie unmittelbar in Dacien, oder im Lande Ethel eindringen; andere alte Chronikenschreiber führen sie erst ins Land der Reussen; von daher zu den Sarmaten, und zwar nach Lodomerien und Halicien; bringen sie dann unter den eigentlich sogenannten Slaven vorbei, bis sie zulezt noch bei den Bulgaren, Grie-

chen,

(35) Annal. Hungarorum.

chen, und einigen minderbekannten Nationen, sich durchschlagen müssen. Alles dieses führten sie, nach eben diesen Chronikenschreibern, unter ihrem Herzoge Arpad saus, der nach dem Tode seines Vaters Almus, ihm in der Würde gefolgt war, und als Haupt der Nation sie anführte.

Nur eine Stelle aus dem Ungenannten, welcher K. Bela Notar gewesen, will ich auszeichnen. (36) Nach diesem Schriftsteller schikte der Enkel des obgedachten Sunad, „ H. Glad, welcher das Land
„ vom Flusse Marosch bis an das Schloß Horom innehatte, dem
„ Arpad ein Heer unter den Befehlen des Zuardu, Radresa und
„ Boita entgegen. Arpads Völker, wie sie über die Theiß gesezt, und
„ keinen Widerstand gefunden, wären in die Gegend von Bequey ge-
„ kommen, (37) wo sie, in Zeit von zwei Wochen, alle die Völker an
„ der Marosch bis zur Temes unterworfen, und ihre Söhne zu Geiseln
„ genommen: sie hätten sich aus einer sandigten Gegend, (38) wo sie ihr La-
„ ger hatten, schon gegen diesen lezten Fluß gezogen um überzusezen, als
„ sie an den jenseitigen Ufern Glad mit einer Menge Reuterei und Fuß-
„ volks entdekten: dem ohngeacht hätten sie durch Schwimmen Land ge-
„ wonnen, den Feind aus dem Felde geschlagen, und als dieser sich in
„ das Schloß Kevee zurükgezogen, (39) zu Pannuca (40) gera-
„ stet, von daher sie wieder auf ihn losgegangen, und ihn gezwungen
„ den Frieden zu erkaufen. Nach geschlossenen Traktaten hätten sie sich
„ gegen Ursuva gewendet, sich in diesem Plaz einen Monat gehalten,
„ auch dort die Söhne der Einwohner zu Geiseln genommen und sie nach-
„ her Arpad zugeschikt, der mit Lob und Belohnungen gegen diese Krie-
„ ger nicht sparsam gewesen. Von

(36) Historia Ducum Hungariae cap. XLIV. in des H. v. Schwandner Scriptorum Rer. Hungaricar. Fol. Lipsiæ 1746. Tom. I. pag. 28.

(37) Izt Temeswar.

(38) Gewöhnlich nennt man diese Gegenden im Deutschen: Sandhügel.

(39) Kubin.

(40) Pancsova.

Von diesem Zeitpunkt her, nahm das Land den Titel Capitaneatus Kunt an, nach dem Namen eines der sieben Anführer der ungarischen Nation, welcher mit hinlänglicher Mannschaft zurüke blieb, um solches völlig zum Gehorsam zu bringen, und die Regierung zu verwalten. Doch diese Benennung hörte bald auf. Unter Geysa, Arpads Nachfolger, theilten die Ungarn, zu mehrerer Bequemlichkeit der Regierungsform, ihre Besizungen in mehrere Ländereien ein, welche sie Comitatus (war-medye) nennten: in der Absicht, damit die Befehlshaber in diesen Komitaten, welche daher Comites hiessen, so oft es der Fall wäre, die angesehensten Einwohner mit den Häuptern der Familien sogleich zusammenrufen, ihnen die Befehle des Hauptes der Nation ankündigen, und, was immer die Sicherheit und das Wohl derselben heischen möchte, sie dazu vorbereiten solten.

Werböcz, der ein Verzeichnis dieser Komitate gegeben hat, bringt die Zahl derselben auf sechsundsechzig, Temeswar und Csanad ungerechnet. Wenn diese beiden Komitate, nebst drei anderen, Keve, Kevesiensis, Horom, Horomiensis, und Karasow, Karaskoviensis, welche bei diesem Schriftsteller nur mit unterverstanden sind, da sie doch in der Folge die ganze Provinz, mit noch andern weitläufigen Ländereien ausser ihren Gränzen, begriffen; wenn, sag ich, alle diese Komitate bereits von Geysa eingesezt waren, so sagt uns doch die dunkle und armselige Geschichte dieser Zeiten nichts davon.

Soviel ist gewiß, daß in der Provinz selbst noch keine bestimmte Staatsverfassung war, und daß noch viele Unordnungen herrschten. Einige Grosse, welche Städte und Herrschaften besassen, dehnten ihre Unabhängigkeit aus, und machten mit Verachtung der Geséze, soviel kleine Tirannen. Um den Misbräuchen Ziel zu sezen, sah der h. Stefan, Geysens Nachfolger und erster König dieser Nation, sich genöthiget, den Aktomus (41) anzugreifen, welches ein mächtiger Herr war,

(41) Leben des h. Gerhard Zagredo, von einem alten Schriftsteller, den Timon Imago novae Hungariae Cap. II. p. 7. anführet.

war, (42) der Csanad mit der anhängenden Gegend innehatte. Der fromme Fürst, nachdem er den Beistand des h. Georg angerufen, überwand ihn im Treffen, und nach seinem Gelübde, ward Csanad der Siz eines Bistums, und dem gedachten Held und Martirer gewidmet.

Gerhard Sagredo, ein Benediktinermönch und von Geburt aus einem alten venezianischen Hause, der nach seiner Zurükkunft aus dem heil. Lande, im Kloster Beel bei Ofen, sieben Jahr in Einsamkeit und Betrachtung göttlicher Dinge zugebracht hatte, ward von dem Könige zum ersten Bischof berufen. Die geistliche Gerichtsbarkeit seines Sprengels erstrekte sich, ausser der Gegend um Temeswar, noch über ein Stük Landes jenseits der Marosch hinaus. (43)

Die Ungarn waren damals noch zum Theil Heiden, und in den Glauben der alten Einwohner hatten sich schon einige von den Irrthümern einzuschlichen, die vom vierten Jahrhundert aufiengen die griechische und lateinische Kirche zu trennen.

C Ger-

(42) Dieses Csanad in der Gegend Temeswar, welches auch Alt-Csanad heißt, muß nicht mit Csanad über der Marosch verwechselt werden. Das leztere ist viele Jahrhunderte später erbaut; daher es auch itzt Zeit noch Neu-Csanad genennet wird.

(43) Aus einer Charte, auf welcher der ganze Sprengel dieses Bistums vorgestellt ist, und welche B. Ladislaus, aus den Grafen Nadasdi, zu Anfang dieses Jahrhunderts bekannt machen lies, sieht man, daß solches in fünf Archidiakonate vertheilet war, zwei jenseits der Marosch, zu Torontal und Arad, drei aber diesseits des Flusses, Csanad, Temes und Sebes. In der zerstörten Stadt Csanad sind noch Reste der alten Domkirche und eine kleine Kapelle übrig, die dem h. Martirer Gerhard gewidmet ist. Man hat keine vollständige Reihe der nachfolgenden Bischöfe; denn diejenige, welche Martin Szentivany Dissertat. paralipomenonica rer. memorab. Hungariae p. 84. bekannt gemacht, hat schon vor dem Jahr 1222. zwo beträchtliche Lüken, und ist mit mehr Mängeln nur bis aufs Jahr 1697. fortgeführet.

Gerhard übte sein Amt mit alle dem Eifer aus, den ein Mann von Gott berufen, in sich fühlen mus. Gleich unerschrocken und wirksam widersezte er sich dem Aufruhr, der bei der Entthronung Peters I. entstand, welcher im Jahr 1037. dem h. Steffan in der königlichen Würde gefolgt war. Der Chronikenschreiber Thurocz bemerket, er habe sich der Wahl Abá, sonst Samuel genannt, als göttlichen und menschlichen Rechten zuwider so sehr entgegen gesezt, daß die Häupter der Parthei sich entschlossen, den Bischof mit seiner Geistlichkeit umzubringen, und das Heidenthum wieder einzuführen; nur damit Peters Gedächtnis auf ewig vertilget würde. (44) Wirklich muste dieser König sich durch die Flucht retten, und kam nicht wieder auf den Thron, bis der unrechtmässige Besizer aus dem Wege geräumet war. Aber das konnte weder die wahre Religion, noch den Bischof Gerhard, gegen die grausamen Absichten derer schüzen, die beider Untergang geschworen hatten. Dieser sagte, wie er sich mit drei andern Bischöfen und einigen Priestern auf dem Wege nach Pest befand, ihnen den Augenblik und die Art seines Todes vorher. Die Verschwornen erreichten ihn am Abhang eines Berges, und stürzten ihn unter den Steinen, welche sie nach seinem Wagen warfen, mit solcher Gewalt, daß er halbtod zur Erde lag; noch schlug sein Herz, als sie ihm die Brust mit einer Lanze durchstachen, und ihre Wut erschöpfte sich nur damit, daß sie ihm an dem Fels, auf den er gefallen war, die Stirne zerschelten. (45) So endigte dieser erste Bischof von Csanad, oder besser zu sagen von der Gegend von Temeswar; welche mit der übrigen katholischen Welt, diesen glorreichen Martirer des Glaubens auf ihren Altären verehret.

Dieses geschah im Jahr 1047. da Petern schon Andreas I. auf dem ungarischen Throne gefolgt war. Das Schiksal des Bischofs Gerhard, das gleiche traurige Ende noch anderer Männer von gleicher Würde und Frömmigkeit, überhaupt die Wut, mit der man das kaum einge-

(44) Chronic. Ungar P. II. cap. 39. ut Episcopo cum clero necatis, decimator trucidetur; paganismus abolitus resumatur: sicuti collecta cum suis Teutonicis & Latinis Petri pereat memoria in aeternum, & ultra.

(45) Idem ibid. Bonfinius Decad. II. Lib. 2. Rer. Hungaricar.

geführte Christenthum unter der Nation auszurotten suchte, waren die Beweggründe zu dem berühmten Gesäz dieses Königs, welches jedem Güter und Leben abspricht, der sich nicht zur katholischen Religion wenden, oder ihre Diener und Tempel nicht ehren würde. (46)

Wie dieses Gesäz zum Fortgang der wahren Religion nicht wenig beitrug, so fand sie sich auch nach der Mitte des gedachten Jahrhunderts in der Gegend um Temeswar fest gegründet. Andererseits ward das Land gegen das Jahr 1070. durch die Einfälle der Patzinaziten, und Cumanen beunruhiget, die um diese Zeit das erstemal in diese Gegenden, wie indas übrige Ungarn kamen, und überall Spuren der Wut hinter sich liessen, die man von ungesitteten, wilden Völkern erwarten kann. Sie hatten sich an den Gestaden der Temes verschanzt, wo Ladislaus I. sie heraus schlug, ihnen die gemachte Beute abnahm, und sie über die Theiß, ins Land der Jazigen verjagte. (47)

Ihm folgte im Jahr 1096. Koloman nach. Dieser König wird für die Geschichte von Temeswar nur dadurch merkwürdig, daß er ein Heer an der Temes versammelte, um den Kreuzfahrern den Durchzug nach Konstantinopel, und von dort nach Palästina zu wehren; da er sich aber zu schwach sah es mit ihnen aufzunehmen, hielt er es rathsamer einen Vergleich einzugehn, da denn diese, nachdem sie sich mit Lebensmitteln, und andern Bedürfnissen versorgt hatten, im Frieden ihren Weg zogen. (48)

Von mehr Bedeutung war, was ums J. 1124. unter Steffan II. vorfiel, welchen, sagt Thwrocz, alle Könige wie den Donner fürchteten. Er war in die Gränzen von Polen, in die Bulgarei und Servien mit ge-

(46) Corpus Jur. Hungar.

(47) Pray in Annal Regg. Hung. Part. I. pag. 67. Palma Notitia Rer. Hung. p. I. p. 159. und andere hung. Geschichtschreiber.

(48) Thwrocz Chron. Hung. Part. II. c. 50.

gewafneter Hand eingefallen; von daher er sich in die Provinzen des griechischen Reichs wagte, und in der Vermessenheit soweit gieng, daß er eine Gesandschaft nach Konstantinopel schikte, um in seinem Namen den Kaiser **Emanuel Komnenus**, mit den unanständigsten und niedrigsten Ausdrüken zu beleidigen. Dieser Monarch war dadurch aufs höchste gereizt. Bald sah sich auch die Gegend um Temeswar mit einem mächtigen griechischen Heere bedekt, welches, nachdem es tausend Verwüstungen angerichtet, sich am Fluß **Karasu**, izt **Karasch**, stellte, und den Ungarn, die **Steffan** ihm entgegen führte, nicht auszuweichen dachte. Das Treffen war so grausam, daß, nach dem Zeugniß des angeführten Schriftstellers, die Wasser dieses kleinen Flusses vom Blute nicht mehr zu unterscheiden waren. „Männer in völliger Rüstung, schreibt er, lagen „da wie Rinder, so daß die Flüchtigen sowol, als die Nachsezenden, wie „auf einer Brüke über ihnen weggiengen; die Ungarn wurden wie das „Vieh geschlachtet, und nichts konnte sie aus der Hand der Griechen „retten ꝛc. (49) Kurz die Niederlage war ausserordentlich, und wenn auch das Land in dem darauf erfolgten Frieden sich einigermassen erholte, so kam es doch vor 1200. nicht ganz zu Kräften (50.) Damals besas den ungarischen Thron **Andreas II.** Unter ihm war die Würde der Grafen von Temes so wichtig geworden, daß ein Reichsgesäz von 1212. (51) sie der Woiwodschaft von Siebenbürgen, und dem Szekler Komitat gleich sezt, und der König selbst sie nicht anders, als an Eingeborne von Verdiensten und erprobter Tugend, vergeben konnte. (52)

Es

(49.) Thwocz. Chron. Hung. P. II. c. 63. & 64.

(50) Ebend. cap. 65.

(51) Zu lesen im Timon, Imago novae Hungariae cap. VI. p. 28.

(52) Vaivodatum Transilvaniensem & Comitatum Siculorum ac Temeschiensem, praeterea Banatum Sclavoniae, Dalmatiae & Croatiae, nec non Sirmiensem, Nandor Albensem & de Jaitza, aliaque loca finitima &c. non aliis praeterquam Ungaris pro Officialatu dare & conferre valeat, bene tamen meritis.

Es ist zu bedauren, daß uns die Geschichte keine Denkmäler von diesen alten Grafen von Temes aufbehalten hat, und wir müsten ihre Reihe sehr spät nach ihrer Einsezung anfangen. Doch haben wir eine Urkunde, aus den Zeiten ebendieses Königes Andreas, vom J. 1209. nach welcher ein gewisser Martin der Grafschaft Revce vorstund, (53) worunter auch das Schloß Nandor Alba, welches zwar in Servien liegt, mitbegriffen war. (54) Damit die Provinz besser regiert werden möchte, schloß dieser König sie in engere Gränzen ein, indem er den ganzen Strich Landes davon absonderte, der sich von Czerna bis an die Aluta herabzieht, und dessen Regierung, unter dem Titel des Severiner Bannats, einem Dominik von Bassan, ersten Anführer seiner Truppen anvertraute. (55) Das neuerrichtete Bannat erhielt seine Benennung von einem festen Schlosse dieses Namens; es konnte jedoch weder diese Landschaft, noch das angränzende Temeswar, vor neuen Unglüksfällen sichern. Beide hatten ums Jahr 1242. so wie Ungarn selbst, von der Wildheit der Tatarn die grausamsten Verwüstungen auszustehn, nachdem diese Völker unter dem Vorwand eines Zufluchtsortes, den sie bei dem damals regierenden K. Bela IV. suchten, sich eingeschlichen, und sowol diß, als jenseits der Theiß ausgebreitet hatten.

Von diesen Einfällen, und den traurigen Folgen derselben, hat uns Roger Domherr zu Warasdin, eine sehr umständliche Erzehlung aufbehalten. (56) Ich will nur bemerken, daß von diesem unglüklichen Zeitpunkt an, in Verlauf von zwei Jahren, alle Provinzen des ungarischen

 Reichs

(53) Timon. cap. III. p. 15. führt zum Beweis ein Fragment aus Ostrocothi Historia Ecclesiastica Hung. an.

(54) Istvanfy Hist. Hung. L. VI. Timon im angef. W. cap. III. p. 14.

(55) Timon ebend. c. V. p. 24.

(56) In Schwandneri Scriptor. Rer. Hung. Tom. I. pag. 292. findet sich das Werk dieses gleichzeitigen Schriftstellers, unter dem Titel: M. Rogeri Hungari Varadiensis Capituli Canonici: Miserabile Carmen, seu historia super destructione Regni Hungariae, temporibus Belae IV. per Tartaros facta.

Reichs sich durch die Tatarn bereits so verwüstet, zerstöret und entvölkert fanden, daß kaum ein Schatten von dem, was sie gewesen, übrig blieb. Unterdes war K. Bela eifrig besorgt, sowol den erlittenen Schaden zu ersezen, als andere, den feindlichen Ueberfällen am meisten ausgesezte Provinzen, sicherzustellen. Die Gegenden von Temeswar und Servien verdienten seine besondere Aufmerksamkeit. Er stellte in der ersten die eingegangenen Komitate wieder her; in der andern aber sezte er einen gewissen Magister Laurentius zum Ban ein, nachdem dieser die Bulgaren, welche nach den Tatarn kamen, und das Land vollends verwüsteten, hinausgeschlagen hatte. (57) P Timon glaubt, daß dieser Laurentius mit dem Zuname von Hederwar geheissen, ebenderselbe, dessen in zwo Urkunden K. Ladislaus IV. die eine vom Jahr 1273. die andere von 1274. als Magister Pincernarum gedacht ist, welches eine der ersten Würden des Reichs war. Er wird in diesen Urkunden Graf von Kevee und Karaso oder Karassow (58.) genennet, d. i. über die beiden Temesiner Komitate zusammengenommen. Diese fiengen nun an in einige Aufnahme zu kommen. Es mehrten sich die Dörfer, und man legte feste Pläze an, als Mehadia, damals Mihald, Karansebes, von dem vorbeifliessenden kleinen Flusse Sebes, Lugosch an der Temes, Lippa am Ufer der Marosch, und andere. Somlio ist nunmehr ein Steinhaufen und wüster Hügel zwischen Denta und Homor, den die heutigen Walachen Sumlich nennen.

In der Folge erhub sich Temeswar immer mehr. Als die Residenz des ersten Grafen in der Provinz, war es schon unter Karl I. Robert, der im Jahr 1311. den ungarischen Thron bestieg, eine volkreiche und feste Stadt geworden, die der königlichen Familie einen anständigen Aufenthalt geben konnte. Wirklich hat daselbst die zwote Gemahlinn dieses Königes, Maria, eine Tochter des polnischen Herzogs Kasimir,

(57) Man findet die Urkunde beim Timon im angef. W. cap. v. p. 24.

(58) Ebenders. ebendaselbst.

simir, im Jahr 1315. ihre Tage geendigt. (59) Karl, nicht genug daß er die Population in der Provinz selbst vermehrt hatte, versezte noch aus verschiedenen Gegenden Pflanzer dahin, befestigte das neue Schloß Lippa an der Marosch noch mehr, und stiftete daselbst ein Minoritenkloster, mit einer Kirche zu Ehren des h. Ludwig Bischofs zu Toulouse, seines Blutsverwandten. (60)

Unterdes fängt die ununterbrochene Geschichte dieser Provinz, erst mit dem Ende des vierzehnten Jahrhunderts, oder den lezten Regierungsjahren Ludwigs I. an, der den Zunamen der Grosse führet, und seinem Vater Karl Robert gefolget ist. Damals war der Name der Türken, durch ihren kriegerischen Geist und schnelle Eroberungen, schon sehr groß geworden. Ammurat I. dritter Sultan von dieser Nation, kehrte nun seine Waffen gegen Europa, und verlegte, nachdem er sich von Gallipoli bemeistert, auch einen Theil von Thracien, Macedonien und Romanien eingenommen hatte, den Siz seines Reichs nach Adrianopel. Von daher näherte er sich der Bulgarei; die Ottomanen fielen sehr häufig in Albanien und Bosnien ein, und man sah deutlich, daß Ammurats weitaussehende Entwürfe auch Servien, die Grafschaft Temes, und die benachbarten Gegenden von Ungarn bedrohten.

Ludwig wurde von zween Päbsten dazu aufgefordert, und die griechischen Kaiser Johann Paläolog, und sein nachgefolgter Sohn Emanuel, drangen in ihn, sich mit ihnen dem gemeinschaftlichen Feinde zu widersezen; es blieb jedoch bei den Zurüstungen, weil innere Unruhen im Reich die Gegenwart des Königs nothwendig machten.

Nach seinem Tode dachte man darauf noch weniger. Das Reich war unter seiner Tochter und Nachfolgerinn, Maria, unruhiger als je-

(59) Thwrocz Chron. Part. II. cap. 91. Bonfinius Decad. II. lib. 9.

(60) Bonfinius ebendas. Thwrocz cap. 93.

jemals; zumal da einige Grosse, und an deren Spize Johann Horvat den König von Sicilien Karl II. zugenannt der Kleine, zur Regierung riefen, und sie der königlichen Würde wieder beraubten. Karl wurde bald das Opfer des unglükseligen Partheigeistes, der unter der Nation glühte, und den sein Tod nicht erstiken konnte. Man führte Marien gefangen auf das Schloß Novograd in Dalmatien; es gelang dem Eifer ihres Gemahls Sigmund, Königs von Böhmen, sie zu befreien, und er selbst durch eine mächtigere Parthei unterstüzt, stieg im Jahr 1387. auf den ungarischen Thron.

Mit der unterdrükten, geschwächten Parthei, von welcher er das Haupt war, machte Horvat izt die Grafschaft Temes, mit den benachbarten Ländern, zum Schauplaz seiner Streifereien, bis ihn Nikolaus Gara herausschlug, den der tapfere Peter ein Sohn des Dees, oder Dan, mit seinen Halbbrüdern Christof und Michael hierin unterstüzten. Ihrer wird in einer von K. Sigmund ebendiesem Gara ertheilten Urkunde gedacht; (61) auch beschenkte Steffan von Losoncz, damaliger Ban von Servien, die drei Brüder mit einem Dorfe, (62.) welches wahrscheinlich im Umfange dieses Komitats lag.

Auf

(61) Sie findet sich beim P. Pray Ann. Regum Hung. Part. II. lib. 3. p. 182. ad ann. 1387.

(62) Ich will hier diesen ganzen Schenkungsbrief einrüken. Nos Stephanus de Losoncz Bannus Severinensis, & inter caeteros honores Comes Temesiensis &c. Memoriae commendamus per praesentes, quod consideratis laude dignis meritis fidelium servitiorum Petri filii Dees, Christofori & Michaelis fratrum suorum uterinorum, quibus iidem Regiae Majestatis a multis temporibus, signater vero, dum pro liberatione Dominae Mariae Reginae laboramus, se multis casibus fortuitis, rebus & personis eorum non parcendo, exhibere curaverunt, in compensationem eorundem quandam regalem villam duximus conferendam. Datum in Jeno, die festi B. Alexii confessoris, Anno Domini MCCCLXXXVII. Dieser Ort ist ein zerstörtes, ehedem festes Schloß am Flusse Keros, oder Chrysius, im Zarander Komitat in Niederungarn. (Hungaria transtibiscana.)

Auf solche Art waren die innern Unruhen gedämpft, und Sigmund hatte nun dafür zu sorgen, was ihm von aussen drohte. Unterdes war Amurat I. 1343. im Treffen gegen Fürst Lazarus, Despoten von Servien, geblieben. Ihm folgte Bajazet, der um den Tod seines Vaters zu rächen, nicht allein das Komitat Sirmien und Dalmatien mit grosser Macht überfiel, sondern auch zweimal in die Walachei eindrang, wo er beträchtlichen Schaden verursachte. Izt starb der gedachte Despot, und Servien kam auf seinen Sohn Georg. Die Feinde wusten diesen Umstand zu nüzen; sie bemächtigten sich, wie die ungarischen Unruhen aufs höchste gestiegen waren, von Kolumbacz, Semendria und von der Festung Nandor-Alba, oder Belgrad, welche, wie oben bemerkt worden, als Eroberungen der Ungarn in ältern Zeiten, der Gerichtsbarkeit des Grafen von Kevee unterlagen.

Unter solchen Umständen dachte Sigmund, nachdem er im Jahr 1396. mit dem Kaiser Emanuel Paläolog ein Bündniß geschlossen, nur vors erste die Türken zu überfallen, und denn auch die gedachten festen Pläze wieder einzubekommen, da diese mehr als irgend andere, das Reich mit den abhangenden Ländern zu deken vermochten. Aber die Christen wurden nicht weit von Nikopolis geschlagen. Sigmund selbst war glüklich genug, sich mit einigen seiner Getreuen, auf einem kleinen Kahn, über die Donau zu retten, und unter tausend Gefahren Konstantinopel zu erreichen.

Ich will diesem Könige nicht auf seinen Abentheuern folgen, genug er kam aus der griechischen Hauptstadt über Meer, durch Dalmatien in sein Reich zurük, wo man ihn für tod hielt, und wo alles in Aufruhr und Verwirrung war. Ich übergehe auch seine übrigen grossen Unternehmungen. Es ist bekannt, daß er, nebst den Kronen von Ungarn und Böhmen, noch die Würde eines römischen Königes und nachmaligen Kaisers, in seiner Person vereinigte, ganz Europa mit seinem Ruhm erfüllte, und seine lange Regierung durch tausend schwere Unternehmungen merkwürdig machte.

Mich blos an dasjenige zu halten, was eine unmittelbare Beziehung auf Temeswar hat, muß ich bemerken, daß die Türken, nach der Schlacht bei Nikopolis, sich ihres Sieges nicht so bedienten, als man erwartete. **Bajazet** muste seinen mehr gegen Morgen gelegenen Provinzen zu Hülfe eilen, auf welche **Tamerlan** mit einem mächtigen Heere Tatarn losgieng, um die Beschimpfungen zu rächen, welche seine Abgesandten von dem Sultan erlitten hatten. Die in der Bulgarei zurükgebliebene Türken waren nicht zahlreich genug, um etwas von Wichtigkeit zu unternehmen; doch liessen sie keine Gelegenheit vorbei, tiefer in Servien einzudringen, und über die Donau zu sezen, da sie denn in ihren Streifereien in der Gegend Temeswar die offenen Pläze plünderten, und ihre Einwohner in die Sklaverei führten. Der gedachte **Steffan von Losoncz** wuste sie jedoch im Zaum zu halten, welches auch sein Nachfolger, **Philipp von Ozora**, that, der ums J. 1414. in Besiz dieser Würde war. (63.)

Bald darauf kann man sezen, was **Thwrocz** von einem **Nikolaus**, Sohn des **Petrus de Macedonia**, aus dem Geschlechte **Peterfi**, erzehlet, der unter dem Beistand seiner Freunde, mit einigen leichten Truppen, die Türken zweimal zurükschlug, ihnen die Beute abnahm, und sie zerstreute. (64.) Die Ungarn, um sich im Gemenge nicht zu ver-

---

(63) Er wird in dieser Würde unter den übrigen Grossen des Reichs genennet, die sich bei dem Friedens-Vertrag und Bündniß zwischen Sigmund und Uladislaus K. von Polen, verbürgten. Die Urkunde ist vom Jahr 1414. und findet sich im P. Pray Annal. Reg. Hung. P. II. lib. 4. p. 1235.

(64) Multoties gens Turcarum quietis impatiens, & continue sitibunda rapinae, partes cisdanubiales, & terram nostro vocabulo Themeskoz appellatam, violentis irruptionibus tristavit; Nicolaus, filius Petri de Macedonia, amicorum auxilio, & milite gregario adjutus, binis profligavit vicibus, spolia & hostem in fugam pariterque ac in praedam convertit. Chron. Hung. Parte III. c. 18.

verkennen, hatten das Losungswort: Iste Szent Myhal; man will behaupten, daß sie nach dem Sieg nicht weit von der Marosch, da, wo das Treffen vorgefallen war, eine Kapelle zu Ehren des h. Michael erbauet, von welcher der einige Zeit hernach daselbst entstandene Flecken von den Ungarn Szent Myhal, und von den Slaven St. Miklosch genennet wird.

Aber diese kleinen Vortheile sicherten das Land nicht vor den Ottomanen, und die Umstände liessen Sigmunden nicht zu, Belgrad mit gewafneter Hand zurükzufordern, dessen sich, wie gesagt, der Despot von Servien, Georg, im J. 1425. bemächtiget hatte. Es kam zu Traktaten, durch die ihm verschiedene Schlösser und Besizungen, die zu Ungarn gehöret hatten, und unter diesen nicht wenige des temeswarer Distrikts, überlassen wurden. Dergleichen sind der Paß von der Theiß nach Becze, die Herrschaften Uifalú Szent-Kival, Bodagassonyfalva, Szent-Andred, oder St. Andreas, Vegenye heut zu Tag Werschez, Echelhida, izt Groß-Rikinda, mit den Schlössern Araka, Becskerek, izt Groß-Becskerek, Bazalhida u. s. w. (65)

Sobald Sigmund nur Belgrad innehatte, lies er es noch mehr befestigen, und in den besten Vertheidigungsstand sezen. Die Vorsicht war sehr gut. Nur drei Jahre darauf, nämlich 1428. verkaufte der treulose Despot das Schloß Kolumbarz an Bajazets Nachfolger, Amurat II. für zwölftausend Dukaten; Servien konnte so von allen Seiten mit Türken überschwemmt werden, und die angränzenden ungarischen

(65) Eine hieher gehörige Urkunde findet sich beim P. Timon Imag. Hung. novae cap. VII. P. Pray hat sie in seine Annalen aufgenommen, und das Datum berichtiget, wobei in P. Timons Abschrift ein Fehler eingeschlichen war. P. II. lib. 5. p. 290.

schen Provinzen waren nicht weniger ausgesezt, wenn nicht die Werker von Belgrad ein so starkes Hindernis abgegeben hätten. Nur konnten sie, da Kolumbacz an der Donau gelegen ist, leicht übersezen, und sicher vor der Festung bis ins Herz des Landes eindringen; daher Sigmund bald die Nothwendigkeit fühlte, die Türken aus diesem Posten zu vertreiben. Er kam noch in demselben Jahre mit einem beträchtlichen Heere vor Kolumbacz. Die Art wie er die Belagerung anfieng, versprach den besten Erfolg; aber wie dieser Fürst in allen seinen Unternehmungen wider die Türken unglüklich war, so hätte er auch hier beinahe seinen Untergang gefunden. Wider den mit Amurat eingegangenen Vertrag ward er von den Ottomanen auf seinem Rükzug angegriffen, und lief Gefahr in der Donau versenkt zu werden, als er das jenseitige Ufer des Flusses in der temesiner Provinz gewinnen wolte. (66)

Durch diesen Erfolg wurde der Feind immer stolzer. Man kann nicht genug sagen, wie sehr er das Land in Furcht erhielt, obschon Sigmund ihm allezeit Männer von Tapferkeit, Einsicht und Kriegserfahrung zu Grafen gab. Eine Urkunde von 1430. (67) ernennet Steffan von Rozgon zum Grafen von Temes, der aus einem angesehenen Geschlechte zu Kaschau entsprossen war; und in einer spätern (68) findet sich Nikolaus von Ujlac, Woiwod von Siebenbürgen, und Ban von Makow, dem wegen seiner Tapferkeit die Festung Belgrad, gleich bei der Wiederbesiznehmung war anvertrauet worden.

Wirklich blieb auch die Provinz durch ihre guten Anstalten, die ganze übrige Lebenszeit Sigmunds hindurch, bis an seinen Tod im Jahr

1418.

(66) Ann. Reg. Hung. ad ann. 1428. Par. II. p. 294. & 295.

(67) P. Kaprinai Hungaria diplomatica temporibus R. Mathiae Part. I. lib. I. Dissert. 4. 5. pag. 179. & 180.

(68) P. Pray Ann. Reg. Hung. P. II. lib. 2. p. 252. 53.

1438. vor allem weitern türkischen Anfall in Sicherheit. Sie blieb es unter der kurzen, einjährigen Regierung Alberts von Oesterreich, Gemahls seiner Tochter Elisabeth, und so auch in dem unruhvollen Zwischenraum, da diese Prinzessinn den Zepter führte. Sie war nach ihres Gemahls Tode mit einem Prinzen entbunden worden, der in Windeln unter dem Namen Ladislaus V. gekrönet wurde.

Demohngeacht rief eine andere Parthei, Uladislaus II. einen Sohn Jagellons und Bruder Kasimirs II. Königs von Polen, auf den ungarischen Thron. Da die Türken immer unternehmender wurden, und Amurat II. nachdem er Semendria erobert, auch Belgrad, wiewol vergeblich, belagerte; so warf der neue Monarch die Augen auf einen der berühmtesten Krieger dieser Zeit, dem er im Jahr 1442. die gesagte Festung anvertraute, und ihn zum beständigen Grafen von Temeswar, so wie zum Befehlshaber über alle feste Pläze der untern Theile des Reichs, wie dieses damals die Benennung war, erwählte. Ich rede von Johann Corvin, (69) der sonst noch den Beinamen Hunniades führet. Er hatte sich durch rühmliche Thaten schon andere Würden verdient, besonders aber als Woiwode von Siebenbürgen und Ban von Servien, sich den wiederholten Einfällen der Türken mit Muth entgegen gesezt. Ein Mann, dazu geboren die Waffen zu tragen und Heere anzuführen. (70) Ich werde mir keinen Tadel zuziehn, wenn ich mich bei seinen

(69) Eine Urkunde, welche P. Pray im angef. Werk, P. III. lib. 2. p 125. sqq. anführet.

(70) Ich will den Chroniker Thwrocz reden lassen: Joannes de Hunyad, homo bellicosus, ac ad flectendum arma, dirigendasque res bellicas natus, & sicut piscibus aquas, cervisque umbrosas lustrare sylvas, sic illi armorum bellique expeditio vita erat. Hunc hominem, uti dici praesumitur, futura regni pro tutela rebus per ipsum gestis testantibus, fata ab alto elegerant, peregrinisque de partibus regni Hungariae deduxerant intra oras.

Thaten etwas verweile, da er unter den Grafen dieser Provinz der berühmteste gewesen ist.

Izt fand unser Held Gelegenheit neue Proben seiner Tapferkeit zu geben, als im J. 1443. Uladislaus dem Sultan selbst entgegen gieng, eh dieser sich in Stand sezen konnte die gemachten Entwürfe auszuführen. Das christliche Heer kam ungehindert in die Bulgarei, wo der König eine solche Stellung nahm, daß er alle Bewegungen des Feindes beobachten konnte, Hunniades aber, an der Spize von nicht mehr als zehntausend Mann, weiter vorrükte, und Wunder der Tapferkeit that. Er trieb die Türken zweimal zurük; nahm die Stadt Sophia ein; durchzog als Sieger die Bulgarei, wo er noch fünf andere Vortheile davon trug, alle aber mit der Eroberung von Nissa in Servien krönte. Und da izt das grosse königliche Heer gegen Thracien eindrang, schlug Hunniades die Türken aufs neue an den gebirgigten Zuwegen dieses Landes, und machte ihren Anführer Karambey zum Gefangenen; er würde die glorreiche Laufbahn weiter verfolgt haben, wenn nicht die späte Jahrszeit ihn genöthiget hätte sich zurükzuziehn, um seinen Völkern sichere Winterquartiere zu geben. (71)

Sie wurden gröstentheils in die temeswarer Gegenden verlegt, deren Einwohner ihren tapfern Grafen mit unaussprechlichem Jubel empfiengen. Die Freude vermehrte sich, als Hunniades in diesem Jahr das Schloß zu Temeswar bauen lies, (72) um der Stadt mehr Sicherheit zu geben, und seiner Familie, welche damals zu Kolosvar, (Klausenburg) in Siebenbürgen wohnte, zum Aufenthalt zu dienen. Hunniades hatte einen Sohn, Namens Ladislaus, und in diesem Jahr während daß er seine Siege verfolgte, gab ihm seine Gemahlinn,

Eli=

(71) Calimachus de rebus Wladislai Lib. II. Aen. Sylvii epistol. 31. P. Pray Annal. ad ann 1443. & 1444.

(72) Dieses Schloß ist noch übrig; aber durch die öfteren Reparaturen völlig verändert.

Elisabeth Szilagi von Horog=Szegh einen zweiten, welches der nachmahlige berühmte König Mathias I. ist. (73)

Unter solchen Umständen redete man vom Frieden. Amurat II. verlangte solchen, und Uladislaus war geneigt ihn zu bewilligen; aber der Kaiser Johann Paláolog, der berühmte Fürst von Epirus, George Kastriot, sonst Skanderbeg, der Pabst, und die zu Szegedin versammleten Grossen des Reichs, brachten ihn auf andere Meinung. Es kam zum Schluß, daß die Truppen, welche im Komitat Temeswar schon bequartieret waren, sich wieder in Bewegung sezen sollten. Sie giengen bei Pancsowa über die Donau, rükten in Servien ein, und zogen in starken, äusserst beschwerlichen Märschen, durch die Bulgarei und Thracien, ohne zu rasten bis Varna, wo die Schaaren der Ottomanen, von Amurat in Person geführet, ihnen im Gesichte standen. Der König lies beim Anblik ihrer Menge den Muth nicht sinken. Das Treffen begann mit dem 12. November, und dauerte den ganzen Tag mit einem Theile des folgenden: den ersten hindurch lächelte das Glük den christlichen Waffen, aber der zweite, obschon Hunniades alles that, was menschlicher Muth und Arm vermögen, war für sie unglüklich, und Uladislaus selbst fiel an diesem blutigen Tage.

Ich übergehe den Rükzug der geschlagenen Ungarn, die Unfälle unsers Hunniades, und die Art, mit der er sich zu rechtfertigen wuste. Wirklich verlor er dadurch nichts vom Zutrauen der Nation; vielmehr wurde im Jahr 1446. da das Reich kein Oberhaupt hatte, welches mit genug Stärke des Geistes in diesen kritischen Zeitläuften solches verwalten konnte, ihm die Regierung, unter dem Titel: Vicarius generalis & Gubernator, währender Minderiährigkeit Ladislaus V. aufgetragen. Dieser Prinz war vorerst, durch ein Dekret der auf dem Reichstag versammelten Nation, im Besiz der Krone bestätiget, und zugleich beschlossen wor-

(73) Hungaria diplomatica temporibus Mathiae de Hunyad Diss. I. B. 1. 2. 3.

worden, ihn von K. Friederich III. unter dessen Vormundschaft er auf einem Schlosse in Steiermark verwahret wurde, zurük zubegehren.

Hunniades Staatsverwaltung dauerte bis ins Jahr 1453. da K. Ladislaus von Friedrichen freigelassen ward, und zu seinem Thron gelangte. Diesen Zeitraum hindurch hatte der Held viel Grosses und Schönes ausgeführt, und das Glük, welches ihm immer zur Seite gieng, verlies ihn nur in einer einzigen Unternehmung, die, wenn sie gelungen wäre, den unglüklichen Tag bei Varna in Vergessenheit hätte bringen können. Ich rede von seinem Zug wider die Türken, unter Amurats Sohn und Nachfolger, Mahomet II. Hunniades ward im Jahr 1448. am Fluß Sitniza, welcher Rascien von der Bulgarei scheidet, geschlagen, und gerieth in die Gefangenschaft, wo er doch Mittel fand nicht entdekt zu werden. Er riß einem seiner Wächter den Dolch von der Seite, tödtete damit den andern, und dekte seine Flucht unter dem Turban, den er dem Türken abgenommen hatte.

Im Jahr 1453. also legte Hunniades seine Regierung nieder, und Ladislaus belohnte die ihm während derselben bewiesene Treue. Er lies zu Wienn, wo er sich damals befand, auf einem öffentlichen Plaz ein prächtiges Gerüste errichten, wo er auf dem goldenen Stuhl und in der königlichen Kleidung, ihn zum beständigen Grafen von Bistriz in Siebenbürgen ernennte, und ihm zugleich seine übrigen Aemter und Würden bestätigte. (74)

Bei diesen glänzenden Unterscheidungen behielt Hunniades noch überdas die Verwaltung des ganzen Kriegswesens; daher man sich nicht wundern muß, wenn er bald das Ziel des Neides und der Kabalen seiner Nebenbuhler ward. Der vornehmste unter ihnen war Ulrich von Cilli, der bei Ladislaus noch unreifen Jahren, sein Vertrauen hatte, und die Gunst, in welcher er stand, misbrauchte diesem Prinzen die Wahrheit

(74) Die Urkunde davon findet sich in P. Pray Ann. R. H, P. III, lib. 2. p. 125. sqq.

heit zu verbergen. Hunniades wurde solches bald gewahr, und nach dem Beispiel sovieler andern Grossen, die aus Verdrus über Ulrichen sich vom Hof entfernten, gieng er nach Temeswar, als den Hauptort des ihm untergebenen Bezirks, und zugleich in den Schoos seiner Familie zurük, welche dort ihren Siz genommen hatte. Seine Gegenwart konnte nicht anders, als zur Aufnahme des Nahrungsstandes und der Population der Gegend beitragen. Hingegen nüzte der Graf von Cilli seine Entfernung, um ihn noch mehr zu verläumden, (75) ja er gieng soweit, daß er meuchelmörderische Anschläge auf sein Leben machte; Hunniades aber, dem all dieses nicht verborgen blieb, wurde dadurch äusserst erbittert, und stunden traurige Folgen dieser Feindschaft zu erwarten, hätte nicht Dionysius, Bischof zu Gran, sich verwendet, beide mit einander auszusöhnen.

Zu rechter Zeit war er damit zustande gekommen; denn Mahomet II. nachdem er im Jahr 1453. Konstantinopel erobert, und mit einer beträchtlichen Niederlage der Einwohner dieser Hauptstadt, dem orientalisch-griechischen Kaiserthum ein trauriges Ende gemacht, zog izt im J. 1456. mit dem ganzen Stolz auf sein Glük, und einer Macht von beiläufig zweimalhunderttausend Türken, gegen die Bulgarei und Servien, um von daher Belgrad anzugreifen. Hunniades stellte, nach dem Schluß einer zu Ofen gehaltenen Nationalversammlung, die Armee ins Feld, und machte alle mögliche Anstalt, die bedrohte Festung zu schüzen. Wirklich sah man bald feindliche Truppen erscheinen, und die Donau mit einer Menge türkischer Fahrzeuge bedekt, die wider den Strom herauf alle Gattungen Maschinen und Armatur zuführten, um damit die Belagerung zu unterstüzen. Auch Hunniades hatte seinerseits deren einige ausgerüstet, die aber mit den Türkischen nicht in Vergleichung kamen, da sein ganzes Volk nicht über fünf und zwanzigtausend Mann stieg, selbst diejenigen gezählet, die unter dem Namen der Kreuzfahrer

(75) Seine Kabalen und Treulosigkeiten werden erzehlet in den Briefen des Aeneas Silvius, und auch in den oben angeführten Annalen beim J. 1454.

diesen Krieg mitmachten. Sie waren durch den Eifer des Joh. Kapistranus, aus dem Franziskanerorden, den Pabst Kalixtus III. als apostolischen Missionar, in diese Gegenden geschikt hatte, dazu vermocht worden.

Das erste Gefecht fiel auf der Donau vor. Hunniades grif selbst an, machte sich durch die feindlichen Schiffe einen Weg, und sezte Truppen über, mit denen er ohne Zeit zuverlieren, die Belagerten verstärkte. Die Türken hielten solches für unbedeutend; daher sie nur eine grössere Menge Maschinen gegen die Festung führten, mit denen sie nun anfiengen die Mauern von allen Seiten zu bestürmen. Nicht ohne grosse Niederlage der Seinigen, hatte sich Mahomet der Aussenwerke bemächtiget. Izt schwung Kapistran die Kreuzfahne, und ermahnte mit Hunniades zugleich die Soldaten, muthig die Unglaubigen anzugreifen; welches sie mit solcher Stärke und Entschlossenheit thaten, daß jene von panischem Schreken ergriffen, sich plözlich in die Flucht gaben, und in der Unordnung Waffen, Fahnen und Geräthe, mit mehr als zwanzigtausend, theils Todten theils Verwundeten, auf dem Schlachtfelde zurük liessen. Mahomet selbst ward am einen Auge verwundet, und in der Bestürzung, vom Strome der Seinigen mit fortgerissen, kam er, indem er sich zu retten suchte, mehr als einmal in Gefahr das Leben zu verlieren. (76)

Dieser denkwürdige Tag, der in den ungarischen Jahrbüchern und besonders in der Geschichte der Grafen von Temeswar eine so glorreiche Epoche macht, verursachte nicht die ganze Freude, die man unter anderen Umständen davon erwarten konnte. Hunniades hatte, durch Arbeit, Nachtwachen und beständige Bewegung, die er mit unüberwindlicher Standhaftigkeit den ganzen Feldzug hindurch ertrug, sich ein

(76) Alle Begebenheiten dieses denkwürdigen Krieges findet man umständlich beschrieben in den Briefen des P. Tagliacoccio an den H. Jakob della Marca. Er war, als Gefährte des h. J. Kapistran, ein Augenzeuge derselben.

ein tödliches Fieber zugezogen, das ihn in kurzem an das Ende seiner Tage führte. Er lies sich nach Semlin, ein Ort in Sirmien Belgrad gegenüber, bringen, wo er seinem ältesten Sohn, **Ladislaus**, erst nochmals die Treue des Unterthans empfahl, denn mit völliger Ergebung an den göttlichen Erlöser, in der Kirche aus **Kapistrans** Händen die h. Kommunion empfieng, und unter dem bittern Schmerz der Umstehenden, die seine Standhaftigkeit und Gegenwart des Geistes, mit der stärksten Religion verbunden, bewundern musten, den Geist aufgab. Unsterblicher Ruhm, und Gefühl des unersezlichen Verlustes, blieben hinter ihm.

Die kriegerischen Tugenden, von denen **Hunniades** in seiner Person ein so glänzendes Beispiel gab, haben ihn auf die höchsten Stufen des Glüks und der Grösse geführt. Seine Herkunft ist zweifelhaft. Einige Schriftsteller behaupten, obwol mit wenigen Grunde, daß er ein natürlicher Sohn K. **Sigmunds** gewesen; (77) andere leiten ihn von dem walachischen Fürsten **Buto** und **Elisabeth**, aus dem Hause der **Paläologen**, her; (78) **Bonfinius** (79) aber läßt ihn aus dem alten römischen Geschlechte der **Corvinen** abstammen. Von seiner Jugend weis man, daß er seine erste Studien unter dem **Demetrius Zechi**, Bischof von Agram, vollendet, denn die Rechte getrieben, diese aber nachmals, unter **Nikolaus von Ujlak**, mit den Degen verwechselt. Um sich in der Kriegswissenschaft vollkommner zu machen, schikt ihn **Sigmund** nach Italien, wo er zwei Jahr unter dem Herzog von Mailand, **Philipp Visconti** diente. Bei seiner Zurükkunft nach Ungarn, ward er zu den grösten Militarbedienungen befördert, in welchen er sich bei verschie-

(77) Gasparus Heltai in Chronol. Hungar. fol. 80. Mich. Neander in Synops. Chron. f. 157. Jac. v. Weingarten in Specul. Princip. Part. I. Slansky in vita Hussi. Christ. Manlius in Histor. Lusatiae lib. VI. fol. 133. Joa. Herburtus in Chron. seu Histor. Pol. lib. V. Joach. Cureus in Annal. Siles. Erasmus Francisci in Theatro honoris u. and.

(78) Jo. Ludov. Koenig. in Arboreto f. 45. Rittershusius f. 398. Hening. fol. 89.

(79) Hist. Hung. Decas. III. lib. 4.

schiedenen wichtigen Gelegenheiten, besonders gegen die Hussiten in Böhmen hervor that, und dadurch immer mehr die Gunst des Monarchen erwarb. Als ein Zeichen derselben, schenkte ihm Sigmund das feste Schloß Hunyad in dem äussersten mittägigen Siebenbürgen, von dem Joh. Corvin den Beinamen Hunniades erhielt. Da Albert auf dem ungarischen Thron folgte, ernennte er ihn zum Waiwoden dieser Provinz und Ban von Severin. Mit diesen Würden haben wir ihn bereits die Grafschaft Temeswar verbinden, und in seine grössere Laufbahn eintreten gesehn, auf welcher er sich den grossen Namen machte, der nicht sterben kann, solange die Menschheit Verdienst und Tugend schäzen wird.

Sein ältester Sohn Ladislaus folgte ihm wie in den Würden, die der Familie erblich verliehen waren, so auch als Graf von Temeswar, und nahm in dieser Eigenschaft die Huldigung der Provinz ein. Sie war mit den allgemeinen Thränen der Völker begleitet, obschon der ausgezeichnete Sieg des Helden, um den sie flossen, das Land in eine gewisse Sicherheit und Ruhe stellen konnte.

Ich sehe, daß ich schon einen sehr langen Zeitraum vorüber bin, und will hier stillestehn. Erlauben mir Eu. &c. in einem folgenden Briefe den Faden dieser Geschichte zu verfolgen, izt aber die Versicherung der vollkommensten Hochachtung hinzuzusezen, mit welcher &c.

Zwei=

Zweiter Brief
an ebendenselben Herrn Generalmajor.

Fortsezung der politischen Geschichte des Bannats bis auf das Jahr 1553.

Ueber die Veränderungen und Zufälle, denen das temeswarer Bannat von der ersten römischen Eroberung, bis an die Mitte des fünfzehnten Jahrhunderts unterworfen gewesen, habe ich Eu. ꝛc. in meinem vorigen Briefe zu unterhalten die Ehre gehabt. Izt sehn Sie das Land unter einem Grafen, dem das Glük wenig günstig war. Wirklich hatte man, von der Regierung **Ladislaus Corvino** angefangen, ein ganzes Jahrhundert nur zu thun die Türken von den Gränzen abzuhalten, bis nach viel denkwürdigen Thaten und Blutvergiessen, diese Provinz dennoch unter ihre Tirannei fiel.

Ich habe bei der grossen Niederlage **Mahomets II.** meine Erzehlung abgebrochen. Izt, da die ungarischen Länder, von den grausamsten Erwartungen in einen Stand der Sicherheit übergiengen, kam der K. **Ladislaus V** von Wien über Ofen nach Futak, um dem Landtag beizuwohnen, der auf dieses Schloß ausgeschrieben war. Hier lud der Sohn und Nachfolger des verewigten **Hunniades** ihn ein, das Schlachtfeld, auf dem die ungarische Nation soviel Ruhm erworben hatte, mit den Ueberbleibseln der ottomanischen Werker von Belgrad, zu besehen. Der König nahm diese Einladung, nach geendigtem Landtag an, der von sehr kurzer Dauer war, und, ausser der Ernennung des Grafen **Ulrich von Cilli** zum ersten Minister, keinen Gegenstand hatte.

Alle ungarische Geschichtschreiber melden, daß dieser, sobald er mit der neuen Würde bekleidet war, sich es zur ersten Absicht gemacht, das ihm verhaßte Haus der Corvinen auszurotten, das er in seiner Verachtung, ein Hundegeschlecht zu nennen pflegte. Er wuste dem König die Treue Ladislaus Corvins so verdächtig zu machen, daß dieser, hätte er nicht vorher schriftlich und mit Schwüren seine Treue versichert, ihn vergebens zu Belgrad erwarten konnte. Selbst beim Eintrit in die Festung lies dieser Prinz, als er seine Garden zurükbleiben sah, noch Besorgnis bliken, und Corvin mochte leicht abnehmen, wer ihm solches Mißtrauen eingeflösset hatte.

Er lies daher, um weiteren Folgen vorzubeugen, Ulrichen den folgenden Tag an einen abgelegenen Ort bitten, wo er mit mehreren Freunden ihn erwartete, sich über einen Gegenstand zu besprechen, der ihrer beider Ruhe beträfe. Der Graf stund an; kam aber demohngeachtet, nachdem er die entschlossensten von seinen Leuten mit sich genommen, und sich unter dem Kleide, mit einem Panzer verwahrt hatte. Corvin grüßte ihn zuerst, sagte ihm aber freimüthig seine Gesinnungen über den Haß, den er gegen seinen Vater genähret, und dessen Opfer nun der Sohn werden solte. Ulrich, der die Gerechtigkeit dieser Vorwürfe fühlen mochte, gerieth in Wut, nennte, unter andern Sarkasmen, in welche er ausbrach, Corvin einen Rebellen, und stürzte mit blossen Schwert auf ihn her, da dieser doch unbewafnet war. Aber seine Freunde waren nicht wehrlos; sie umringten den Rasenden, und in gleichem Augenblik lag er ohne Leben da. So endigte der Graf von Cilli: Aeneas Silvius Piccolomini braucht, in einem Brief an den König von Arragonien, den Ausdruk, daß Ladislaus Hunniades durch seinen Tod der christlichen Welt nicht weniger genützet, als der Vater durch den Sieg über Mahomet. (1)

Bei dem König erregte die Nachricht neues Mistrauen. Er war noch im Zweifel, welchen Entschluß er nehmen solte, als Corvin erschien,

---

(1) Non minus Ladislaum de Hunyad reipublicae christianae profuisse caede Ulrici Comitis, quam Ioannem gubernatorem Mahometis profligatione. Apud Franc. Carol. Palma in Notit. rer. Hungaric. P. II. p. 211.

erschien, und ihm den grausamen Auftrit so vorstellte, daß er überzeugt ward, Cilli habe sich den Tod selbst zugezogen. Zum Zeichen seiner guten Gesinnungen gegen die Familie der **Corvinen**, nahm er nach noch einigen Tagen Aufenthalt zu Belgrad, auf seiner weitern Reise nach **Szegedin**, den Weg über Temeswar, um ihr dort einen Besuch zu geben.

Bei der Ankunft kam ihm die Witwe, **Elisabeth Szilagy**, mit einem Gefolge von Fräuleins, alle in Trauer, entgegen. Mit thränenden Augen warf sie sich dem Monarchen zu Füssen, und flehte seine Gnade für ihre Söhne, **Ladislaus** und **Mathias** an, die ihr beide zur Seiten waren, und dieser Prinz ward so bewegt, daß er aufs feyerlichste schwur, sie als Brüder zu halten. (2) „Ihr müsset für euren Gatten, sagt' er zu **Elisabeth**, keine Trauer tragen. **Johann Hun**„**niades** ist vom Tode ins Leben übergegangen: er hat Ungarn bei „dem Christenthum, mich bei dem Reich erhalten; seinem Vaterlande „den Frieden versichert; die Feinde des katholischen Glaubens geschla„gen, von seinen Gränzen verjagt. Er war unser Heil, und auch Fein„de versagen ihm ihre Bewunderung nicht. Im Leben und im Tode „gros; Held auf dem Kampfplaz, und Held auf dem Krankenbette, „hat er dort Heere, hier sich selbst besiegt. Man kennt seine Kriegstha„ten, wie er mit Weisheit und Stärke die eigenen Völker erhielt, die „feindlichen zugrunde richtete. Und als er den lezten Augenblik nähern, „und die Krankheit dringender werden sah, gab er nicht zu, daß der h. „Leib in sein Haus gebracht würde; er hielt es unter der Würde, daß der „Herr den Knecht besuchen solte, raffte sich von seinem Bett auf, und „lies, da seine Füsse ihm den Dienst versagten, sich in die Kirche tra„gen; dort, nachdem er seine christliche Beicht verrichtet, und die h.

„Kom-

(2) Et ne Rex ipse, apud Comitem Ladislaum quandocunque, de exigenda mortis fraternae vindicta, suspectus haberetur, vtrosque Comites, Ladislaum scilicet & Mathiam fidei, sub iuramento, super sacratissimo Corpore Christi praestito, in fratres adoptavit; eodemque sub iuramento futuris temporibus, aliquam talionem, Comitibus ab eisdem, ratione praevia se exigere non velle spopondit, &c. Thwrocz. Chron. Lib. IV. Cap. 60.

„ Kommunionen genommen hatte, haucht' er die des Irdischen satte „ Seele aus. Wohin kann sie ihren Weg genommen haben? Zu Gott, „ für den er soviel Kriege geführet; längst hat er den verdienten Himmel, „ und um einen solchen Mann mus man nicht trauren. Weg denn mit „ der leichenhaften Kleidung und der Traurigkeit; man mus fröhlich seyn „ mit den Fröhlichen, wenn die Zeit der Thränen vorüber ist. „ (3) Damit lies der König die kostbaren Kleider herbringen, welche er für die Witwe, ihre Söhne und das Gefolge mitgebracht hatte; und man brachte den ganzen Tag im Vergnügen zu. Die Mahlzeit war über die massen prächtig, und endigte mit Tanz und Gesängen, wie ein Hochzeitmahl. (4)

Einen

(3) Rex matronam, schreibt Aeneas Silvius, der sich damals als apostolischer Legat in Ungarn befand, complexus, indigna, inquit, haec vestimenta sunt, quae ob mortem viri tui deferas: Ioannes Hunyades de morte transivit ad vitam: Ille Hungariam Christo, mihi Regnum seruauit: Hungaris pacem peperit, hostes fidei Catholicae fudit, fugauit, protriuit: Salutem ab eo percepimus omnes, fortiora eius etiam hostes admirati sunt: et in vita, et in morte laudanda eius opera: in praelio strenuus, in lectulo aegritudinis fortis, in bello vicit hostes, et in aegritudine seipsum superauit. Nota sunt eius egregia facinora, quae pugnando peregit; Consilio ac manu sustentauit acies suas, perfregit hostiles. Vbi adesse extremum vitae tempus agnouit, et urgere vim morbi, non est passus Dominicum Corpus ad se deferri; neque enim dignum existimauit seruum'a Domino visitari, surrexit e lectulo, quamuis labentibus membris, et cum suis pedibus, deficie te virtute, ire non posset, in eadem se ferri iussit, ibique de more Christiano, Confessione facta, sacram accepit Eucharistiam, atque inter Sacerdotum manus fastidientem terrena animam exhalauit. Et quo illam credimus migrasse? nisi ad eum, pro quo tot bella pugnauit; iam pridem debitum sive Coelum tenet; non est cur lugere eum virum oporteat. Facessant lugubres vestes, omnisque moeror abiit; congaudere gaudentibus oportet; intempestiuae lacrimae, intempestiui luctus recedant. Quibus dictis afferri vestes iussit, quas dono viduae dedit, filiisque, omnes puellas mutare habitum imperauit, totamque diem laetitiae dari.

(4) Thwrocz am angef. Ort c. 60. Aeneas Silvius Hist. Bohem. c. 67. Conuiuia exinde splendida acta, inter epulas, saltatum, cantatumque, & quasi celebres nuptiae inter vina et iocos perfectae.

Einen solchen Auftritt hatte die Ankunft Ladislaus V. verursachet. Die beiden Brüder scheuten sich auch nicht, ihm nach Szegedin und von dort nach Ofen zu folgen; aber kaum hatten sie die lezte Stadt erreicht, als man sie mit einigen ihrer Freunde gefangen nahm, den folgenden Tag auf Befehl des Königes, dem ältern den Kopf abschlug, und den jüngern in die engste Verwahrung brachte.

Elisabeth Szilagy, die mit dem bittersten Schmerz der Mutter, den Verlust des einen fühlte, und den andern durch Bitten zu retten wenig Hofnung hatte, verschwendete alles, was sie an baarem Gelde besas, um ihre Parthei zu verstärken. Sie gieng soweit, daß sie dem König und dem Palatin erklären lies: sie hätte Mahomet II. zuhülfegerufen, dem sie, wenn Mathias nicht freigegeben würde, nebst der Grafschaft Temeswar, alle übrige Gränzfestungen, deren Befehlshaber ihrem Haus ergeben wären, in die Hände liefern wolte. Bei diesen Drohungen, und da mehrere Grosse des Reichs sich für sie erklärten, gerieth Ladislaus in solche Furcht, daß er sich von Ofen nach Wien begab; wohin auch Mathias abgeführet, dann zu mehrerer Sicherheit nach Prag gebracht, und der Verwahrung G. Podiebrads übergeben wurde, der damals Befehlshaber in dieser Hauptstadt war. Nach solchen Maasregeln waren die Flammen eines bürgerlichen Kriegs ganz nahe auszubrechen; nur Ladislaus V. Posthumus, im November ebendesselben Jahrs 1457 erfolgter Tod, erstikte sie.

Kaiser Friedrich III. Wilhelm, Herzog zu Meissen, und Kasimir, König von Polen, waren die Kronwerber. Aber die Verdienste des corvinischen Hauses waren noch so neu; die lezten Ereignisse sowenig vergessen; der muthigen und unternehmenden Elisabeth und ihres Bruders, Georg Szilagy, Unterhandlungen so glüklich, daß die Parthei, welche sich für Mathias Hunniades erklärt hatte, immer stärker ward, und endlich die bei Ofen versamlete Nation, ihn den 24. Jäner 1558. einmüthig zum König ausrief. (5)

F Izt

(5) Annales Regum Hung. ad ann. 1458.

Izt öfnete ihm Podiebrad das Gefängnis, und aus dem Gefängnis stieg er auf den Thron. Es ist bekannt genug, wiesehr Mathias den Zeitraum hindurch, daß er solchen bekleidete, durch eine Menge denkwürdiger Thaten, seinen durchdringenden Regentengeist und seine kriegerische Tugenden, der Ruhm und die Ehre dieses Thrones war. Ich beschränke mich nur darauf, was in die Geschichte des Temeswarer Komitats mit verwebet ist.

Die Ottomanen, die sich noch immer ihrer Niederlage schämten, hielten sich in grosser Anzahl zu Felde, und machten Bewegungen zu neuen Feindseligkeiten. Sie rükten im Jahre 1462. zum zweitenmal in die Walachei; als aber Mathias ihnen mit hinlänglicher Kriegsmacht entgegeneilte, hatte sich Mahomet II. schon in Servien zurükgezogen, und seinen Stand an der Morava genommen, so daß man nicht wissen konnte, ob er etwas Entscheidendes in Siebenbürgen wagen, oder in Ungarn einfallen würde. Unterdes durchstreifte Alibeg, Bassa von Semendrien, ein wagender wilder Mann, an der Spize zahlreicher fliegender Truppen, die benachbarten Gegenden, und verheerte mit Feuer und Schwert alles, was er auf seinem Wege fand. Er war in das Land zwischen der Saw und Draw, und von daher in Sirmien eingedrungen, und man hatte zu fürchten, er möchte, nachdem er einmal die Donau gewonnen, auch bei Titul über die Theiß in das temeswarer Komitat übersezen.

Mathias wurde damals, durch die Unternehmungen Friedrichs III. an die westliche Gränze seines Reichs gerufen. Er lies bei seiner Entfernung die entschlossensten Krieger zurük, um sowol die Bewegungen des Feindes zu beobachten, als ihn zurükzuschlagen, so oft er sich weiter nähern würde. Michael und Peter Zacholi (der lezte ist der Vater des Bischofs Albert von Csanad) verjagten die Türken aus dem untersten Theile Pannoniens; und bald darauf, nämlich im Jahre 1463. kam Johann Poncraz, Woiwode von Siebenbürgen, an der Spize einer auserwählten Schaar Szekler in das Komitat Temeswar, wo Alibeg sich schon der Hauptstadt näherte. Er schlug ihn in die Flucht, und trieb ihn über die Donau nach Semendria zurük. (6)

Die Umstände liessen nicht zu diesen Plaz anzugreifen, der damals schon der Sicherheitsort der Türken und die Niederlage ihres Raubes war. Sie waren dadurch zugleich eines grossen Theils von Servien versichert; es blieb ihnen noch immer der Weg in das temeswarer Komitat, sowie in Siebenbürgen offen, und die ungarischen Truppen musten sich blos darauf einschränken, daß sie die am meisten ausgesezten Gegenden vor weiterm Ueberfall zu deken suchten. Aber die Ottomanen veränderten ihren Plan. Sie kehrten sich in den folgenden Jahren gegen Bosnien und Dalmatien, von daher sie auch durch Steiermark, Krain und Kärnthen Verwüstung verbreiteten.

Mathias suchte sie mehrmals auf: das Glük war auf seiner Seite, und sie musten sich zurükeziehn. Auf Einrathen zweener Päbste, gieng er sogar mit einigen derselben Verbindungen ein, um nachher mit destogrösserer Stärke einen so grausamen Feind anzugreifen.

Er gieng ihnen aufs neue entgegen, und warf sie aus Sabaz, einer Festung am Sawstrom, heraus, doch glükte es ihm nicht mit der Eroberung von Semendria, womit er sich geschmeichelt, und in dieser Absicht seine Völker nach Servien gezogen hatte. In Erwartung günstigerer Umstände, richtete dieser König seine Sorgfalt auf das bedrohte Temeswar, wo er im J. 1478. **Paul Kinys** zum Grafen sezte, einen der berühmtesten Feldherrn dieser Zeiten, der in Böhmen und Mähren, hauptsächlich aber wider K. **Friedrich** III. sich Ehre und Verdienst erworben hatte. Ebendemselben übergab er auch das **severiner** Bannat, wo die Türken den befestigten Hauptort bereits verwüstet, und dadurch

(6) Pancratius regio mandatu seruans ad Themesuarum cum validissima Siculorum manu, Turcis occurrit, cruentum hic praelium initur. . . . Halibecus fusus, fugatusque, Sinderoviam revertitur. Bonfinius Hist. Hung. Decas III. L. X. p. 416.

das Land für ihre Streifereien geöfnet hatten. Zugleich ward verordnet, daß inskünftige die Besizer dieser Würde unter die ersten Stände des Reichs gezählet werden, und in den königl. Patenten, welche sie zu unterzeichnen haben, die Grafen von Temeswar unmittelbar nach denen von Presburg folgen solten.

Damals wurde von den stehenden Truppen, die zur Vertheidigung des Landes gehalten werden musten, die innere Sicherheit durch die Diebstähle und Mordthaten, welche sie begiengen, sehr gestöret. Auch fanden sich die Festungen an der Donau, Revee, Posazin, Sorom, in so schlechtem Stande, daß sie keinen feindlichen Angrif aushalten konnten. Ihre Wiederherstellung und die Steurung der erwähnten Unordnungen machten einen so wesentlichen Gegenstand, daß unter den Artikeln, welche die 1478. zu Ofen versamleten Grafen dem K. Mathias zur Unterschrift vorlegten, der erste war: man könne die Unterthanen nicht mehr bei der Arbeit halten, und die Gränzfestungen würden keine Zufuhr von Lebensmitteln mehr haben, wenn nicht alle Grafen der Gegend sich verbänden, damit der Graf von Temeswar die gedachten Pläze herstellen, und den Unordnungen dadurch abhelfen möchte, daß in diesem Komitat die gewöhnlichen Generalversamlungen, oder Gerichte alljährlich gehalten würden; da diese in den übrigen Komitaten, wegen der Kosten, welche sie forderten, immer auf fünf Jahre zu ruhen pflegten. (7)

Wahrscheinlich war dieses eine Wirkung der Vorstellungen, die Paul Kinys zu Anfang seiner Landesverwaltung gemacht haben mochte. Er gab bald glänzende Proben seines ausserordentlichen Muthes gegen die Türken, indem er nicht allein seine, sondern auch die benachbarten Provinzen vor ihren Einfällen schüzte.

Die erste Gelegenheit war im J. 1479. da Mahomet II. mit einem Heer von hunderttausend Mann in Siebenbürgen erschien. Der bekannte

(7) In einer Urkunde beim P. Pray vom J. 1478. p. 121. sind alle diese Artikel enthalten.

kannte Woiwode, Stephan Batori, hatte sich zu ihrem Empfang in gute Bereitschaft gesezt, und vergas auch nicht Kinys zuhülfezurufen. Bei den äusserst unbequemen Zuwegen, die aus dem Bannat nach Siebenbürgen führten, kam dieser doch recht zu gelegener Zeit, in dem Augenblik, da die Ottomanen mit Batoris Völkern bei Weissenburg handgemein waren, und die lezteren unter der Ueberlegenheit des Feindes erliegen solten. „Paul, sagt der Geschichtschreiber Bonfinius, „ fiel „ wie ein reissender Löwe auf sie her, Unordnung und Schreken ergrifen „ sie, und bald hatte sich der Sieg für die christlichen Waffen erklärt. „ Viele Ungarn und Szekler verloren dabei das Leben, dagegen sind über dreissigtausend Türken auf dem Schlachtfelde geblieben, wo sie in ihrer schnellen Flucht eine Menge Fahnen und Siegeszeichen zurükliessen. Sonderbar und kaum mit dem rohen Sittenzustande dieser Zeiten zu entschuldigen, ist die Art, mit der Batori und Kinys ihren Sieg feierten. Sie lagerten sich mit ihren Völkern auf dem Wahlplaz; man schichtete die in ihrem schwarzen Blute schwimmenden, mit Wunden bedekten Leichname der Feinde zu Tischen auf, und an diesen ward die Abendmahlzeit eingenommen. Der allgemeine Jubel war unaussprechlich, und den Freuden des Weins und der Tafel folgten Tänze, mit Soldatenliedern, die zwar unmetrisch, aber voll vom Namen der tapfern Anführer waren. Kinys, wie die Reihe zu tanzen an ihn kam, hub, ohne eine Hand zuhülfezunehmen, den Leichnam eines sehr starken Türken mit den Zähnen auf, und tanzte damit im Kreis herum — eine herkulische Arbeit, aber nur für die Zuschauer, die er hatte, ein Gegenstand der Bewunderung. (8)

(8) Die Stelle des Geschichtschreibers Bonfinius verdient hier angemerkt zu werden: Paulus quoque, quamuis haud incruenta victoria laetatus cum collega, legionibusque victricibus, inter cadavera caenare decreuerat; quia irruente nocte in castra redire non poterant, atque multum commeatus & vini, potiti castris hostium, hinc abstulerant. Super cadauera stratae mensae quippe, quae vsque adeo frequentia, densaque iacebant, vt per vniuersum campum, quaquaversus in stadia pene sedecim in cadauer prosilire potuisses. Appositis ergo dapibus accubuere milites, resecta satis superque corpora, & animi laeti-

tia,

Doch wir wollen den Mann in einem würdigeren Anstande sehn. K. **Mathias** ernennte ihn, mit Beibehaltung seiner vorigen Würde, auch zum General der ungarischen Völker, die ausser dem Bezirk seiner Grafschaft dienen solten. Er brach zu Anfang Novembers 1482. mit dreissigtausend Mann von Temeswar auf, welche truppweise vertheilet den Weg gegen **Horom** nahmen, um dort über die Donau zu sezen. Es gelang auch, ohngeacht ein starker türkischer Hinterhalt einige von diesen Völkern am Flus erwartete, und der Bassa von Semendria mit einer Menge bewafneter Fahrzeuge herbeieilte, die Barken anzugreifen, mit denen **Ladislaus von Rozogny** den Uebergang deken solte. Aber ohne daß dieser es nur wuste, näherten sich von der andern Seite des Flusses, wo man schon Land gewonnen hatte, mehrere Fahrzeuge mit hinlänglichem Volk; diese grifen die feindlichen Schiffe mit solcher Entschlossenheit an, daß sie deren vierundzwanzig wegnahmen, die übrigen versenkten, und die ganze Mannschaft niedermachten. Unterdes hatte **Kinys** Truppen ausgeschikt, um die Gegend auszukundschaften; es glükte ihnen gegen tausend Türken zu Pferde, die von dem Schloß Kolumbacz kamen, gefangen zu nehmen, und da er keinen Widerstand fand, rükte er bis Krusolocz vor, wo er sein Lager schlug. Er verweilte ganzer zwölf Tage dort, um das Land umher mit Feuer und Schwert zu verheeren; welches eine solche Gährung verursachte, daß fünfzigtausend Eingeborne, denen das türkische Joch zu lästig war, die Gelegenheit ergrifen, sich zu dem Sieger schlugen, und unter seiner Bedekung in die temeswarer Gegenden

tia, vinoque plus aequo exhilarati quoque qui prospecta dudum victoria hostilia castra populari ceperant, ibi quoque opulentissime discubuere caena non sine militari cantu transacta incomposito, extemporalique carmine Ducum, procerumque laudes cecinuere; mox incalescente baccho militarem pyrrichiam saltarunt. Cum adhuc armati martiales choreas agunt, elatis in numerum clamoribus cuncta complebant, item cum in publicae hilaritatis monumentum quotusquisque miles gestu, motuque corporis aliquid ageret, quo risum a caeteris exigeret, Paulus saltare iussus in media corona ita subsiliit, medium, sublimemque caesum hostem humo porrectum, dentibus sine ullo manus adminiculo plane corripuit, mox in orbem admirantibus potius, quam ridentibus spectatoribus numerose saltauit, choream se, & Herculeo quoque viro dignam edidit.

genden auswanderten. Ueberdas führte Kinys unter der Anzahl seiner Gefangenen drei Bassen hinweg; er hatte ein festes Schloß zerstöret, das von den Türken, Semendria gegenüber, und um diesen Plaz zu deken, auf einer Donauinsel erbauet war; er konnte izt mit Eifer an der Ausbesserung von Kevee, Pozazin und Horom arbeiten, und jeden Augenblik sich gegen den Feind ins Feld stellen, so gut waren seine Vorkehrungen getroffen. (9)

Er sah daher nicht ohne Misvergnügen, daß Mathias im J. 1483. und 1488. mit Bajazet II. Stillstand schlos; denn dieser war seinem Vater Mahomet auf dem ottomanischen Throne gefolgt. Der arbeitsame Mann konnte nicht unbeschäftigt bleiben; er verwendete sich izt auf Verbesserung des innern und ökonomischen Zustandes der ihm anvertrauten Provinz, wenn schon sein entschiedener Hang noch immer der Degen war. Die Gelegenheit, ihn zu brauchen, kam nur mit Mathias Tode, im J. 1490.

Dieser Fürst, der seine Regierung hindurch sich in viele schwere Kriege verwikelt sah, hatte währenden schlesischen Unruhen eine Gattung Miliz eingeführt, die aus Böhmen bestund, und mit schwarzem Tuch bedekte Panzer trug, daher sie die schwarze Legion hies. Sie leisteten anfangs gute Dienste; da sie aber im nachmaligen Frieden nach Szegedin verlegt wurden, war des Raubs, der Gewaltthätigkeiten, Mordbrennereien, Todschläge und ausgelassensten Frevelthaten kein Ende, so daß das Landvolk der benachbarten Gegenden von Niederungarn und der Grafschaft Temes sich verschwur, lieber unter der Tirannei der Türken zu leben, als diese viehische Soldaten länger auf dem Halse zu haben. Unterdes war nach Mathias Corvin, Uladislaus II. ein Sohn des Königes von Polen, Kasimir IV. auf dem ungarischen Throne gefolgt, und

(9) Das Detail aller dieser Kriegsoperationen des Paul Kinys findet sich in zwei Briefen K. Mathias, deren einer an Pabst Sixt IV. der andere an den Kardinalbischof von Agria gerichtet ist, der sich ebendamals zu Rom befand. Mathiae Corvini regis, epistol. Pars IV.

und die Klagen, welche man ihm einreichte, waren so lebhaft und dringend, daß dieser Prinz Paul Kinys den Befehl zufertigte, die gedachte Legion zur Kriegszucht zurükzubringen, oder wenn Erinnerungen nicht fruchten würden, sie ganz auszurotten. Er hatte das erste Mittel vergebens versucht, und schritt also zum zweiten. In dieser Absicht zog er, unter dem Vorwande einer Unternehmung wider die Türken, seine gedienten Völker zusammen, rief die benachbarten Befehlshaber mit ihren Truppen zuhülfe, und bot eine Menge Landvolks auf, die sich mit Sicheln und Aexten wafnen musten. Doch die Schwarzen merkten, daß es ihnen galt. In der Hofnung der verdienten Strafe zu entgehn, wenn das Glük der Waffen sich für sie erklären würde, grifen sie zuerst an, und fochten, wie die Verzweiflung ficht; aber der Graf von Temeswar hatte seine Anstalten so gut getroffen, daß ihrer sechshundert auf dem Plaze blieben. Von den Gefangenen wurden die Häupter des Aufruhrs theils gehangen, theils lebendig gerädert; die minderstrafbaren stekte man einzeln unter andere Truppen; was sich mit der Flucht gerettet hatte, ward überall aufgesucht, und mit verschiedenen Todesarten hingerichtet. So muste, die öffentliche Sicherheit zu erhalten, eine Legion ausgerottet werden, die für sie errichtet anfangs schöne Proben gegeben hatte, aber am Ende in ihrer Abartung die Geissel des Landes geworden war. (10)

Das waren die Begebenheiten des J. 1492. Vorher schon hatte sich das Gerüchte verbreitet, daß die Türken zu mehreren Haufen in Bewegung wären; einige glaubten, um in Siebenbürgen, oder in das temeswarer Komitat einzudringen, andere, um einen neuen Versuch auf Belgrad zu machen, und von daher weiter in Ungarn, Sklavonien und Bosnien vorzurüken. Die Sage war nur alzugegründet; daher der König dringende Befehle gab, Belgrad nebst andern Pläzen, und unter diesen auch Temeswar, in den besten Vertheidigungsstand zu sezen. (11)

Kinys

---

(10) Annales Reg. Hung. P. IV. ad ann. 1492. p. 251. & 252.

(11) Ebend. p. 248. & 252.

Kinys hatte nichts angelegeneres, als die Werker der Hauptstadt seines Komitats herzustellen, die ihm anvertrauten Truppen zu vermehren und im Dienste zu üben, wobei er als ein Mann, der Ehre, Vaterland und Ruhm dem Reichthum vorzog, vieles von seinem eigenen Vermögen verwendete.

Im J. 1493. kam es zuerst zu Thätlichkeiten. Alibeg, Befehlshaber der ottomanischen Festungen in Servien, gieng mit grosser Macht auf Siebenbürgen los, während ein anderes Heer in Kroatien einrükte. Diese behielten, mit grossem Verluste der Ungarn, in zwei Gefechten den Vortheil; dahingegen der erste von den Szeklern geschlagen wurde, welche Barthol. Dragby führte, der seit dem kurz vorher erfolgten Tode des Steffan Batori an der Spize dieser Völkerschaft stand.

So war unter den Feindseligkeiten kaum das J. 1494. eingetreten, als Paul Kinys, troz der rauhesten Witterung, mit zehntausend Mann Reuterei über die beeiste Donau gieng, und seine Stellung nicht weit von Semendria nahm. Er theilte dreitausend Mann ab, um das Land einige Meilen umher zu verwüsten; die übrigen solten mit Gewalt, oder mit List die benachbarten Schlösser überfallen, aus denen Alibeg seit vielen Jahren soviel Verwahrungsörter seines Raubes gemacht hatte. In der Hofnung diesen zu theilen, nahmen sie muthig zwei solche Schlösser weg, verwüsteten sie, und legten Feuer an. Alibeg hatte weder Zeit den Schaden zu ersezen, noch mit dem Volk, welches er aufbringen konnte, an dem Komitat Temeswar das Wiedervergeltungsrecht zu üben, wie es seine Absicht war. Unterdes thaute der Fluß auf. Kinys erhielt Nachricht, daß zu Belgrad eine Verrätherei sich angesponnen, welche die Festung den Türken in die Hände liefern wolte; er flog dahin, und wie er mit dem Volk, welches er mitbrachte, die Besazung beträchtlich verstärkt hatte, fieng izt die Untersuchung an. Der Hochverrath bestätigte sich, durch die rechtliche Aussage der Verbrecher. Er lies sie in Ketten schlagen, und alle zusammen in ein grauses Gefängnis werfen, wo man ihnen keine andere Nahrung, als das Fleisch ihrer Kameraden, reichte, von denen jeden Tag einer vom Henker geschlachtet wurde. Ich will nicht untersuchen, ob die Umstände so unnatürliche Strafen rechtfertigen können. Genug, Kinys verdiente sich durch seinen Eifer und Treue neue Belohnungen von Uladislaus II. der ihn zum Judex curiá erhub, welches eine der ersten Würden des Reichs ist. (12)

Im folgenden Jahr durchreiste dieser König die Provinzen seines Reichs, um das alte Ansehn der Gesäze sowol, als die bürgerliche und politische Verfassung wiederherzustellen. Er machte den Anfang mit Siebenbürgen, und kam von daher in das Komitat Temeswar, wo Kinys Befehl erhielt, zu dem Weiwoden **Dragby** zu stossen, um mit ihrer vereinigten Kriegsmacht in die von den Türken jenseits der Donau weggenommenen Länder zu rüken; denn **Bajazet** hatte izt in Asien zu kriegen, und die Gelegenheit schien mehr, als jemals, günstig. Der Graf von Temeswar eroberte seinerseits Semendria; als er aber, auf neue Befehle des Königs, über den Sawstrom gieng, und sich in der Nähe des Schlosses, S. Clemens, bequartirte, ward er von einer tödtlichen Krankheit angefallen, welche ihn in wenig Tagen dahinriß. Der Geschichtschreiber **Istvanfius** hat uns von diesem berühmten Krieger, mit wenig Worten, eine sehr bedeutende Schilderung gemacht: Vir (Kinysius) certe memorabilis, reique publicae peritissimus, vtpote, qui per omnem aetatem summa felicitate arma tractarit, ac e manipulario pedite, omnibus honorum gradibus sola virtute conscensis, Temesuario, ac caeteris Pannoniae inferioris limitibus per viginti quinque annos cum imperio praefuerit, nec unquam, quod mirum maxime, eventuque rarum sit, aduersam fortunam expertus fuisse feratur. (13)

Paul Kinys Tod kam sehr ungelegen, da **Uladislaus** ihn eben izt nach Kroatien und Sklavonien zu schiken dachte, wo einige Grosse Neuerungen und Unruhen vorhatten. Der König gab ihm **Joseph**, oder Josa

(12) Annal. Reg. Hung. ad ann. 1494. p. 262—63.

(13) Hist. Hung. Lib. III.

Josa de Som, einen Mann, der von der ersten Jugend auf unter den Waffen erzogen war, und gegen die Türken in mehreren Gelegenheiten sich hervorgethan hatte, zum Nachfolger in der Grafschaft Temeswar und der Regierung des severiner Distrikts, welcher aufs neue zum Bannat erhoben wurde. (14) Ebenderselbe solte auch die gedachten Grossen, besonders den Grafen von Sirmien, Lorenz Uflak, zum Gehorsam bringen. Im J. 1495. war schon alles beigelegt, und Uladislaus schlos mit den Türken einen dreijährigen Stillstand, während welchem Josa seine ganze Sorgfalt auf die innere Verfassung der Provinz verwendete, die Truppen vermehrte, und in solcher Uebung hielt, daß er sie auf jeden Fall dem Feind entgegenführen konnte. Der algemein werdende Gebrauch des Feuergewehres und groben Geschüzes, gab izt dem ganzen Kriegswesen eine neue Gestalt. Im Vorbeigehn mus ich bemerken, daß in dem temeswarer Komitat, sowie in den übrigen ungarischen Ländern, die ersten Schießgewehre und Kugeln von den Zigeunern verfertigt worden sind, einem herrnlosen irrenden Volk, das in diesen Gegenden lebte, und daselbst Pharo Nemzestege, oder Pharaonsgeschlecht heist. (15)

Der Stillstand war zu Ende; und so fanden die Truppen im J. 1502. schon Gelegenheit ihre neue Waffen zu versuchen. Die Türken wurden bei Jaicza in Bosnien geschlagen, und auf ihrer Flucht in die slavonischen Ländereien Posega und Valco zerstreuet, von daher sie sich auch genähert hatten. Die Anführer waren der Graf S. Georg, oder von Bozym, Woiwode von Siebenbürgen, und Josa von Som. Nicht zufrieden mit dem erhaltenen Vortheil, sezten sie ihre Völker bei

 Horom

(14) Timon Imago novae Hungariae cap. V. de Bannatu Seuerinensi pag. 24. edit. Vindob.

(15) P. Pray Annal. P. IV. l. 2. p. 273 hat eine merkwürdige Urkunde K. Uladislaus vom J. 1496. worinn die Zigeuner Erlaubnis erhalten, dergleichen Kriegsgeräthe zu verfertigen. Ich bin hier mit einem nur flüchtigen Blik über diese irrende Nation weggegangen, da ich in der Folge, im 6ten Brief, umständlicher von derselben handeln will.

Horom über die Donau, und giengen in gröster Eile auf Widin los. Sie hatten das Schloß mit seinen Werkern bald erobert: da denn die Besazung theils gefangengenommen, theils niedergemacht, und Feuer angelegt wurde. Ein gleiches geschah mit Kladowa, und den Vorstädten von Nikopolis. Die gemachte Beute aus diesen Orten war, sowie die Anzahl der Gefangenen, sehr beträchtlich: man verkaufte die Türken, die altgläubigen Christen aber wurden in die weite Ebene zwischen Belgrad und Temeswar versezt. (16) Dieser zweite Vortheil veranlaßte einen Stillstand von sieben Jahren, den K. Uladislaus mit Bajazets Gesandten zu Ofen schlos. (17)

Izt blieb die Provinz von dem Elende, welches vom Krieg unzertrennbar ist, eine Zeitlang frei; aber andere gleichfürchterliche Landplagen folgten ihm. Eine grausame Pest wütete von 1509. bis 1511. drei ganzer Jahre hindurch, wie in dem übrigen Reich, so auch in dem temeswarer Komitat, welches überdas noch seinen Grafen, Josa von Som, verlor, den seine Weisheit und gute Anstalten dem Volke verehrenswerth machten.

An seiner Stelle erwählte Uladislaus im J. 1512. Steffan Batori, einen Enkel des berühmten Woiwoden von Siebenbürgen, gleiches Namens. Ausserdem, daß er die seiner Sorgfalt anvertrauten Gegenden, durch die gedachten natürlichen Uebel, in dem traurigsten Zustande fand,

(16) Hi coniunctis viribus Danubium haud procul ab Harumo, quod inter Belgradum & Pancsouam medium est, transmiserunt, Vidinumque celerrimo itinere profecti, arcem cum oppido breui tempore capiunt, Turcis, qui arci præsidio erant, captis, aut interfectis. Inde subiecto vrbi igne Cladouam, proximum Vidino oppidum, progressi, locum exportata praeda, cremant: eodemque impetu ad Nicopolim delati, suburbia flammis, Turcae sub hasta venum prostabant, caeteri, qui graecum ritum profitebantur, in Hungariam missi, ut ditionem inter Belgradum & Temesuarum sitam, frequenti barbarorum incursione deuastatam, colerent. Pray Annal. P. IV. lib. 4. ad ann. 1502. p. 304.

(17) Ebenders. ad ann. 1503. p. 305.

fand, muste er sie noch als den Schauplaz der lezten blutigen Scenen des in der ungarischen Geschichte so berufenen, grausamen Bauernaufstandes sehen, und in Temeswar eine enge Belagerung von den Aufrührern aushalten. Ich will nur ganz kürzlich den Ursprung, Fortgang und das Ende dieser Unruhen berühren.

Noch zu **Bajazets** Lebzeiten hatte sein Sohn **Selim** mit Hülfe der Janitscharen den ottomanischen Thron bestiegen, welchen zu behaupten er sich in innerliche Kriege mit seinen Brüdern verwikelt sah. Der Stillstand war zu Ende; und da die Türken während demselben dennoch einige Provinzen des ungarischen Reichs beunruhiget hatten, so schien die gegenwärtige Lage sehr günstig ihre Treulosigkeit zu rächen. Der Kardinal zu Gran, **Thomas Bakats von Erdod**, war der erste Anstifter. Er wuste den König in seine Absichten zu ziehen; worauf er mit seiner Bewilligung im J. 1513. nach Rom gieng, dort vom **P. Leo X.** Hofnung zu Subsidien erhielt, und bei seiner Wiederkunft eine Bulle mitbrachte, dadurch man die Ungarn aller Stände unter die Kreuzfahne rief. Im folgenden Jahr berathschlagten sich die ersten Magnaten, in Gegenwart des Königs, zu Ofen, ob man diese Bulle publiciren solte: die Beredsamkeit des Kardinals siegte über die weisen Gegenvorstellungen des Kronschazmeisters, **Steffan Telegdi**; sie ward den folgenden Tag in allen Kirchen zu Ofen und Pest abgekündiget, und in alle Diöcesen den Bischöfen durch Zirkularbriefe zugesendet. (13) Müssiggänger, die sich mit der Hofnung der Beute nährten, fanatische Eiferer und Landleute, welche die Arbeit scheuten, liefen in solcher Menge nach Pest, als den Sammelplaz der Kreuzfahrer, zusammen, daß ihre Zahl in Monatfrist über vierzigtausend Mann stieg. Zum Anführer wählte der Kardinal **George Dosa**, einen Szekler, aus dem siebenbürgischen Dorfe Diatroc. Dieser hatte bereits solche Proben seines Muthes und seiner Kriegserfahrenheit, besonders gegen die Türken, abgelegt, daß er von K. **Uladislaus** in den Ritterstand erhoben, und mit einer goldenen

(18) Annal. ad ann. 1514. Istvanfi Hist. lib. V.

Kette, nebst beträchtlichen Gütern in der temeswarer Gegend, beschenkt worden war. Ausser dem Volk, welches sich nach Pest gestellet hatte, hub man noch eine Menge zu Waradein, Weissenburg, Kolocza und in den benachbarten Provinzen aus. Nicht ohne Erbitterung konnten die Grundherren ihre Ländereien, durch diesen rasenden Fanatismus, verödet ohne Hofnung liegen sehn; und die Folge war, daß sie mit ihren Unterthanen, welche dem Beispiele folgen wolten, oder auf der Flucht ergriffen wurden, nur härter umgiengen.

Sobald man dieses zu Pest wuste, war auch der Entschlus unter diesen Rasenden gefaßt, am Adel schwere Rache zu üben. **Georg Dosa**, statt sie zu besänftigen, warf das weisse kreuzbezeichnete Kleid um, und so mit der heiligen Fahne in der einen, und dem blossen Schwert in der andern Hand, muntert' er den Unsinn nochmehr in seiner Unternehmung auf. Kein Haus irgend eines Edelmannes, in den Vorstädten zu Pest und Ofen, blieb mit dem Brande verschont; keiner fiel ihnen in die Hände, der nicht den Tod in den ausgesuchtesten Martern fand. Izt stellten sich die Aufrührer in drei zahlreiche Abtheilungen, davon die erste gegen Agram, und die zwote gegen Bacz mit ihren, **Dosa** untergeordneten Anführern zudrangen, unterdes er selbst an der Spize der stärkesten auf Szegedin losgieng. Die Feder versagt mir den Dienst; ich kann ohne Bewegung bei dem Gegenstande nicht verweilen, und ich weis, Eu. ꝛc. schenken mir gerne die Erzählung all der Frevel, mit denen Völker dieser Gattung ihren Weg zeichneten. Die Ehre der Mütter und die Unschuld der Töchter wurden gleich beleidigt. Er selbst, der lasterhafte **Dosa**, gab sie der Geilheit des wütenden Pöbels preis, den er werth war zu fuhren, und weidete seine Augen an der Beschämung dieser Unglüklichen, am Schmerz der Väter, an der Verzweiflung der entehrten Gatten. Nur wenigen ward der Tod zu theil, daß sie nicht vorher die grausamsten Martern ausgestanden hätten. Den auf der Flucht ergriffenen Bischof von Csanad, Johann Chak, lies **Dosa** zum Spott erst mit Inful und Stole bekleiden, mit Schlägen mishandeln, und jede Grausamkeit an ihm zu erschöpfen, ihn am Unterleib solange mit einer Ahle durchstechen, bis er unter den Schmerzen seinen Geist aufgab.

Auch

Auch Steffan Telegdi muste dem Barbarn in die Hände fallen. Er wurde an einem Galgen mit den Theilen, welche die Schamhaftigkeit nicht erlaubt zu nennen, aufgehangen, und starb unter der Marter von Pfeilen, die man nach ihm abschos. (19)

Soviel Ausschweifungen der viehischesten Barbarei, soviel Mordthaten und Blutschulden, von Leuten begangen, die unter eine heilige Fahne sich gestellet hatten, veranlaßten den König, ausser seiner einheimischen Kriegsmacht, auch die angränzenden Fürsten wider sie zuhülfezurufen. Johann von Zapolya, Graf von Scepus, Ban von Siebenbürgen, ward am meisten dazu aufgefordert, da die Rebellen seiner Provinz so nahe waren.

Dosa, der mit seinen ungeübten Völkern kein Treffen im freien Felde wagen durfte, gieng, mittelst einer aus Fässern künstlich zusammengefügten Brüke, über die Theiß, um Temeswar wegzunehmen. Nach Eroberung dieses Plazes schmeichelt' er sich den Krieg mit Vortheil den Winter hindurch fortzusezen; er konnte hoffen, durch eine freiwillige Uebergabe die königliche Verzeihung zu gewinnen; er konnte, wenn dieses nicht gelingen wolte, sich mit der Festung und allen den Seinigen unter türkischen Schuz begeben. In diesen schändlichen Gesinnungen trat er seinen Weg an.

Die Werker von Temeswar hatten damals nicht die Hälfte des Umfanges, den sie heutzutag haben, obschon die Vorstädte weitläuftiger waren, besonders von der Seite, wo izt das Wienerthor ist. Es war ringsumher mit einer doppelten Reihe starker Palisaden umgeben, und hatte von der einen Seite einen beträchtlichen Thurm, mit starken hohen Mauern, die gegen das Kastell zu niedriger wurden. Hunniades hatte solchen auf diese Art angelegt, um dadurch den Begfluß zu deken. (20)

Izt

(19) Noch andere Grausamkeiten des Dosa findet man bei dem Istvansius.
(20) Alle Geschichtschreiber nach dem Istvansius sezen statt des Begh, die Temes; welches ein Irthum ist, da die Temes weit genung von Temeswar ihren Lauf hat.

Izt traf Steffan Batori alle nöthige Anstalten, um den Plaz gut zu vertheidigen, und dem Feind, so viel möglich, zu schaden. Die Mauern waren mit schwerem Geschüz aller Gattungen versehen, welches die Arbeiten der Belagerer, wie sie solche aufführten, in den Grund schos, und die häufigen Ausfälle waren immer zum Nachtheil der Belagerer. Dosa sah, daß ihm hier die Lage selbst, wegen des wässerichten Bodens, so hinderlich fiel, als die Tapferkeit der Belagerten; er entschlos sich also den Angrif von der Seite des Schlosses zu versuchen, wo es von dem Begh bespület wird, und wo die niedrigeren Mauern ihm nicht so schwer zu ersteigen schienen. Zu dieser Absicht zog er seine Völker dorthin, und suchte vor allen Dingen den Fluß abzuleiten, indem er gegen den Strom Pfäle und Flechten anbrachte, um das Wasser in den von der Seite ausgegrabenen breiten Kanal herüberzutreiben. Batori, der das Aug auf alles, und im feindlichen Lager immer vertraute Landleute hatte, die unter dem Vorwand Lebensmittel zuzuführen, alles beobachteten, bediente sich ihrer Nachrichten, und verwüstete bei Nacht alle die aufgeführten Arbeiten, so daß der Fluß mit Gewalt wieder in sein altes Bette zurükstürzte.

Unterdes daß Batori nichts versäumte, was zur guten Vertheidigung eines Plazes erfordert wird, war Johann Zapolya mit hinlänglicher Mannschaft auf dem Wege, um die Rebellen anzugreifen, und die Belagerung aufzuheben. Es war im Monat Julius des gef. Jahrs 1514. daß er vom Gebirg in die Ebenen vor Temeswar rükte. Dosa, der das Treffen nicht vermeiden konnte, sezte sich in solche Verfassung, daß er wenigstens ohne Schande, als ein Mann erliegen möchte. Er gieng von Fahne zu Fahne, munterte die Muthigsten auf, und stellte den Furchtsamen vor: sie hätten, da sie sich einmal wider den König empöret, und dem Adel alles Leid zugefüget hätten, nach Verlust des Treffens nichts als unvermeidlichen Tod und Marter zu gewarten; es sey unter den Umständen kein Mittel, als bis auf den lezten Hauch zu kämpfen, ausser dem Siege keine Hofnung für sie. Der Woiwod Zapolya hingegen sagte seinen Völkern statt aller Aufmunterung: sie hätten es izt nur mit verächtlichen, elenden Räubern zu thun, sie, die

wider

wider die Türken gefochten, und über diese mächtige Völker die glänzendesten Siege davon getragen. Er erinnerte sie, daß in der belagerten Festung der Enkel ihres beruhmten Woiwoden, Steffan Batori, kommandirte, daß unter diesem vielleicht noch viele von jenen tapfern Kriegern fechten würden, die einst von Paul Kinys geführet, zu dem grossen Triumph bei Griechisch-Weissenburg svieles beigetragen; nur dieses, ausser dem, was sonst Ehre der Nation, und patriotische Gesinnungen von ihnen forderten, würde sie genug verbinden, auch izt Proben ihrer gewohnten Tapferkeit zu geben. Und damit führt' er sie gegen die Rebellen. Er lies die leichte Reuterei hier und da, wo sie nur beikommen konnte, angreifen, um den Feind in Verwirrung zu sezen; seine übrigen Völker waren so gestellt, daß er sie damit von der Front und vom Flügel zugleich angreifen konnte. Dosa hatte seine besten Leute voran an der Spize, und die Menge, auf die er wenig rechnen durfte, hinter ihnen. Das Gefecht war anfangs äusserst blutig; man stritt von beiden Seiten mit einer Hartnäkigkeit, die den Sieg lange zweifelhaft lies, bis er sich endlich für die Siebenbürgen erklärte. Die Rebellen kamen in Unordnung, und ihre Niederlage war sehr gros. Dosa und sein Bruder geriethen in die Gefangenschaft, sowie unzählige ihrer Gefährten, die das Gewehr strekten, und sich der Gnade des Siegers ergaben. (21)

Gleiches Schiksal hatten die übrigen Truppen der Rebellen, die, wie gesagt worden, anderwärts, unter andern Anführern vertheilet waren. Sie wurden überall angegriffen und überwunden. Man behandelte die Anführer nach der Strenge; besonders litt Dosa, als Urheber der ganzen Empörung, eine Strafe, die in ihrer Art einzig ist, sowie man weder vor, noch nach ihm den Unmenschen finden wird, der ihm an Grausamkeit gleichkäme. Da er offenbar sich zum Tirannen aufzuwerfen gesucht, wurde er auf dem Blutgerüste, mit schweren Ketten gebunden, auf die Folterbank gesezt, und der Anfang seiner Peinen damit gemacht, daß man ihm zum Spott eine eiserne Krone aufsezte, und ihn nöthigte,

H einen

(21) Paulus Iouius Historiar. sui temporis Lib. XIII. Annal. Reg. Hung. P. Pray ad ann. 1514. Lib. V. pag. 354—55—56. Istvanf. & alii.

einen eisernen Zepter in die Hand zu nehmen, welche beide glühend waren. (22) In dieser Stellung zapfte man ihm eine Menge Blut aus den grössern Adern ab, um es seinem Bruder zu trinken zu geben. Umher stunden die kühnsten unter seinen Gefährten, die man drei ganzer Tage hatte hungern lassen, und ihnen izt befahl, das Fleisch zu essen, welches die Henker dem elenden **Dosa** mit glühenden Zangen vom Leibe rissen. Drei, welche diese grause Speise nicht annahmen, wurden auf der Stelle gespiesset, die übrigen, welche gehorchten, noch auf kurze Zeit bei Leben erhalten. So an mehreren Theilen seines Körpers verbrannt und zerrissen, lies dieser Verbrecher dennoch keinen Seufzer hören, kein Entsezen bei dieser grausamen Todesart bliken; nur als man ihm die Eingeweide aus dem Leibe zog, mit dem lezten Hauch, überfiel ihn der Schauder. Sein Leichnam ward zerstükt, theils im Kessel gesotten, theils auf dem Rost gebraten, den Mitschuldigen zur Speise vorgesezt. Ein grausames Mahl, das sich mit dem Tode der Gäste schlos! Sie wurden alle nacheinander an diesem Tische geschlachtet, und **Dosa's** Bruder war der lezte. Man verbrannte die Körper mit allem, was zur Hinrichtung gedienet hatte, und warf die Asche theils in den Fluß, theils streute man sie in die Luft. So sah die Stadt Temeswar die lezten blutigen Auftritte dieses denkwürdigen Bauernaufstandes. Er hatte vier Monate vom J. 1514. gedauert, und nach einigen Schriftstellern vierzig, nach andern sechzigtausend Menschen dahingerissen. (23)

Johann Zapolya, der an Unterdrükung der Aufrührer soviel Theil gehabt, und sich dadurch neues Verdienst erworben hatte, fieng an den Gedanken zu nähren, einst über die Nation zu herrschen. Aber **Uladislaus** machte vor seinem Tod, welcher im J. 1516. erfolgte, Vorsehungen, um die Krone auf das Erzhaus Oesterreich zu bringen, im Fall **Ludwig II.** als der einzige männliche Erbe, den ihm **Anna de Foix**,

(22) Petr. de Rewa de monarchia & sacra corona regni Hungariae Centur. VI. p. 62.

(23) Alle angeführte Schriftsteller.

Foix, Tochter Gastons, Herzogs von Candal, gegeben hatte, keine Nachkommenschaft hinterlassen würde.

Dieser Prinz war nur zehn Jahr alt, als er zum Besiz seines weitläuftigen Reiches kam. Alle Geschichtschreiber stimmen überein, daß eigennüzige, nachläßige Minister den Staat schlecht verwalteten, und er sank so sehr von seiner Grösse herab, daß nur ein Schatten von dem vorigen Glanze übrig blieb. Nicht nur waren seine Finanzen erschöpft, ohne Mittel einen Krieg auszuhalten, wenn er von seinem fürchterlichen Nachbar wäre angegriffen worden; es fehlten auch die Helden, welche der Ruhm der Regierung K. Mathias, und auch noch des leztverstorbenen Uladislaus so sehr erhuben, weil nicht mehr die Nacheiferung herrschte, durch welche sich die Genies entwikeln, und die grossen Unternehmungen aufkeimen. (24) Auch das Komitat Temeswar muste, wie die übrigen ungarischen Länder, die schädlichen Einflüsse der in Verfall gerathenen Staatswirthschaft fühlen. Steffan Batori, der seine Hauptstadt so gut wider den aufrührischen Dosa vertheidigt hatte, war zum Palatinus, und sein Nachfolger, Nikolaus Ujlak, vorher schon Woiwode von Siebenbürgen, zum Judex curiä erhoben worden. Izt folgte Peter Pereny, oder Prini, einer von den Dunmviris, welche die königliche Krone verwahrten; und obschon dieser noch die Kommandantschaft über Belgrad, und die davon abhangenden Gegenden mit seiner Würde verband, so fehlte sich's doch weit, daß er einem von den grossen Männern, die seine Vorgänger gewesen, gleichgekommen wäre. In diesem Plaz von so grosser Wichtigkeit lag eine vermischte Besazung von Ungarn und Raizen, die wenig exercirt waren; das Komitat selbst war von Truppen entblösset, seine Schlösser mit den Nothwendigkeiten schlecht versorgt, und die Festungswerker äusserst beschädigt.

(24) Von dem damaligen traurigen Zustand von Ungarn, findet man das Gemälde des Sambucus im Anhang zum Bonfinius; nichtminder auch bei den Geschichtschreibern Brutus, Istvansius, Brodericus, u. a.

Unter diesen Umständen starb der türkische Kaiser, Selim. Sein Nachfolger, Soliman II. schikte im J. 1520. eine Gesandschaft an Ludwigen, um die Traktaten zu erneuern, und einen neuen Stillstand zu schließen. Man hatte nichts weniger angelegenes, als ihnen Gehör zu geben, und sie musten, nach einem Jahr Aufenthalt zu Ofen, ohne Abschied reisen; so uneinig waren die ungarischen Minister über die Entschliessung, welche sie zu nehmen hatten. Unterdes überlies sich der junge König allen Ausschweifungen. Er war der Jagd so sehr ergeben, daß er für einen schönen Falken vierzigtausend Dukaten aus dem Kronschaze verwendet hat.

Der beleidigte Soliman versammelte in den Ebenen von Adrianopel ein mächtiges Heer, und gieng damit in gröster Eile gegen Ungarn los. Ebendamals begieng Ludwig unter prächtigen Festen seine Vermählung mit Maria, Schwester des Erzherzogs von Oesterreich, und nachmaligen Kaisers, Ferdinand II. der sich zu gleicher Zeit mit Anna, Uladislaus Tochter aus der ersten Ehe, verband, wie solches noch bei Lebzeiten dieses Königes war beschlossen worden. Währenden Freudensbezeugungen eroberte Soliman das Schloß Sabacz an der Saw, im Komitat Sirmien. Er grif izt Belgrad an, und schikte Mehemet Hyde mit vierzigtausend Mann Meuterei in das Komitat Temeswar, um die ungarischen Truppen aufzuhalten, welche, wie er vermuthete, von dieser Seite, über Pancsova, oder Horom, der belagerten Festung zuhülfekommen könnten.

Mehemet Hyde fand keine Seele zur Vertheidigung des Landes; er sah nicht die geringsten Zurüstungen, nur Völker von Furcht und Schreken erfüllt. Wo waren damals die zwanzig, oder dreissigtausend Mann, welche sonst diese Gränzen bewachten? So gieng Belgrad, von allen Seiten hülflos gelassen, den 29. Aug. 1521. über, nach einer Belagerung von sechzig Tagen, und nicht ohne Verdacht von Verrätherei. Zu gleicher Zeit hatten andere Schaaren der Ottomanen sich nach Kroatien und Dalmatien gezogen, wo sie verschiedene Festungen und Schlösser eroberten. Der gröste Verlust war jedoch Belgrad, wo die Besazung,

wider

wider das gegebene und mit den Uebergabsartikeln unterzeichnete Versprechen, beim Abzug treulos niedergemacht wurde. (25) So triumphirend zog der türkische Monarch in seine Hauptstadt zurük. Er lies in Servien und anderwärts hinlängliche Truppen, sowol um die am meisten ausgesezten ungarischen Länder zu beunruhigen, als die neuen Eroberungen zu erhalten.

Izt heftete sich Ludwigs II. und seiner Minister ganze Aufmerksamkeit auf den unglüklichen Zustand des Reichs, und auf die Mittel, es durch einen Krieg zu vertheidigen, den die Umstände nothwendig machten. Unter soviel anderem, was abgieng, fehlte es am meisten an Anführern der Nationaltruppen; daher man das Generalkommando **Paul Tomori** anvertraute, der vom Soldaten Franziskaner von der strengesten Observanz geworden, dann zum Erzbistum Kolocza gelanget war, und izt über die Kapuze den Küras anlegte, um zu seinem ersten Beruf zurükzukehren. Kurz, man versäumte nichts, um den Gewaltthätigkeiten eines glüklichen Feindes, dem der Sieg immer zu folgen pflegte, Einhalt zu thun. **Tomori** erhielt Vortheile über **Ferhate**, Bassa von Bosnien, der von dorther Sirmien und andere Theile Sklavoniens verwüstete. Als aber Soliman im J. 1526. nachdem er die Johanniter aus Rhodus vertrieben, und diese Insul erobert hatte, nach Ungarn zurükkam, änderte sich die Gestalt der Sachen. Das unglükliche Treffen bei Mohacz, (26) wo K. Ludwig II. nebst dem Bischof **Tomori**, und den meisten Magnaten (27) blieb, ward für das Reich eine neue Quelle von Unglüksfällen, und zog auch, wie wir seines Orts sehen werden, den Verlust des Komitats Temeswar nach sich. Die ersten Folgen des

(25) Diese grausame Treulosigkeit zu rächen, lies Ludwig die Gesandten, welche man, wie gesagt, noch zu Ofen aufgehalten hatte, umbringen, und ihre Leichname in einen See werfen.

(26) Eine umständliche Beschreibung dieses Treffens haben wir von dem damaligen ungarischen Kanzler **Brodericus**. Ferner **Istvanfi**, **Sambucus**, **Dubravius**, **Neugebauer**, **Pray**, u. a.

(27) Unter diesen auch **Franz Chaholi**, Bischof zu Czanad.

des Siegs waren, daß die Türken ganz Ungarn, bis zum balatoner und janriner See, durchstreiften, und zu Pest eine Brüke über die Donau schlugen. Soliman gieng nach Ofen, welches er jedoch nach der Plünderung wieder verlies; er dachte seine Eroberungen nicht zu behaupten; daher er das ganze Land zwischen diesem Fluße und der Theiß mit Feuer und Schwert verheerte, und seine Völker mit reicher Beute und einer Menge Christensklaven nach Belgrad führte.

Einige Schriftsteller (28) messen **Johann Zapolya** den Verlust dieses Treffens bei. Er sey, sagen sie, mit seinen siebenbürgischen Völkern, die er noch zu rechter Zeit hätte zuführen können, aus Vorbedacht zurükgeblieben, und habe durch seine Stellung bei Tolna noch vielen ungarischen Truppen den Weg abgeschnitten, daß sie nicht eintreffen konnten. Freilich blieb ihm, bei dem Verluste der königlichen, immer die Hofnung mit seinen Völkern die Sachen wiederherzustellen, und sich durch neuen Ruhm den Weg zum Thron zu bahnen, den er doch einmal im Gesichte hatte. Der Erfolg widerspricht wenigstens solchen Absichten nicht. Denn, als die Witwe des umgekommenen Monarchen, den ungarischen Thron ihrem Bruder **Ferdinand** II. zu erhalten, einen Wahltag auf das Schloß Komor ausschrieb, versammelte **Zapolya** zu Tokai, soviel er konnte, von seinen Anhängern, lies sich zum König ausrufen, und den 11. Nov. ebendesselben J. 1526. zu Griechisch-Weissenburg, durch den Erzbischof zu Gran, **Paul von Varda**, krönen. Die Geschichtschreiber erzählen die Künste, deren sich **Johann** bediente, sowol um sich Anhang zu machen, als die h. Krone in seine Gewalt zu bekommen. Er versprach dem Grafen von Temeswar, **Peter Pereny**, der, wie bereits bemerkt worden ist, einer von den Kronhütern war, die

(28) Es sind dieses Herberstein Comm. rer. Moschov. p. 1.8. Cureus Ann. Silesiae. Ferdinand II. selbst in seinen Briefen, die man in den kollarischen Supplementen zum **Lambecius** findet, und woraus auch **P. Pray** Annal. Part. V. lib. II. ad ann. 1526. pag. 119—20. die hiehergehörigen Stellen anführet.

die Wonwodschaft von Siebenbürgen; (29) und um Emerich Czibak, (30) der damals eine Hauptperson spielte, in seine Parthei zu ziehen, ertheilte er ihm den Titel eines Grafen von Temeswar, mit dem Bistum Waradein. (31)

Andererseits ward Ferdinand von den mehresten Magnaten, auf einem gesezmässigen Reichstag, einstimmig zum König von Ungarn erwählt, und Zapolya's Wahl für ungültig erklärt. Ein neuer Reichstag zu Ofen im J. 1527. bestätigte Ferdinanden; und es ist merkwürdig, daß der Erzbischof von Gran, aus dessen Händen Johann die Krone erhalten hatte, sie auch ihm aufsezte, sowie ebenderselbe Pereny, auf gegründetere und sicherere Versprechen, sie auslieferte. Dieser ward sogleich zum Großkanzler des Reichs ernennet, erhielt Erlau und Tata zum Geschenk, gelangte auch in der Folge noch zum Komitat Alba-Virar.

Ich will mich nicht bei den Schiksalen dieses Mannes aufhalten. So übergehe ich auch die bürgerlichen Kriege, welche eilf Jahre hindurch zwischen den beiden Gegenkönigen dauerten, mit all den grausamen Unglüksfällen, welche Zapolya dadurch über das Reich brachte, daß er auf Anstiften des Palatins von Siradien, Lasek, den Beistand der Türken suchte; denn Soliman rükte zu wiederholtenmalen mit grosser Macht ein: allezeit folgte ihm Zerstörung nach; und so kam er bis Wienn, ob er schon die Belagerung wieder aufheben muste. Selbst die heilige Krone der Könige von Ungarn, welche die Nation als ihr Palladium ansieht, kam

(29) Rewa de monarch. & sacra corona Hung. Cent. VI. p. 68. edit. Francof.

(30) Die ungarische Familie Cibak, oder Csibak, aus welcher dieser Emerich war, wird von dem berühmten Hause Cibo zu Genua abgeleitet. Auch Szentivany Dissert. paralip. rer. Hung. hat solches in der Reihe der waradeiner Bischöfe bemerkt.

(31) Perenium sui loco Transilvaniae praeficit, Emericum autem Cibacum, comitis Temesiensis titulo adiecto, Varadiensi episcopatu cohonestat, ut ea magnificentia, speque largitionum adducti, plures in suas partes concederent. Pray Annal P. V lib II. ad ann. 1526. p. 124.

kam in die Hände des türkischen Monarchen, der sie grosmüthig demjenigen zustellen lies, den er einmal in seinen Schuz genommen hatte. Diese und andere Merkwürdigkeiten findet man bei mehreren Schriftstellern umständlich erzählt. (32) Sie haben mit der Geschichte der Provinz, die ich zu beschreiben habe, keinen unmittelbaren Zusammenhang: es kömmt hier nur anzumerken, daß **Emerich Czibak**, Bischof von Waradein und Graf von Temeswar, im J. 1534. in Siebenbürgen, wo er damals die Regierung verwaltete, ermordet ward, und auf dem bischöflichen Stuhle, **Georg Uthysenich**, einen Paulinermönch, aus Dalmatien gebürtig, in der Grafschaft Temeswar aber **Peter Vichs**, sonst auch **Petrowichs**, zu Nachfolgern hatte. Beide waren **Zapolya's** Kreaturen, und der lezte sein Blutsverwandter.

Nach dem Vergleich, der im J. 1538. zwischen **Ferdinand** und **Johann** zustandekam, so daß beide im Besiz der Theile des Reichs, welche sie wirklich innehatten, verblieben, fieng Temeswar an, mit den übrigen über der Theiß gelegenen Ländern, sich wieder zu erholen. Doch waren **Johann** diese Länder nur auf Lebenslang, und der königliche Titel nur für seine Person vorbehalten. Sein Erbe, im Fall er einen hinterlassen würde, solte ausser dem Herzogthum Scepus, welches insgemein das Zipserland heist, und seinen Familiengütern, keine Ansprüche haben, sondern alles auf **Ferdinanden**, oder dessen Erben, zurükfallen, und so das Reich unzertrümmert wieder zur vorigen Grösse gelangen. Der Fall ergab sich im J. 1540. K. **Johann**, nachdem ihm seine Gemahlinn, **Isabella**, Tochter K. **Sigismunds** von Polen, einen Sohn gegeben, starb zu Szaszebes, oder Müllenbach, in Siebenbürgen, in einem Alter von 53. Jahren.

Aber

(32) Vitinus Velius de bello germanico. Ioannes de Zemergh de rebus gestis inter Ferdinandum & Ioannem Paulus Iouius historiar. sui temporis. Isthvanfi Histor. Hung. Annal Reg. Hung. P. Pray P. V. Wolffgang. Bethlen Hist. Transyluaniae lib. II. und andere Schriftsteller.

Aber die königliche Witwe, mit den vom Vater verordneten Vermündern (es waren dieses der Bischof Georg, und Petrowichs, der noch die Krone in Verwahrung hatte) kronten den jungen Prinzen bei seiner Taufe, unter dem Namen Steffan Johann Sigismund; welches Gelegenheit zu neuen Unruhen gab, die das Reich allenthalben zerrütteten und zerrissen. Ferdinand suchte den mit K. Johann im J. 1538. geschlossenen Vergleich durch das Recht der Waffen geltend zu machen; Soliman, unter dem schönen Vorwande, den Waisen zu schüzen, bemächtigte sich noch mehrerer Pläze, als er schon innehatte, und sezte sich in den Besiz von Ofen. Auf seinen Befehl begab sich Isabella mit ihrem Sohn auf das feste Schloß Lippa, in der Gegend Temeswar, welches zu Zeiten Uladislaus II. von dem Markgrafen Georg von Brandenburg war befestiget worden. (33) Der Bischof Georg behielt die Verwaltung von Siebenbürgen — so gut wuste dieser Mann den türkischen Monarchen zu gewinnen, und mit der vorgewendeten Vormundschaft über den jungen Prinzen seine eigene Vortheile zu verbinden. Isabella, die sich dem Rath des ihr ganz ergebenen Petrovichs überlies, brach in laute Klagen wider den Bischof aus, der sie doch immer abzulehnen wuste, und unter einer Menge von Zufällen, die ich hier übergehen will, sich immer in seinem Ansehn erhielt. Ein im J. 1544. zwischen Ferdinand und Soliman geschlossener Stillstand eröfnete die Unterhandlungen, in denen von Seiten des Königs, Thomas Nadasdi, Andreas Batori und Sigmund Herberstein gebraucht wurden. Ferdinand lies Georgen den Kardinalshut anbieten, wenn er den Vergleich vom J. 1538. zur Erfüllung bringen würde. Steffan Johann Sigismund solte drei Herzogthümer in Schlesien, nebst einem Jahrgehalt von zwölf bis fünfzehntausend Goldgülden haben; Isabella für ihren Wittum hunderttausend Goldgülden erhalten; Petrovichs die Einkünften aller von ihm verwalteten Aemter auf Lebenslang geniessen, und sich ein Kastell im Konigreiche, nach seinem Gefallen aussuchen. Das ganze Geschäft been-

(33) Es war Wenceslaus Neffe von einer Schwester desselben, die er als Witwe Joh. Corvins, eines natürlichen Sohns von K. Mathias geheirathet hatte.

beendigte Johann Castaldo, den Ferdinand an der Spize einer Armee, die aus spanischen, wälschen, deutschen und ungarischen, gedienten Truppen bestund, und einen ansehnlichen Zug Artillerie mit sich führte, nach Siebenbürgen schikte.

Nach einem Kongreß zu Kolosvar, händigte Isabella den königlichen Gesandten Zepter, Krone und übrige Reichsinsignien aus, worauf sie sich mit ihrem Sohn aus Siebenbürgen nach Kaschau begab. Der Bischof Georg ward in seiner Statthalterschaft bestätigt; Steffan von Losoncz zum Grafen von Temeswar und Kommandanten dieser Festung ernennet; und von den drei damals beträchtlichen Schlössern in dieser Gegend, Lippa dem Andreas Batori, Lugosch Aldana, einem Spanier, Karansebes aber dem Georg Szered anvertrauet. Man war bedacht diese Festungen in bessern Vertheidigungsstand zu sezen, im Fall Soliman neue Bewegungen machen solte.

Wirklich gerieth dieser Fürst, als er durch Petrovichs Briefe von allem, was vorgegangen, benachrichtiget ward, in solche Wut, daß er wider alles Völkerrecht den Gesandten Ferdinands, Malovecz, in engen Verhaft bringen lies, und Mehemet, Beglierbeg von Belgrad, Befehle gab, mit den umherliegenden ottomanischen Völkern in die ungarischen Länder einzufallen. Sie versammelten sich zu Nissa, wo Ulimanbeg, Bassa von Bosnien, Alibeg, Bassa von Sirmien, Achmet Michalogli und andere Befehlshaber mit ihren Schaaren zusammentrafen, bei Titul über die Theiß sezten, und so schnell, als sie gekommen waren, auch alle die festen Schlösser, welche an diesem Flusse herunter bis Csanad liegen, als Betse, Becskerek, Kikinda, S. Miklosch, und Csanad selbst weghatten.

Castaldo fürchtete nun auch für Lippa und Temeswar. Er lies Batori verständigen, daß er ihm Hülfsvölker zuschiken würde, unterdes möchte er nur die Besazung mit den in der Nähe wohnenden Raizen und Walachen verstärken. Aber diese Landleute, von Furcht ergriffen, hatten sich schon auf die Flucht begeben, und die versprochene Hülfe näherte

sich

sich langsamer, als es die Gefahr forderte; daher lies Batori vierhundert Mann, unter den Befehlen des Johann Petco, in der Festung, und gieng nach Waradein, um von dorther eine hinlängliche Besazung zuzuführen. Unterdes kam der Beglierbeg mit der grossen Armee näher, und Petco, der sich zu schwach fand, verlies die Festung, nachdem er vorher alle Artillerie derselben unbrauchbar gemacht hatte. Mehemet fand sie offen, lies Ulimanbeg mit mehr als viertausend, theils zu Pferd, theils zu Fus, darinn, und gieng sein Glük weiter zu verfolgen, mit seinem übrigen Volk gegen Temeswar. Unter andern Befehlen, welche der Beglierbeg von Soliman erhalten hatte, war nach dem Geschichtschreiber Sambucus auch dieser: er solte die unerhörte Kekheit des verwegenen Steffan von Losoncz demüthigen, und ihn, bei Strafe eigener Ungnade und Verlust seiner Würde, lebendig oder tod ausliefern. (34) Es läßt sich daraus abnehmen, wie angelegen dem türkischen Heerführer die Eroberung der Festung war.

Aber Steffan hatte sich schon in Vertheidigungsstand gesezt, und er sah Männer neben sich, auf deren Muth er rechnen konnte. Es waren unter der Besazung Gabriel Pereny, Nikolaus Batori, ein Bruder des Andreas, Simon Forgatz, ein Spanier Gaspardo, mit seinem Bruder, der ihm an Tapferkeit glich, und beträchtlicher Mannschaft von dieser Nation.

Die Festungswerker von Temeswar sind schon beschrieben worden. Ich habe hier nur hinzuzusezen, daß sie von Zeit zu Zeit beträchtlichen Zuwachs erhalten hatten, unter andern den sogenannten Wasserthurm, der an den Stadtmauern, da wo der Eingang ist, angebracht, und ihr stärkstes Aussenwerk war. Der Beglierbeg grif von dieser Seite am 13. Okt. mit der grösten Lebhaftigkeit an. Er war über die Palisaden, und suchte sich durch Schanzarbeiten den Mauern zu nähern; aber das unablässige Feuer vom Thurm und die häufigen Ausfälle der Belagerten, wa-

(34) Suppl. ad Bonfin. Hist. rer. Hung.

ren theils ein zu starkes Hinderniß, daß man in diesen Arbeiten nicht weiter kommen konnte, theils verursachten sie im feindlichen Lager grosse Unordnung, mit beträchtlichem Verluste der Mannschaft. Eine Denkwürdigkeit, die sich bei einem dieser Ausfälle zutrug, darf ich nicht übergehen. Simon Forgatz (35), nachdem er Wunder der Tapferkeit gethan, erlag endlich unter der Menge, und fiel, mit Wunden bedekt, kraftlos unter die Leichen hin, wo man ihn liegen lies, weil man ihn für todt hielt. Ein Türk, der vordem bei einem seiner Anverwandten in der Sklaverei gewesen, erkennt ihn auf dem Wahlplaz, bringt ihn wieder zu sich, verbindet seine Wunden, die schon anfiengen zu eitern, und sorgt für ihn aufs menschenfreundlichste. So kam Forgatz, nachdem er ihm statt aller Ranzion, nur ein Geschenke von ohngefähr achthundert Gulden werths gemacht, in der Stille in die belagerte Festung zurük. Ueberhaupt zeichneten sich diese Ausfälle durch eine Menge unerschrokener Thaten aus. Die Folge von Seiten der Belagerer war, daß der Beglierbeg, da ohnedies der St. Demetriustag, nach welchem die Ottomanen, vermög eines besondern Privilegiums, das ihnen Amurat I. bei Gelegenheit des Treffens bei Varna ertheilet, nicht mehr im Felde auszuhalten verbunden sind (36), herangekommen war, diesen Vorwand nüzte, in der Stille und Dunkelheit der Nacht abzog, und seine Völker nach Belgrad in die Winterquartiere führte.

Losoncz witterte jedoch seinen Abzug. Er sezte ihm mit den meisten der Seinigen nach, holte die türkischen Hintertruppen ein, schlug diese, und verjagte noch einen andern feindlichen Ueberrest aus Fellak, von daher sie Temeswar nicht wenig hätten beunruhigen können. (37)

Unterdes hatte Castaldo starken Verdacht wider den Bischof Georg geschöpft. Auf die dringendesten Erinnerungen waren die für Lippa bestimm-

(35) Rewa de monarchia & sacra corona Hung. Cent. VI. pag. 86.

(36) Rewa ebendas. Desgleichen Imperatores ottomanici &c. P. II. p. 245. edit. Tirnaviens.

(37) Annal. Reg. Hung. P. V. lib. V. ad ann. 1551. p. 429.

stimmten Hülfsvölker immer aufgehalten worden, so daß man ihm den Verlust dieses Schlosses beimessen konnte; mehrere aufgefangene Briefe bestätigten diese Vermuthungen; und überhaupt war es wahrscheinlich, daß der Bischof, der sich in der Statthalterschaft von Siebenbürgen zu erhalten suchte, die Gunst Solimans nicht vernachläßigen würde.

Castaldo gebrauchte noch Verstellung, und sie giengen, als ihm der Bischof endlich seine Szekler zuführte, beide mit diesen vereinigten Truppen, die ohngefähr achtzigtausend Mann ausmachen konnten, Lippa zu entsezen. Unterweges bekam Georg die Nachricht von seiner Erhebung zum Kardinal; Castaldo aber erhielt, auf seine dem Hof gegebene Nachricht, von Ferdinanden Befehl, ein scharfes Aug auf diesen Prälaten zu haben. (38) So kamen sie vor Lippa. Castaldo besezte sogleich einen starken Hügel gegen Morgen, von dem man Stadt und Festung bestreichen konnte, mit Spaniern und Deutschen; von der Seite der Marosch gegen Mittag wurde Georg mit seinen Siebenbürgen verlegt; die Ungarn aber, unter Batori und Nadasdi, nahmen ihren Posten gegen Abend.

Nach diesen Vorbereitungen lies man den 13. Nov. zuerst das schwere Geschüz auf die Stadtmauern von allen drei Seiten mit solcher Heftigkeit spielen, daß solche an mehreren Orten beschädiget wurden, und man den Sturm wagen konnte. Castaldo lies die Reuterei aus dem Lager rüken, um die türkischen Hülfsvölker abzuhalten, die etwan eintreffen könnten. Nach dieser Vorsicht gab man das Zeichen zum Sturm, und die Spanier, eifersüchtig auf den Ruhm die ersten zu seyn, erstiegen die Bresche. Die Janitscharen waren ihnen jedoch überlegen, und ihrer sieben fielen, einer nach dem andern. Dies reizte ihre Kameraden zur Rache; sie pflanzten ihre Fahnen auf, giengen muthig dem Feind entgegen, und hielten mit der äussersten Gefahr dreitausend Türken auf, die wider sie eindrangen. Die Deutschen, um Gefahr und Verdienst zu

 theilen,

(38) Ebendas.

theilen, flogen ihnen nach, und unterstüzten das Treffen; da aber von allen Seiten neue Feinde hervorkamen, und sie schon einige Fahnen verloren hatten, waren sie im Begrif sich zurükzuziehn, als Nadasdi, der dieses bemerkte, selbst eine Standarte ergrif, dem Pferde die Sporen gab, und seine Nationalisten mit lauter Stimme aufrief, ihm nachzufolgen; die denn auch vom Beispiel auf den Weg der Ehre mitfortgerissen, so herzhaft gegen den Feind losstürzten, daß die Deutschen und Spanier wieder Muth faßten, und das Treffen sich wiederherstellte. Die Gefahr rief auch Castaldo und den Kardinal Georg herbei, welche durch Versprechen und Hofnungen die Truppen aufmunterten, und so gewann alles bald ein anderes Ansehn. Unter dem Donner der Kanonen erstiegen endlich die Italiäner, welche Sforza Pallavicino führte, mit den Spaniern und Ungarn die Bresche, und man sah auf den zerfallenen Mauern die Siegsfahne wehen. Ujliman gab sich mit seinen Barbarn in die Flucht. Einige warfen sich in die Festung; andere eilten zum Stadtthor gegen die Marosch hinaus, in der Hofnung, durch Schwimmen das jenseitige Ufer zu gewinnen, wo sie Johann Torak, und Andreas Batori mit ihren Schaaren fanden, und so blutig empfangen wurden, daß nicht einer mit dem Leben davonkam. Castaldo, der izt die Stadt innehatte, dachte mit dem Angrif der Festung nicht zu säumen, damit der Feind sich nicht von seinem Schreken erholen möchte, und er ihm nachher eine vortheilhaftere Kapitulation zugestehn müste. Er lies durch Sforza Pallavicino drei Batterien errichten, aus denen man mit solcher Lebhaftigkeit feuerte, daß Ujliman sich nicht allein zur Uebergabe erbot, sondern auch Csanad zu räumen versprach, wenn ihm der freie Abzug mit Mannschaft und Gepäke zugestanden würde. Hier waren der Kardinal und Castaldo getheilt. Der erste war der Meinung, man müsse, um Soliman nicht mehr aufzubringen, den Belagerten zuwillen seyn; der andere behauptete, daß Ferdinand ihm unbeschränkte Volmacht gegeben, und die Kapitulation müsse von der Willkür des Ueberwinders abhängen. Alles vergebens. Der Kardinal gab Ujliman zwanzig Tage Zeit, um mit den dreihundert Mann, die ihm von viertausenden übrig waren, abzuziehen; er hatte nächtlicherweile noch eine lange, geheime Unterredung

mit

mit ihm; überhäufte ihn mit Geschenken, und nachdem er ihn mit Lebensmitteln, Wagen und anderen Nothwendigkeiten versorgt hatte, lies er ihn bis an die Ufer der Theiß geleiten.

Dieses Betragen gegen die Türken nährte nur alzusehr den Verdacht, der ohnedies auf dem Kardinal ruhte. Izt trat die Armee, nachdem sie Aldana mit einer spanischen Besazung in Lippa zurükgelassen, den Zug nach Siebenbürgen an, und der Graf Scipio d'Arco traf mit Ferdinands Aufträgen bei Castaldo ein. Man machte nicht halte, als bei Alvin, einem Kastell, welches dem Kardinal selbst zugehörte; und hier ward er das Opfer des Verdachtes, den sein eigennüziges Betragen erregte. Er fiel in einem Augenblike, da er sichs am wenigsten versah, von mehreren Hieben, Stichen und Schußwunden zugleich bedekt. So endigte dieser Mann, der von einem armen kroatischen Mönch sich zur Würde eines Ministers, Bischofs, Kardinals und Heerführers hinaufgeschwungen hatte. Ein Schriftsteller dieser Zeiten sagt von ihm: (39) Is finis erat viri haud sane spernendi, domi, militiaeque clari, & qui retentae Transylvaniae, Hungariaeque laudem meruisset, si postremo nimiae ambitionis, atque avaritiae cupidine in proditionem lapsus, tota bona uno scelere non maculasset. (40)

Unter solchen Abwechslungen hatte das J. 1551. geendiget, und das folgende 1552ste angefangen. Ein unglüklicher Zeitpunkt, und das traurigste Andenken für Temeswar. Soliman schikte nicht nur allen Bassen der Provinzen, welche die Ottomanen in Ungarn, Kroatien, Sklavonien und Bosnien besezt hatten, Befehle zu, die angränzenden ihnen

(39) Ein gleichzeitiger Schriftsteller Franc. Forgacs Histor. MSta von P. Pray Ann. ad 1552. p. 450. angeführt.

(40) Das in kurzer Zeit erfolgte unglükliche Ende derer, die Hand an ihn legten, wird von einigen Schriftstellern der göttlichen Rache zugeschrieben — Es war in dem Geist dieser Zeiten, daß man so in die Geheimnisse der Vorsicht zu dringen wagte. Purpura pannonica P. Samuelis Timon. Istvanfi Hist. Hung. Lib. XVII.

ihnen am gelegensten Länder feindlich anzugreifen, sondern versammelte noch überdas ein Heer von hundertsechzigtausend Mann bei Adrianopel, welches der Beglierbeg Achmet anführen solte. Ali, Bassa von Ofen, ein Verschnittener, hatte mit Anfang des Frühlings schon Szegedin besezt, und fünftausend Ungarn, die es schlecht vertheidigten, herausgeschlagen. Er gieng nach Ofen zurük, und dann weiter nach Veßprin, am Blattensee, welches er nach zehn Tagen Belagerung eroberte.

Nach diesen ersten und andern kleineren Feindseligkeiten, schikte **Ferdinand** deutsche Truppen, unter dem Grafen **Georg von Helfenstein**, nach Ungarn; **Castaldo** aber, dem Solimans Absichten nicht unbekannt waren, vereinigte sich mit dem Statthalter von Siebenbürgen, **Andreas Batori**, und schrieb einen Provinzialkongreß nach Torda aus. Hier berathschlagte man sich über die Mittel, sowol Siebenbürgen zu schüzen, dem der Woiwode von der Moldau, auf Anstiften der Türken, mit einem Einfall drohte, als in Lippa und Temeswar, die noch mehr ausgesezt waren, die Besazung zu verstärken, und solche mit Lebensmitteln, Pulver und allem, was zu einer guten Vertheidigung erfordert wird, zu versehen. Man beschlos die Kriegsmacht in zwei Heere zu theilen, deren eines bei Kronstadt, wo die Moldauer eindringen konnten, das andere an den siebenbürgischen und temeswarer Gränzen, seinen Stand nehmen solte, um den Feind zurükzuhalten, und Hülfe hinzubringen, wo man sie nöthig haben würde. (41) Hievon wurde der damalige Graf, **Steffan von Losoncz**, benachrichtiget, mit der Ermunterung, seine Pflicht zu thun, und Temeswar aufs möglichste zu vertheidigen, im Fall die Türken das Glük ihrer Waffen an diesem Plaz aufs neue versuchen würden, wie alle Nachrichten es versicherten. Und diese Nachrichten bestätigten sich. **Achmet** kam mit dem ottomanischen Heere von Semendria bald nach Belgrad, wo er über die Donau, und dann bei Titul über die Theiß sezte, so daß sich am 24. Jun. schon ein Trupp leichter Reuterei vor Temes-

(41) Annal. Reg. Hung. am angef. Ort.

Temeswar sehen lies. Losoncz war weg, um in Person um Beistand und Hülfsvölker anzuhalten; man traf ihn aber in der Nähe, und auf die Nachricht, daß sich der Feind näherte, konnte er auf verborgenen, langen Umwegen durch den Wald Jamarta, bei Nachtzeit noch in die Festung kommen. Hier erwarteten ihn die Seinigen mit Ungeduld, und im Ausdruk der Freude, ihn wiederzusehn, erklärte die Besazung, daß sie unter seiner Führung den Plaz biß zum lezten Hauch muthig vertheidigen würde. Losoncz nüzte den Augenblik, ihnen alles das zu sagen, was ihren Muth noch mehr erheben, und sie in ihren guten Entschliessungen noch mehr bestärken konnte; er machte dann seinen Vertheidigungsplan, und musterte die Besazung, die in tausend Nationalisten zu Pferd, und tausend fünfhundert zu Fus, theils Spaniern, theils Böhmen, bestund.

Unterdes hatten die Anführer der vorausgeschikten leichten Truppen die Lage beobachtet, und Achmet, der izt mit der grossen Armee nachkam, lagerte sich gegen Mittag der Festung und gegen Morgen der Stadt, weil ihm von dieser Seite dir Eroberung am leichtesten schien. Die Krümmungen des Begflusses theilten die Gegend in drei kleine Inseln, zu denen zwei grosse neuerdings errichtete Schanzen den Zugang verwehrten, und zugleich die Garnison dekten, welche die grössere Insel, die Mauern des Schlosses, und den grossen Thurm am Wasserthore zu vertheidigen hatte.

Demohngeacht errichteten die Türken zwo Batterien, jede zu acht Kanonen von starkem Kaliber, und feuerten vier Tage lang so stark auf die eine von diesen Redouten, daß man sie verlassen muste. Izt waren sie in ihren Arbeiten weniger gehindert, und grifen auch die andere mit gleicher Wut an, so, daß der Spanier Gaspardo, vor der Heftigkeit des Feuers, sich mit seinen Leuten in den verdekten Weg zurükziehen muste, von daher er suchte die starke Bresche auszufüllen, und herzustellen, welche der Feind in die Mauer gemacht, nachdem er die gesagten beiden Redouten erobert, und seine ganze Artillerie dagegen gerrichtet hatte. Auch hier konnten sich die Spanier nicht halten, und Gaspardo muste zu seinen Bitten die Drohung hinzusezen, er würde mit eigener Hand die feigen Niederträchtigen erlegen, die der Gefahr vor dem Feind sich zu entziehen suchten.

Sambucus in seiner zusammengestoppelten, schlecht geordneten Beschreibung dieser Belagerung (42) bemerkt: daß Gaspardos Ermunterungen soviel auf seine Soldaten gewirket, daß sie zu ihrer Pflicht zurükekehrten, wider Vermuthen des Feindes sich hinauswagten, und einen nähernden Trupp, den der Bassa von Nikopolis führte, angriffen; wo in der Hize des Gefechtes der Bassa blieb, und der tapfere, sich immer gegenwärtige Gaspardo mit gröster Eilfertigkeit die Bresche ausfüllen lies. Ueberhaupt waren Angrif und Vertheidigung bisher so lebhaft gewesen, daß man auf beiden Seiten beträchtlichen Verlust an Mannschaft hatte. Achmet hieng im Zweifel, wie seine Unternehmung ablaufen würde, da ihm izt schon Pulver und Kugeln fehlten: Losoncz aber sah, daß ihm die Vertheidigung immer schwerer werden muste; denn auch er hatte Mangel an Pulver, Lebensmitteln, Geld und Leuten, da durch die Todten und Verwundeten die Besazung sehr abgenommen hatte. Beide Befehlshaber hoften, und ihre Hofnungen wurden erfüllt. Der Bassa von Natolien schikte Achmet eine Verstärkung von tausend Spahis, mit einem guten Vorrath Pulver und andern Kriegsbedürfnissen; Losoncz wurden dagegen von Thomas Varkos einige herzhafte Soldaten, und eine Summe Geldes zugeführet, welche zu vermitteln er vorher den Stefan Drak ausgeschikt hatte.

Nun fiengen die Türken neuerdings an grausam auf die Festung zu feuern; der verdekte Weg gieng verloren, und Losoncz war genöthigt, sich mit allen seinen Leuten in den Thurm zu werfen, der über das grosse Thor gebauet war. Hier stellte er seinen Soldaten in einer rührenden Anrede vor: daß wenn sie in dieser Vertheidigung, im Kampf wider

(42) Supplement. Hist. Hung. Bonfinii.

wider die Feinde des christlichen Namens umkommen würden, dort Himmel und Unsterblichkeit ihrer warten, hier unvergänglicher Nachruhm hinter ihnen bleiben müste. So ermunterte er sie auf jede Art, trug Sorge für die Verwundeten, war überall gegenwärtig, wo es Arbeit gab, und so dauerte die Belagerung ganzer zwei und dreißig Tage fort. Endlich da die Türken Minen anlegten, mußten die Belagerten den Thurm dennoch verlassen, und sich in das Schloß retten.

Auch dieses vertheidigten sie einige Tage mit gröster Standhaftigkeit. Da ihnen schon aller Unterhalt fehlte, und sie schon auf die kleinste Zahl herabgesezt waren, stellte man Losoncz vor, daß es Ungerechtigkeit sey, Männer, die ihre Pflicht gethan, und die man in besseren Gelegenheiten noch brauchen könnte, unter den Ruinen einer Festung zu begraben, die endlich doch nicht mehr zu vertheidigen wäre. Die Spanier drohten ingeheim, sie würden für sich selbst kapituliren; denn es hatte sich unter ihnen die Nachricht verbreitet, daß die erwarteten Hülfsvölker theils zerstreuet, theils niedergemacht worden wären. Losoncz gab nach, und man lies, nachdem der Staab sich darüber berathschlagt hatte, dem feindlichen Heerführer schriftlich die Bedingungen wissen, unter denen man ihm das Schloß übergeben wolte. Man verlangte, daß die Besazung alle Artillerie der Festung, und was sie sonst brauchen würde, mit sich führen, mit Gewehr, Gepäke und fliegender Fahne abziehen, Wägen, und sicheres Geleit bis an einen bestimmten Ort haben, auch auf ihrem Wege von niemand belästiget, oder zu Schaden gebracht werden solte. (43)

Achmet, der den Besiz des Schlosses eifrigst wünschte, sagte all diese Bedingungen eidlich zu, und übersendete Losoncz überdas noch einen von ihm eigenhändig unterschriebenen Firman, darinn alles feierlich bestätiget war. Man räumte den folgenden Tag die Ruinen auf, wel-

(43) Natalis Comes Hist. sui temporis Lib. V. P. Pray Annal. P. V. L. VI. pag. 468.

che den Weg verhinderten, und so zog die Besazung von dem Schloß ab. Steffan von Losoncz hielt sich in der Mitte, um gleich seine Maasregeln zu nehmen, im Fall einiger Betrug zum Nachtheil der getroffenen Kapitulation mit unterlaufen solte; und wie er Achmets und der übrigen ottomanischen Generalen Grus erwiedert hatte, sah er einen seiner Lieblinge, namens Tomori, der sein grosses Schwert trug, sich von der Seite wegnehmen. Das war ihm unerträglich. Er sah wol, daß die Feinde nur Gelegenheit suchten, die Treue zu brechen, und darüber aufgebracht, rief er die Seinigen mit lauter Stimme zu den Waffen. Im gleichen Augenblik riß er einem Türken den Säbel von der Seite, hieb damit einen Sangiaken, der sich ihm entgegen sezte, nieder, und lies alle, die herbeieilten ihn zu umringen, seinen schweren Arm fühlen: man sah, daß er beschlossen hatte, als ein Mann von Ehre sein Leben zu endigen — die Hauptstadt seines Komitats war dahin, und für ihn weiter nichts zu verlieren übrig. Von der Menge der Feinde überwältiget, mit tödtlichen Wunden bedekt, schleppte man ihn vor Achmet, der auf die Vorwürfe, mit denen ihn der Sterbende noch überhäufte, ihm auf der Stelle den Kopf herunterfliegen lies. Man nahm die Gebeine weg, und stopfte solchen mit Spreu aus, worauf er auf einem Spies im Angesichte der ganzen Armee ausgestekt, und als ein Triumphzeichen nach Konstantinopel geschikt wurde. Keiner von der Besazung kam mit dem Leben davon; sie wurden alle niedergesäbelt.

So fiel Temeswar, und so endigte Losoncz, mit den Gefährten seines Unglüks. Der traurigen Botschaft folgte eine nichtweniger unangenehme von Lippa nach, dessen Wiedereroberung doch soviel Blut gekostet hatte. Aldana, der darinn kommandirte, hatte sich in den Kopf gesezt, die Türken, denen es mit der Eroberung von Temeswar nicht glüken möchte, würden ihren Zorn und ihre ganze Stärke wider Lippa kehren; er beschlos also solches zu verlassen, obschon zwischen beiden Plätzen ein Trupp leichter Reuterei stunde, welchen Johann Torek, und Barthol. Horvat führten. Aldana eröfnete sein Vorhaben einigen von den ältesten seiner Kriegskammeraden, aber vergebens stellten sie ihm die Ehre der Nation, die Schande, die auf ihn selbst zurükfallen würde, de, vor; vergebens erbot sich Paul Zara, der einen Trupp Ungarn kommandirte, selbst die Vertheidigung zu übernehmen. Aldana hatte seinen Entschlus einmal genommen, was auch seine Spanier sowol, als Zara einwenden mochten: er schikte das Gepäke voraus, lies beim Abzug die Kanonen überladen, um solche zu zersprengen, und dann im Pulvermagazin Feuer anlegen. Der Knall war so heftig, daß Horvat, der mit seiner Truppe funfzehntausend Schritt entfernt war, in gröster Eil herbeikam, doch er konnte, wie er sah, was Aldana selbst angerichtet hatte, nichts anders als ihm in seinen Rukzuge folgen. Nun war das Land ohne alle Vertheidigung. Achmet, wie er einmal Temeswar hatte, überlies es Hassan die Gegend zu durchkreuzen, und so nahmen die Türken Besiz von Lippa, Csanad, S. Miklosch, Csakowa, Zarmata, Becskerek, Kikinda, und allen übrigen festen Pläzen von der Marosch bis an die Theiß hin. Lugasch, Karansebes, Mehadia, und die gebirgichten Gegenden, welche man heutzutage Klissura, und Almasch nennet, bis hin, wo sich die Karasch mit der Donau vereiniget, blieben damals im Frieden; denn die Türken sahen sich schon als Herren des ganzen Landes an, und die zerfallenen alten Schlosser Kevee und Horom, waren von keiner Bedeutung.

Dieses, gnädiger Herr, war das Schiksal dieser Provinz — ein ganz veränderter Zustand, nach soviel Abwechslungen gänzliche Unterjochung, gänzlicher Verfall der Staatsverfassung unter einer despotischen Macht. Ich werde dieses Schritt für Schritt verfolgen; nur erlauben sie mir hier auszuruhen, um mit neuer Kraft meinen Weg weiter fortzusezen.

Dritter Brief
an ebendenselben Herrn Generalmajor.

Fortsezung der politischen Geschichte des Bannats bis auf das Jahr 1695.

Mit welchem Misvergnügen Ferdinand die Nachrichten von Temeswar und Lippa erhalten mochte, darf ich Eu. ꝛc. nicht beschreiben. Der Verlust dieser Pläze zog den Verlust fast des ganzen Landes zwischen der Marosch und Theiß nach sich; die Türken aber durch so beträchtliche Eroberungen nur muthiger gemacht, giengen immer weiter, und spielten den Krieg auch über die Theis hinüber, wo sie eine beträchtliche Armee zurük schlugen, die Erasmus Teifel und Sforza Pallavicio führten. Der lezte gerieth in ihre Gefangenschaft. Izt grifen sie Erlau an, wo Steffan Dobo v. Ruska, durch die schöne Vertheidigung dieses Plazes, sich Ehre machte. Dadurch faßte der bedrängte Monarch wieder Muth; er schrieb einen Landtag nach Ödenburg aus, dessen Gegenstand war: die ungarische Nation aufzufodern, den eindringenden Feind aufzuhalten; die Treue der Siebenbürger, deren Castaldo und Batori sich versichern solten, und eine Gesandschaft, die man nach Konstantinopel schiken wolte, Solimans Gesinnungen zu erforschen.

Aber der Sultan war unbeweglich. Er dekte seine Absichten unter dem Vorwand, daß er K. Johanns Waisen, wie den Vater schüzen müsse; diese vorgegebene Gesinnungen lies er in Siebenbürgen ausbreiten, und rief Petrovics, der sich in Polen bei Isabellen befand, ins Bannat zurük, um die Befehlshaberschaft von Lugosch und Karansebes mit

mit den abhangenden Distrikten zu übernehmen, die man in dieser Absicht verschonet hatte.

Petrovics raste, was er konnte von Truppen zusammen, und kam damit bis an die Theiß. Aber alle diese Leute waren nur erst vom Pflug weggenommen; daher es Franz Thai und Matth. Zebestin, Bischof vom Waradein ein leichtes war, sie zu zerstreuen und Petrovics nach Polen zurükzujagen. Erst im J. 1553. bei der algemeinen Unordnung, welche damals in Siebenbürgen herrschte, konnte er sich einen Weg dahin öfnen. Batori hatte seine Statthalterschaft niedergelegt, und Steffan Dobo und Franz Kendy, die ihm Ferdinand zu Nachfolgern gab, vermochten die Sachen nicht herzustellen. Auch die unter Castaldo stehende Kriegsmacht war sehr vermindert und zerstreut; dagegen sezten die Türken den Krieg in allen Gegenden Ungarns mit grösten Eifer fort, und so muste die Zahl der Aufrührer immer wachsen, ja sie scheuten sich nicht, auf einem im J. 1556. zu Szazebes durch den gedachten Petrovics versammleten Landtag, Isabellen, mit ihrem unmündigen Sohn in das Land zu rufen. Von all diesem war Soliman die Triebfeder. Er erklärte sich gegen den berühmten Gelehrten, Auger Gislen Busbek, den Ferdinand damals in Gesandschaft an ihn geschikt hatte, ausdrüklich: er würde keinen Stillstand eingehen, solange nicht dieser junge Prinz in dem Besiz von Siebenbürgen und Ungarn, soweit solches der Vater innerhalb der Theiß innegehabt, hergestellt würde. Darunter waren die festen Städte, Waradein, Giula, Kaschau u. s. w. mitbegriffen.

Isabella kam mit ihrem nun fünfzehnjährigen Sohne, unter einer starken Bedekung von Polen, Moldauern und Walachen, in Siebenbürgen an. Unter den vielen Grossen der Provinz, die ihr nach Kolosvar entgegen kamen, befand sich auch ein türkischer Gesandter, in dessen Gegenwart sie zur Vormünderin erklärt wurde, mit der Vollmacht Magistratspersonen zu ernennen, und Aemter zu vergeben. Sie bestätigte Petrovics, unter dem Titel Ban von Lugosch und Karansebes, in diesen Befehlshaberschaften. Die Aussichten schienen so glüklich, daß sie im J. 1558. einen Gesandten an K. Heinrich II. von Frankreich schikte,

um

um eine Prinzessinn für ihren Sohn, und zugleich um seine Verwendung bei **Soliman** anzuhalten, damit dieser Lippa und Temeswar zurückgeben möchte. (1) **Peter Martinez** wurde in diesen Unterhandlungen gebrauchet. **Heinrich** sagte beides zu; aber man nahm nachmals so unüberlegte Maasregeln, daß alles zurückegieng, welches mehrere Grosse der Provinz von **Isabellens** Parthei entfernte, die izt im J. 1559. verstarb.

Ihr hinterlassener Sohn säumte nicht den königlichen Titel mit dem Namen **Johann II. Sigismund** anzunehmen; und da er hörte, daß **Ferdinand** durch **Busbeks** geschikte Verwendung, ganz nahe war mit **Soliman** Friede zu machen, unterlies er auch nicht aufs neue den Schuz des türkischen Monarchen anzuflehen. Wirklich kamen die Traktaten im J. 1563. zu Stande. **Soliman** schrieb im Tone des Ueberwinders einen Artikel vor, daß **Ferdinand** sich auch mit **Johann** vergleichen solte. (2) Man hatte mehrmals daran gearbeitet; aber die beiderseitigen Ansprüche und Vergleichsvorschläge waren von der Art, daß im J. 1564. noch nichts zu Stande gekommen war, in welchem **Ferdinand I.** mit Tode abgieng. Er hatte, seit **Karls V.** Abdankung im J. 1556. auch den kaiserlichen Thron bekleitet.

Unter **Maximilian I.** (unter den Kaisern II.) der ihm in Würde und Reich folgte, wurden diese Unterhandlungen fortgesezt, da aber **Johann II. Sigismund** mehr forderte, als man ihm zugestehn konnte, so kam es aufs neue zu den Waffen. **Johann** selbst, und **Hassan** Bassa von Temeswar, machten den Anfang. Sie rükten mit starker Mannschaft in Ungarn ein, und nahmen, der erste Boros-Jeno, der andere Pankota weg, zwei Schlösser die innerhalb des zarander Kreises liegen. **Maximilians** Völker schlugen sie jedoch bei Debrezin. Ich will nicht in alle Folgen eingehen, welche diese Feindseligkeiten nach sich zogen,

(1) Fogatz Hist. Transylvaniae Lib. VIII. p. 523. ad ann. 1558.

(2) Die Friedensbedingungen nach Johann Spiegels lateinischer Uebersezung beim **Istvanfius** Lib. XXXI.

gen nur darf ich nicht vergessen, daß Johann selbst die Türken wieder nach Ungarn rief, da denn Soliman ein fürchterlicheres Heer als jemals dahin führte. Ein gelehrter Schriftsteller sagt, (3) daß als Johann mit einem zahlreichen Gefolge seiner Anhänger diesen Monarchen zu Belgrad begrüßte, dieser ihm gleich nach dem Eintrit einen höhern Stul, als dessen er sich selbst bediente angewiesen, ihn den folgenden Tag an seine Tafel gezogen, ihm allezeit den königlichen Titel gegeben, und nachdem ihn mit Geschenken überhäuft habe.

Sein Vizir Mahomet war Johanns Absichten nicht so günstig. Dem ohngeacht überschwemmte Soliman Ungarn und Siebenbürgen von allen seiten mit seinen Völkern, und noch niemals hatte die grausame Geisel des Kriegs so allgemein alle Theile des Reichs betroffen. Zum Glük für Ungarn nahm eine Krankheit diesen Fürsten hinweg, als er Sighet belagerte, wo sich Nikolaus Zrini mit äusserster Standhaftigkeit vertheidigte, und auch dabei sein Leben lies.

Der neue Sultan, Selim II. kam izt nach Belgrad um die Leiche des Vaters nach Konstantinopel zu begleiten. Er ließ zwar seinen Vizir, mit einer Menge Volks in Ungarn zurük, um die Feindseligkeiten fortzusezen; doch kam es bald zu Unterhandlungen, und er schlos mit Maximilian einen Stillstand auf acht Jahre, in welchem Johann II. mit begriffen war. Vermög dieser Traktaten, solten beide von Ungarn und den abhangenden Provinzen behalten, was sie an Land und festen Pläzen, zur Zeit inne hatten.

Unter der neuen Herrschaft, sah man in den temeswarer Gegenden, die Staats und Polizeiverfassung und auch die Population ganz verändert. Eifersüchtig auf ihre Eroberung, sahen die Türken Temeswar nicht weniger wichtig als Belgrad und Ofen an; daher man solches nur Män-

F nern

(3) Timon Imago Hungariae novae cap. XXI. p. 96.

nern von Verdienst, die in Asien oder Europa mit Ehre gedienet hatten, zu verwalten gab. Es solte immer ein Bassa von zween Roßschweifen seyn, in welcher Würde auch Hassan stund, als welcher der erste war. Die festen Pläze, Csakowa, Werschez, Jamarta, Becskerek, Betse, Pancsowa, Kevee, oder Kubin, Horom, welches von seinen starken Palisaden den Namen Uipalanka erhielt, Orsowa und andere, wurden so vielen Beys anvertrauet; auch zugleich mehrere Bediente angestellet, welche die Einkünfte aus den jedem angewiesenen Distrikten erheben, und davon dem zu Temeswar residirenden Hasnadar Rechnung ablegen musten; so wie ihnen die Sar dars untergeordnet waren, deren jedes Dorf einen hatte, und der zugleich die Stelle des Unterrichters versah. Eine starke Kopfsteuer, die auf Menschen sowohl als auf das Nuzvieh, Rinder, Schafe, Pferde und Schweine, gelegt war, machte diese Einkünften aus.

Doch dieses war das Wenigste. Man weis, was der uneingeschränkte Despotismus der Türken für Folgen hat. Grausame Strafen, Betrug und Ungerechtigkeiten unter dem Schatten der Gesäze verübet, gaben dem Volk jene Feigherzigkeit, zu welcher das Gefühl der Knechtschaft den Menschen niederschlägt, der sich dem Viehe gleich gehalten sieht. Viele von den römischen Kolonien noch übrige Walachen, so wie die Raizen und Servier, welche sich im Land angesezt hatten, flohen izt. So verminderte sich der Populationsstand, und was noch übrig blieb, sank zur tiefsten Erniedrigung herab. Die christlichen Kirchen wurden abgebrochen, und an deren stelle Moscheen erbauet; bei dieser Unterdrükung der wahren Religion, vernachläsigten die walachischen, servischen und raizischen Geistlichen von der griechischen Liturgie, die theologischen Wissenschaften, und aus Unwissenden wurden bald Betrüger des Volks, welches sie leiten sollten. Auf die Irrthümer in der Lehre baute man eine Menge abergläubischer Zusäze; in der Liturgie selbst war keine Einigkeit mehr; hier galt die slavische, dort die walachische. Das zog eine Veränderung nicht allein in der Sprache, sondern auch in den Buchstaben nach, die weder griechisch, noch lateinisch waren. Ueberdas hatte der katholische Bischof von Csanad, Franz Ugodi, zu dessen Zeiten die Türken sich der Gegend bemächtigten, solche ganz verlassen. Peter Paolini, der ihm

1560.

1560. nachfolgte, konnte in den wenigen Monaten seines Hirtenamtes, zu wenig für diesen Theil seines Sprengels sorgen. Der in ebendemselben Jahre zum bischöflichen Siz beförderte **Paul v. Koloswar** aber, verlegte solchen jenseits der Marosch nach Ungarn, wodurch Neu-Csanad entstund, das alte aber immer mehr von dem Glanz verlohr, dessen es sich von seinem Stifter, dem H. **König Steffan**, und dem Blute des H. Martirers **Gerhard Sagredo** rühmen konnte. In den Distrikten von Lugosch, Karansebes und einem Theile von Lippa hingegen, welche **Johann II. Sigmunden** im Besiz geblieben, und wo mithin die Christen nicht beeinträchtiget waren, wuchsen mit der Bevölkerung auch die Dörfer an. **Petrovics** war noch immer Ban. Er lies diese beiden Städte einigermassen befestigen, und in gewissen Gegenden, nach damaliger Gewohnheit Thürme erbauen, in welche Besazung verlegt war um sie den türkischen Anfällen entgegen zusezen. Man sieht von diesen Thürmen noch an zween Orten Ueberbleibsel; der eine bei Karansebes selbst ist am Abhange des Berges Mare auf einer Anhöhe angebracht, welche das ganze Thal nebst den drei Zusammenflüssen der Donau bestreicht, und woher man über den Fluß hinweg, zwischen Sviniza und Pabiscoviza das Gebirg in der Clissura sieht. Aber dieses waren schwache Sicherheitsmittel für diese Gegenden, deren Besiz sehr willkührlich und ungewiß war, daher auch die Einwohner nicht die Vortheile geniessen konnten, die aus einer standhaften Staatsverfassung entstehen.

Ich will diese Skizze, des unter der türkischen Hoheit veränderten Zustandes von Temeswar, nicht zum Gemälde ausmalen; der Anblik ist zu traurig, daß ich so lange dabei verweilen wollte. Aber ein Wort über die Ursachen. **Johann I. Zapolya** war es, der durch die geheimen Wege die er sich zum Thron bahnte, sein Vaterland preis gab; so ward das Reich zertrümmert, von allen Seiten in Verwirrung und Tumult gesezt, bis endlich unter dem algemeinen bürgerlichen Kriege, die Türken die besten Länder und Festungen für sich wegnahmen. **Johann II. Sigmund** gieng der Verbindungen die er eingegangen hatte, ohngeacht, auf dem nämlichen Wege fort. Er veranlaßte mehrere Vasallen sich von ihrem rechtmäsigen Monarchen loszureissen, unter andern Johann Balassa und Steffan Dobo, deren er sich bediente, um in Niederungarn noch mehrere Schlösser an sich zu reissen, als er schon innehatte. Doch auch dieser brachte sein Leben kaum auf 32. Jahre, indem er 1570. schon starb.

Er hatte Gaspar Bocskay zum Nachfolger ernennet; aber die Grossen der Provinz zogen ihm Steffan Batori von Somlio vor, den auch der türkische Kommandant von Lippa mit einer guten Anzahl Janitscharen unterstüzte, und ihn dadurch von seinem Mitwerber befreite. Batoris Wahl ward vom Sultan Selim im Jahr 1574. und nachdem auch von K. Maximilian bestätiget — soviel vermochte die Liebe zum Frieden über diesen Prinzen. Nach seinem Tode, der im J. 1576. erfolgte, behielt Rudolf II. die friedfertigen Gesinnungen des Vaters bei, und hatte demohngeacht den Schmerz, daß die Bassen von Bosnien, Servien, Sirmien und Ofen, die ungarischen Länder, noch vor Ende des Stillstandes angriffen, und Selims Nachfolger Amurath III. ihm dem Krieg ankündigte. Ein langwieriger, und wie man aus der Folge sehn wird, fürchterlicher Krieg, den Rudolf mit unüberwindlichen Muth und Standhaftigkeit aushielt, wo auf beiden seiten bei hundert ungleichen Erfolgen, Stärke Muth und Glük sich wunderbar auszeichneten. Ich halte mich nur bei demjenigen auf, was mit der Geschichte des Bannats einen unmittelbaren Zusammenhang hat.

Steffan Bathori ward zum polnischen Thron gerufen. Er übergab Siebenbürgen und die davon abhangenden Länder und Festungen, mit dem Titel eines Woiwoden, seinem Sohn Kristof, von dem es im J. 1586. auf Sigmunden kam.

Diese Fürsten waren mit den Türken verbunden, ihnen tributbar und unterthänig, wie es Zapolya Vater und Sohn, gewesen waren. Die Pforte gewährte ihnen Schuz, um die Macht der Könige von Ungarn zu theilen, und öftere Gelegenheiten zu finden, dieses Reich anzugreifen. Doch der edelgesinnte Sigmund verdiente nicht gleiches Unglük

glük, oder besser zu sagen, gleiche Schuld mit seinen Vorfahren zu tragen. Ohngeacht er den jährlichen traktatmässigen Tribut, richtig nach Konstantinopel schikte, lies ihm der Großvizir Sinan, nachdem er in die beleidigendesten Ausdrüke gegen die Siebenbürgen und Sigmunden selbst, ausgebrochen, so daß er sie Sklaven und Hunde genennet, ihm durch den Ueberbringer Georg Ravasdi dennoch andeuten, er hätte alsogleich die in Ungarn einrükende ottomanische Armee, mit funfzigtausend Spiessen, nebst andern Waffen und Geräthschaften zu versehen; und alles dieses solte mit einer Menge von Arbeitern und Getreid, welche zugleich gefordert wurde, sich an der Donau finden, wenn die Armee übersezen würde.

Diese Foderungen wirkten so viel, daß Sigmund zur Ausführung seines Plans schritte. Er verband sich mit den Woiwoden der Walachei und Moldau, Aron und Michael, die beide der türkischen Tirannei müde, sich ihm mit ihren Truppen und Provinzen unterwarfen. Durch Steffan Bocskay kam nacher noch eine Off- und Defensivallianz, zwischen ihm und K. Rudolf zustande; kraft deren Siebenbürgen mit den abhangenden Ländern zum Großfürstenthum erkläret wurde, und im Fall Sigmund keinen Erben hinterliesse, an die Kron Ungarn fallen solte. Ueberdas gab der Kaiser diesem Prinzen noch den Reichsfürstenstand, (4) und die Tochter des Erzherzog Karls, Maria Christina zur Gemahlinn.

Izt lies Sigmund sein erstes seyn, daß er das Bannat Lugosch und Karansebes, zween damals sehr wichtige Pläze, dem Steffan

 Bocs-

(4) Der ganze Titel, welchen man diesem Fürsten in den Bittschriften und Briefen gab, war folgender: Serenissimo Principi, Domino Sigismundo, D. G. Transilvaniae, Moldauiae, Valachiae transalpinae & S. R. Imperii Principi, partium regni Hungariae Domino, Siculorum Comiti. Timon Im. Hung. nouae. cap. XVI. pag. 97.

Bocskay anvertraute, und sich in guten Vertheidigungsstand zu sezen suchte; welches die genannten Woiwoden ebenfalls thaten. Unterdes war Amurat III. im J. 1585. gestorben, und Mahomet III. nachgefolgt, der den Plan seines verstorbenen Vaters auszuführen, eine grosse Armee, die eine Menge Tatarn noch fürchterlicher machten, unter den Befehlen des Ferhate, aufbrechen lies. Doch ihre Unternehmungen, da sie izt nicht von den Siebenbürgen, Moldauern und Walachen unterstüzt waren, hatten auch den ehmaligen Erfolg nicht. Der Großvizir Sinan lies Sigmunden auf eine beleidigende Art auffordern, zu seiner Pflicht zurükzukehren und von der Emporung abzustehn. Eine förmliche Kriegserklärung war alles was er zur Antwort erhielt; daher denn ebendieser Vizir, von Mahomet befehligt war mit beträchtlicher Mannschaft die Rebellen zu bändigen und zu züchtigen — so gefiel es den Türken sich auszudrüken. Sie hatten auch, sobald sie in die Walachei einrükten, ausser den Niederlagen und Verheerungen, welche sie überall anrichteten, Tergovist und Bukorest ohne Mühe weg, und fiengen an den lezten Ort mit starken Palisaden noch mehr zu befestigen. Doch Sigmund Batori kam mit 25000 Mann, meist gediente Szekler, schlug Sinan, und jagte seine Schaaren dermassen auseinander, daß er mit dem Reste derselben über die Donau sezen, und mit Schande nach Konstantinopel zurükkehren muste. Vorher schon hatte der Woiwod Michael eine andere Unternehmung ausgeführet, die nicht weniger interessiren konnte. Er wuste, daß ein Trupp marode, muthlose Tatarn unter Vesprim auf dem Wege waren, um sich nach Servien oder der Bulgarei zu ziehn, und so gieng er ihnen längst dem rechten Ufer der Donau hin, mit seinen Walachen und Szeklern entgegen. Die Tatarn hatten schon Orsova erreicht, und rasteten, als Michael ihnen näher kam. Siebentausend Türken, die ihm entgegengiengen, wurden geschlagen und zerstreuet, da sie denn in diesen Plaz sich zu retten suchten, wo aber Michael, der sie verfolgte, mit seinen Leuten zugleich einrükte, und unter den Ueberwundenen, ohne Rüksicht auf Alter, Geschlecht noch Stand, eine grausame Niederlage anrichtete. Nacht und Trunkenheit konnten izt den Soldaten zum Schlaf einladen, deswegen lies Michael allen Vorrath von Wein

auf

auf die Erde schütten. So erhielt er seine Leute auf ihren Posten, und sie zogen erst den folgenden Morgen mit einer Menge feindlicher Beute aus Orsova; von daher sie noch voll vom Muth eines so glüklichen Erfolgs, der späten Jahrszeit ohngeacht auf Gurgiewo und Nikopolis zueilten, überall beträchtliche Beute machten, und in allen Dörfern, wo Türken wohnten, Feuer anlegten. Izt giengen sie weiter über den Berg Emo nach Sophia, wo sie sich eines feindlichen Geldtransports bemächtigten, damit haltemachten und sich nach ihren Quatieren in der Walachei zurükzogen.

Albert Kiraly, ein Szekler, der dem Woiwoden von der Moldau, Jeremias Mogila, Arons Nachfolger, zuhülfegeschikt war, schlug izt den Vizir Ferhate bei Silistria, wobei die grosse grüne Fahne der Ottomanen mit einer Menge von Roßschweifen erobert wurde.

Nicht minder glüklich war Georg Barbeli von der andern seite. Sigmund hatte ihm den Krieg in Ungarn, innerhalb der Theiß aufgetragen. Nachdem er mehrere Kastelle, die schon in türkischen Händen waren, erobert, und bei Facset eine von Soliman, Bassa zu Temeswar, ihm entgegengeschikte auserlesene Schaar Janitscharen geschlagen hatte, bemächtigte er sich von Lippa, indem er den Bey, der solches vertheidigte, nach wenigen Tagen sich zu ergeben zwang. Und so verliessen die Türken von selbst mehrere andere Pläze, diß = und jenseits der Marosch, als Csanad, Arad, Vilagos, Jeno, Pancota, u. s. w.

Durch das Glük, welches ihm folgte, ermuntert, eilte der Fürst Sigmund nach Prag, um mit den Kaiser Rudolf seinen Operationsplan für das J. 1596. zu entwerfen. In seiner Abwesenheit wagten sich eine Menge Einwohner der Gegenden Lugosch und Karansebes, mit andern benachbarten christlichen Völkern bis vor Temeswar, wo sie achthundert feindliche Soldaten, die sich nach Ofen in Marsch gesezt hatten, verjagten und plünderten. Sigmund beschleinigte auf diese Nachricht seine Rükkehr, und schrieb, sobald er in Siebenbürgen angelangt war, eine

eine Versammlung der angesehensten Landleute nach Koloswar aus. Der Gegenstand der Berathschlagungen war, wie man die Besazung von Lippa verstärken, und noch zu rechter Zeit dem Woiwoden von der Moldau zuhülfekommen möchte, den Hassan Bassa von Belgrad, ebenderselbe, der vorher zu Temeswar kommandirte, durch seine Drohungen furchtsam und wankend machte. Steffan Bocskay, Ban von Lugosch und Karansebes, bekam Waradein zu vertheidigen. Der Fürst selbst stellte sich mit Anfang des Feldzuges an die Spize seiner ganz beträchtlichen Armee, und nahm seine erste Wendung gegen Lippa, welches der Bassa von Temeswar seit vierzehn Tagen belagert hielt.

Das Gerücht von seiner Annäherung verjagte plözlich die Belagerer; Sigmund aber, der vom rüken nichts zu fürchten, und seine Armee mit denen für die Moldau bestimmten Truppen beträchtlich verstärkt hatte, säumte keinen Augenblik sich gegen Temeswar zu kehren.

In der Mitte des Junius war er vor dieser Festung, und theilte seine Völker in drei Korps ab. Das eine, welches Gaspar Kornis führte, nahm seinen Stand gegen Mitternacht; das andere, unter den Befehlen des Albert Kezi und Stephan Tolde, gegen Abend; das dritte aber, dessen Anführung Sigmund sich selbst vorbehielt, hatte seine Bestimmung für den Fall, daß der Bassa von Belgrad den Belagerten Hülfsvölker zuschiken könnte.

Wirklich befanden sich auch, wenige Tage, nach dem ersten Angrif, 16000 Tatarn mit noch andern 5000 Janitscharen und Spahis in der Nähe, um die Belagerer anzugreifen, die unter einer Menge Hindernissen und Schwierigkeiten, die ihnen der von dem ausgetretenen Begfluß überschwemmte Boden sezte, ihre Kanonen gegen den Plaz schon aufgeführet hatten. Sigmund verlor den Muth nicht. Durch zwo Aushebungen aus den beiden, unter der Festung stehenden Korps, verstärkt er das seinige, und ohne den Angrif zu erwarten, gieng er selbst gegen den Feind los: mit solchem Glük, daß dieser auf seiner Flucht erst zu Pancsova haltemachte; dort über die Donau sezte, und in sehr geringer

ger Anzahl sich nach Belgrad zurükezog. Der Verlust war über 10000 Mann, theils Todte, theils Gefangene.

Der Verfasser einer lateinisch geschriebenen Geschichte der türkischen Kaiser (5) sagt, daß die Nachricht hievon den Sultan in solche Bewegung gesezt, daß er im gleichen Augenblik, mittelst eines dem Kommandanten zu Ofen zugefertigten Befehles, den in Ungarn stehenden Bassa Giafar mit 40000 Mann zurükberief, um Temeswar zu entsezen, Sigmunden in Siebenbürgen einzuschliessen, und dann auch diese Provinz zu unterwerfen. Unterdes solte eine schon bereitstehende Armee von 350000 Mann Türken und Tatarn, welche die Viziere Ibrahim und Cicala führten, ihre Tagereisen verstärken, um aufs schleinigste die Eroberung von Ungarn zu vollenden, und weiter fort nach Oesterreich bis vor Wien zu rüken.

Sigmund befand sich schon 40 Tage vor Temeswar, in welcher Zeit er vom Pabst einen geweiheten Degen und Hut zum Geschenk erhielt. Doch dieser Plaz that eine verzweifelte Gegenwehr. Er selbst hatte schon Mangel an Lebensmitteln; er war nicht mit der zu einer solchen Unternehmung nöthigen Artillerie versehen; es liefen überdas Nachrichten von feindlichen Völkern ein, die ihm in den Rüken fallen, und ihn völlig von Niederungarn und Siebenbürgen abschneiden konnten. Die Klugheit rieth ihm die Belagerung aufzuheben. Er that es mit solcher Anstalt, daß die Türken es nicht wagten, ihn auf seinem Rükzuge zu belästigen.

Nachdem dieser Fürst bei Lippa über die Marosch gesezt, sties er mit seinen Völkern zur kaiserlichen Armee, welche der Erzherzog Maximilian führte. Hier gab er bald denkwürdige Proben seiner Tapferkeit; denn Mahomet war bereits in diesen Theil von Ungarn vor-

(5) Imperatores Ottomanici, a capta Constantinopoli part. III. ad ann. 1596. p. 221. Edit. Tyrnauiens.

vorgedrungen, und Erlau durch die niedre Verrätherei der Besazung schon in ottomanischen Händen, daher in der Nähe dieses Plazes nacheinander zwei Gefechte vorfielen, die in der ungarischen Geschichte ihren Plaz verdienen. Wirklich war der Verlust der Türken sehr beträchtlich. Bestürzung und Furcht ergriffen den Monarchen, der mit seinem Grosvizir bei Titul über die Donau sezte, und nach Konstantinopel in das weichliche Leben seines Serrails zurükkehrte. Unterdes sezten Giafar und der berühmte Cigala den Krieg in Ungarn fort. Mitten unter den Flammen desselben trat Sigmund im J. 1598. sein Fürstenthum dem Kaiser ab, und die Grossen der Provinz schwuren diesem Monarchen den Huldigungseid. Sigmund erhielt dagegen das Herzogtum Oppeln in Schlesien, mit noch andern beträchtlichen Renten. Er hätte seinen Ruhm durch diese grosmüthige Handlung gekrönet, wenn er standhaft bei seiner Zusage geblieben wäre; aber kaum war er in seinem Herzogtum angelangt, so kam auch die Reue, und nachdem er dem Kaiser in einem Schreiben die Ursachen vorgelegt, warum er seinen Entschluß ändern müste, gieng er, ohne die Antwort zu erwarten, in verstellter Kleidung durch Polen in die Provinz zurük, wo er sich im J. 1599. durch seine Anhänger wiederhergestellt sah. Demohngeacht lies er sich in neue Unterhandlungen mit dem Kaiser ein, der ihm noch mehrere Ländereien in Böhmen anwies. Izt ward dieser wankelmüthige Fürst nach Polen gerufen, wo sich damals sein Bruder der Kardinal **Andreas** befand, und auch diesem trat er das Fürstentum ab. Die siebenbürgischen Nationen, besonders Szekler und Sachsen, leisteten ihm den Eid, und durch seine Unterhandlungen bei der Pforte, erhielt dieser Prälat die Bestätigung vom Sultan, mit der Fahne, dem Schwert und der Kolbe, als Zeichen derselben.

Michael, Woiwode von der Walachei, hatte um Sigmunden beizustehn, sich die Türken zu feindegemacht, und war durch diese Maasregeln des Kardinals **Andreas** ihnen nun verrathen. Er suchte Hülfsvölker vom Kaiser, um seine Rache ausbrechen zu lassen, und drang an der Spize einer muthigen Schaar mit solcher Heftigkeit in Siebenbürgen ein, daß er gleich anfangs die ihm entgegenkommenden Szekler bei Kron-

stadt

stadt schlug, nachmals aber auch den Kardinal selbst in der Nähe von Hermannstadt besiegte. In einem folgenden zweiten Gefecht blieb dieser Prälat.

Nun trat Sigmund wieder auf. Er lies sich auf einem zu Kolosvar im J. 1601. gehaltenen Landtage in der Würde herstellen, die er zweimal niedergelegt hatte, und suchte mit einer Armee von Siebenbürgern, durch eine beträchtliche Anzahl türkischer Miliz unterstüzt, den Fortgang des Woiwoden Michael aufzuhalten. Doch, er muste sich gegen die polnischen Gränzgebirge zurükziehn, da ihm zugleicherzeit Georg Basta mit kaiserlichen Völkern auf den Naken kam. So entsagte Sigmund zum drittenmal dem Fürstentum, ward von Rudolf begnadigt und begab sich nach Prag, wo er einige Jahre darauf sein Leben endigte. Ein tapferer Fürst; aber wankelmüthig und unentschlossen in den Maasregeln, denen er sich unter den Augen von ganz Europa überlies, hatt' er in kurzer Zeit den erworbenen Ruhm verdunkelt.

Nach dieser Entsagung muste der walachische Woiwode, die von ihm besezten festen Pläze an Basta übergeben, welches er gar nicht mit gutem Willen that. Man weis nicht so genau die Ursache anzugeben — genug, daß Basta, nachdem jener seine Kriegsmacht mit der seinigen vereiniget hatte, ihn unvermuthet gefangen nehmen, und ihm den Kopf vor die füsse legen lies. Einige Geschichtschreiber machen ihn eines geheimen Briefwechsels mit Bettesse oder Perta, damaligen Bassa von Temeswar, verdächtig, dadurch er Mahomets Verzeihung suchte, sich in der Walachei zu erhalten, und auch Siebenbürgen an sich zu bringen hofte.

Ich lasse solches dahingestellt; gewiß aber ist es, daß dieser Bassa nach Michaels Tode, um das Haus Oesterreich von Siebenbürgen auszuschliessen, einen gewissen Moses Szekel in seine Absichten zog. Dieser unterlies nichts um seinen Landsleuten beizubringen, wie unendlich vortheilhafter ihrem Vaterlande der türkische Schuz seyn würde, als es

M 2 aufs

aufs neue den Königen von Ungarn zu unterwerfen, in welchem Fall es nie die Waffen aus der Hand legen, im stande der Ungewisheit, ohne Hofnung zum Frieden, nie zur vorigen Glükseligkeit wiedergelangen könnte. Auf solche Art wuste **Moses** den Geist des Aufruhrs zu verbreiten und sich Anhänger zu machen. Unter diesen waren **Albert Magnus, Gabriel Bethlem** und **Franz Redai**, mit denen sich mehrere andere vereinigten, die das Land durchstrichen, das Volk haufenweise an sich zogen, und daraus endlich eine Armee herstellten. Der General **Basta** schlug und zerstreute sie bei Weissenburg. **Moses**, der an ihrer Spize war, und fürchten muste, von dem Ueberwinder verfolgt zu werden, flüchtete sich mit seiner Familie, und allen, die ihm folgen wolten, in die Gegend von Temeswar. Auf die Nachricht, welche er dem Sultan seinem Herrn davon gegeben hatte, erhielt der Bassa **Bettesi** sogleich Befehl, **Moses** mit dem Fürstentum zu belehnen, und seine Rükkehr nach Siebenbürgen kräftig zu unterstüzen. Die Armee, welche man zusammenbrachte, bestand aus Türken, Tatarn und Szeklern. Es war ihnen ein leichtes, Karansebes und Lugosch einzunehmen; wo **Moses Peter Uczar** zum Ban bestellte, selbst aber den Weg nach Siebenbürgen nahm.

Unterdes hatte **Georg Basta** mit **Radula, Michaels** Nachfolger in der Woiwodschaft, Vergleiche eingegangen. Vom Schuz, und der Unterstüzung des Kaisers versichert, grif dieser sogleich zu den Waffen, und gieng mit **Basta's** Plan einverstanden, von einer andern Seite auf Siebenbürgen los. Der General, der sich nicht stark genug fand, hatte Koloswar verlassen, um sich mit seinen Truppen in ein Kastell am Fluß Zamos zu werfen. So fanden die eindringenden Feinde den offenen Weg vor sich, besezten Weissenburg, wo sie **Gabriel Bethlen** mit einer starken Division zurükliessen, und nun **Basta** einzuschliessen gedachten. Doch dieser Versuch war fruchtlos. Sie sezten trozig ihren Weg fort, begiengen grausame Unordnungen in der Provinz, und waren bald vor Kronstadt, wo sie ihr Lager schlugen. Hier, es war am 20. Aug. 1603. grif sie **Radula** in ihrem Lager an, mit solcher Heftigkeit, daß **Bettesi** mit seinen Türken und Tatarn sich in die Flucht gab,

nicht

nicht ohne vorher ein Augenzeuge der unter ihnen angerichteten Niederlage gewesen zu seyn. **Moses**, mit seinen Anhängern allein, hielt noch den Kampf aus, und kämpfend ward er von einer Stükkugel dahingenommen. Man zählte 4000 Todte, Türken, Tatarn und Szekler, nebst einer grossen Anzahl von Gefangenen. Auch fanden sich unter der feindlichen Beute soviele Fahnen, daß **Radula** dem Kaiser deren 150. zum Zeichen seines Sieges nach Prag schikte. Der Bassa **Betteße** kam, nach tausend Irrwegen, durch öde ungebahnte Gegenden mit grossem Verlust nach Temeswar zurük.

Nunmehr schien es, würden die Rebellen den Kaiser im Besiz von Siebenbürgen nicht mehr zu stören suchen, Bei aller Vorsicht, die **Basta** gebrauchte, traten sie dennoch im J. 1694. neuerdings auf. Sie sahen, daß dieser Prinz seine Macht damals nicht sehr theilen konnte, da er den grausamen Krieg auszuhalten hatte, der soviele Jahre in Ungarn fortdauerte, und auch durch **Mahomets III.** Tod nicht unterbrochen ward. Auf dem türkischen Thron folgte **Achmet I.**

Die Häupter der Rebellen waren **Gabriel Bethlen**, und der ofternannte **Steffan Bocskay**. **Bethlen** selbst unterwarf sich dem lezteren, blieb aber — ein seltner Fall! sein Freund und der Beförderer seiner Absichten. Nicht genug, daß er in Siebenbürgen seinen Anhang zu verstärken suchte, begab er sich in die temeswarer Gegenden, wo er die Distrikte von Karansebes und Lugosch, wo **Steffan** ehemals Ban gewesen war, grossentheils aufwiegelte, und endlich auch eine Unterredung mit dem Bassa **Betteße** hatte, um für seinen Freund Hülfsvölker und Unterstüzung zu erhalten. Er erhielt solches leicht, da der türkische Befehlshaber, nach der Flucht bei Kronstadt seinen Kredit beim Divan nicht wenig sinken sah, und hier die Gelegenheit hofte, solchen wiederherzustellen. Er zog eiligst ein starkes Korps Türken und Tatarn zusammen, an deren Spize er den Ufern der Temes zueilte, und sich bei Lugosch mit den Volkern vereinigte, die **Bethlen** in diesem sowol als dem karansebescher Distrikt auf seine seite gezogen hatte. Der Plan war, über Facset nach Siebenbürgen **Bocskay** zuhülfe zu marschieren.

Doch das konnte Ludwig Rakozi und Heinrich Dampier, welche damals zu Lippa kommandirten, nicht so ganz verborgen bleiben. Sie brachen mit soviel Truppen, als sie aufbringen konnten, gegen die Temes auf, und nahmen solche Maasregeln, daß sie die vereinigte Armee mitten in der Nacht überfielen, so unerwartet, daß sie Soldaten und Anführer im tiefesten Schlafe fanden. Niederlage, Unordnung und Furcht herrschten algemein. **Betteisse** floh im Hemd nach Temeswar, **Bethlen** anderswohin, und der Rest von Soldaten lief dem nächsten Wald zu. Das ganze Lager blieb in Gewalt der Sieger. Man fand unter dem Raub zugleich unwidersprechliche Beweise von **Bocskay's** Absichten, dem izt nichts übrig war, als offenbar den Schuz **Achmets** zu suchen. Er erhielt auf Befehl des Sultans 100000 Dukaten; regulirte Truppen zu pferd und zu fus; eine zahlreiche Schaar Tatarn, Artilerie und Munition, nebst den Insignien des Fürstentums, womit er in Gegenwart eines Chiaus zu Medggesin auf einem Nationallandtag bekleidet wurde. Zufolge des geschlossenen Vertrags geschah die Eröfnung des Feldzuges von 1605. mit einer starken Diversion, die **Steffan** dem Kaiser zum Vortheile des Sultans machte. Er schlug **Georg Basta** von Edelin weg, verstärkte auf dem Marsch durch Ungarn seine Armee mit neuen Völkern, und fiel damit in Oesterreich und Steiermark ein, wo er tausend Frevel begieng, und unzählige Sklaven machte. Man rechnet auf 80000 Personen beiderlei Geschlechts, die wie das Vieh nach Konstantinopel getrieben wurden. Ihre Zahl würde ohne die Treulosigkeit der Haiduken, einer Gattung ungarischer Miliz, nicht so hoch gestiegen seyn — diese Verräther ihres Vaterlandes verkauften Eltern, Brüder, Schwestern den Meistbiethenden. Durch solche Mittel hatte **Bocskay** seine Unternehmungen so ausgeführet, daß bei seiner Zurükkunft nach Ofen der türkische Kommendant ihn nicht nur im Fürstenthum Siebenbürgen bestättigte, sondern auch zum König von Ungarn ausrief; wobei er ihm eine Krone aufsezte, deren, wie einige Schriftsteller behaupten, ehedem die alten Despoten von Thracien sich bedienet hatten.

Izt

Izt nahmen die Türken noch mehrere Pläze in Ungarn weg, ohne auf die Vergleichsartikel zu achten, welche sie mit Bocskay eingegangen waren, zu einer Zeit, da sich das ottomanische Reich von den Persern angegriffen sah, und in Natolien ein fürchterlicher Aufruhr glühte; daher dieser Fürst den bessern Weg einschlug, sich mit dem Kaiser zu vergleichen. Er entsagte dem königlichen Titel von Ungarn, um sich Siebenbürgen zu versichern, wo jedoch die Nachfolge, im Fall er keine Erben hinterlassen würde, dem Kaiser, oder seinen Nachkommen vorbehalten blieb. Auf diese erste Unterhandlungen folgte die Bestättigung der vorherbestehenden ältern Traktaten, und der Friede, den die kaiserlichen Minister mit dem türkischen Gesandten in der Almasch im August 1606. schlossen. Ich will hier nicht diese Friedensartikel abschreiben. Wichtiger ist der Umstand, daß Rudolf damals Ungarn an seinen Bruder Mathias II. abtrat. Der Erzherzog hatte die kaiserlichen Truppen in diesem Reiche kommandirt, wobei er glänzende Proben seines Muthes und seiner Einsicht gegeben: umso bereitwilliger war die Nation ihren neuen Monarchen zu erkennen, und wirklich schien es, daß nach soviel Unglücksfällen, mit ihm eine schönere, ruhigere und rühmlichere Epoche für sie anfangen solte.

Da aber im folgenden Oktober des gesagten Jahres Bocskay die fürstliche Würde niederlegte, und die Stände im Febr. 1608. Sigmund Rakozi an seiner Stelle wählten; so hätte dieses den Frieden wol unterbrechen mögen, zumal da Rakozi die fürstlichen Insignien aus den Händen des Mustafa Kiuperli, der von Achmet dazu befehligt war, erhalten hatte. Der König Mathias nahm izt Siebenbürgen mit den davon abhangenden Ländern und Pläzen in Anspruch. Er lies durch seinen Botschafter Negroni dem Divan zu Konstantinopel seine Rechte vorlegen, die sich hauptsächlich auf den mit Bocskay getroffenen, im lezten Friedensschlus bestätigten Vergleich gründeten. Man antwortete, daß Bocskay kein Fürstentum vergeben konnte, das nicht sein Eigentum, sondern von der hohen Pforte ihm nur anvertrauet war. Vergebens zeigte Negroni beglaubte Abschriften des Friedensschlusses vor, welche diesen Vergleich anerkannten; die Türken hatten ihrerseits andere

Ab-

Abschriften, die dessen mit keinem Worte gedachten. So dauerte der Streit mehrere Jahre. **Rakozi** war unterdes gestorben, und der Nachfolger, den ihm die Pforte im Jahr 1608. gab, **Gabriel Batori** fand 1613. zu Waradein seinen Tod, nachdem ihn die Türken, die damals schon mit gewafneter Hand in Siebenbürgen standen, des Fürstentums wieder beraubt hatten. Izt erhielt es **Gabriel Bethlen**, der ihnen dafür Lippa und Jeno räumen muste. Bei dieser Abtretung muste **Mathias** um somehr seine gerechte Klagen über das eigenmächtige Verfahren der Pforte erneuern, und Vorkehrungen zum Kriege machen. Aber ein Staat, der soviel erlitten hatte, heischte einen noch längeren Ruhestand; daher sich der weise Fürst mit der Wiedergabe mehrerer Kastelle und Dörfer, die denen in ottomanische Hände gerathenen Festungen angehörten, und mit der Berichtigung der gegenseitigen Gränzen begnügte. Diese wurde im J. 1617. zustandegebracht, und zugleich der Friede auf zwanzig Jahr verlängert.

In den temesiner Gegenden, oder dem Bannat Temeswar, wie damals diese Benennung anfieng die gewöhnlichste zu werden, war seitdem nichts merkwürdiges vorgefallen, als daß der Bassa Betesse seine Befehlshaberschaft verlor. Lippa haben wir im Vorhergehenden schon in die Hände der Türken zurückfallen gesehen: wodurch denn auch die Distrikte von Lugosch und Karansebes mehr als jemals ihren Gewaltthätigkeiten ausgesezt blieben.

Der damalige Ban, **Paulus Magnus**, lies es nicht an Klugheit und Diensteifer fehlen. Achmet hatte daher ein wachsames Aug auf ihn, und nach dessen Tod im Jahr 1617, beobachteten seine Nachfolger gleiche Maasregeln.

Der zwischen diesem Sultan und **K. Mathias**, auf 20. Jahr verlängerte Stillstand, dauerte viel weiter hinaus, nämlich bis auf das Jahr 1660. Inzwischen waren der zweite und dritte Ferdinand auf dem ungarischen Throne gefolgt — alle beide zugleich Kaiser, und der Lezte Vater des **grossen Leopold**, der mit dem Jahr 1657.

seine

seine Regierung begann. Siebenbürgen sah in diesem Zeitraum nach Gabriel Bethlen, im Jahr 1629. zuerst seine Witwe Katharina von Brandenburg; dann im J. 1680. Steffan Bethlen, der nur einen Monat regierte; und endlich die drei Rakozi (6) mit der fürstlichen Würde bekleidet, von denen der lezte, Franz im J. 1656. zur Regierung kam. Alle diese Fürsten hatten die türkische Bestättigung erhalten. Mahomet IV. erklärte Franz Rakozi, weil er sich zum Nachtheile Polens, mit dem schwedischen König Karl Gustav verbunden hatte, des Fürstentums verlustig, und übertrug solches im J. 1657. an Franz Redey, den in der Folge auch die Nation erkannte.

Nur im vorbeigehn einen Blik auf Rakozi, und die Unternehmungen, die dieser herrschsüchtige Fürst in seiner Ungnade versuchte. Mit zehn tausend Mann Kriegsvolk, und den Kommendanten von Jenos und Waradein auf seiner seite, sucht er hülfe vom Kaiser, womit er, durch die guten Dienste seiner Anhänger, den von natur furchtsamen, friedeliebenden Redey so zu schreken wuste, daß dieser sich des Fürstentums begab. Hierauf grif er zu den Waffen, und schlug bei Lippa den Bassa von Ofen, der mit 15000 Mann wider ihn aufgebrochen war. Dieses brachte die Pforte noch mehr wider ihn auf, die nun umsoleichter den Vorschlägen gehörgab, die Achaz Bocskay dem Grosvizir Kiuperli machte, und wodurch dieser auch wirklich im J. 1658. zum Besiz des Fürstentums gelangte. Er hatte versprochen, Lugosch und Karansebes, wovon er Ban war, nebst Solnok in Ungarn und den abhangenden Distrikten dieser Pläze abzutreten, doppelten Tribut zu zahlen; auch sein möglichstes zu thun, um Rakozi lebendig, oder todt auszuliefern.

Dieser wendete sich aufs neue an den Kaiser. Leopold, um sich seiner zu bedienen, nahm Besazung zu Szatwar, Szabolts und in den

N übri-

(6) Georg I. starb 1648. Georg II. blieb im Treffen wider die Türken 1660. darauf sah man das Fürstentum bis 1666. erledigt, da Franz Rakozi von der Nation dazu gerufen ward.

übrigen Festungen dieser beiden Komitate ein. Von daher konnte Rakoczi aus seinem Zufluchtsort jenseits der Theiß, mit gewafneter Hand sich nach Siebenburgen ziehen, wo das Volk grostentheils ihn als seinen Fürsten aufnahm. Bocokay sah sich genöthigt in das Schloß Barda, und nachdem in das Bannat Temeswar zum Bassa Hali zu flüchten, welcher vom Sultan Befehl erhielt, den vertriebenen Fürsten in sein Land einzusezen, und die Rebellen zu unterdrüken; denn so pflegte man zu Konstantinopel von Rakozi zu sprechen.

Wirklich ward dieser von Hali 1660. zwischen den gebirgigten Zugängen des Landes geschlagen, und starb bald darauf zu Waradein an den Wunden, die er bei Klausenburg in einer andern Schlacht mit dem Bassa von Ofen empfangen hatte.

Demohngeacht gelang es den Ottomanen nicht so schnell, Bocokay in seine Würde herzustellen, der durch seine Maasregeln der Nation, und hauptsächlich den Anhängern des verstorbenen Rakozi, äusserst verhaßt war. Unterdes blieben Szatmar und die übrigen Plätze von den kaiserlichen besezt, der Bassa Hali aber eroberte Waradein, und behauptete sich daselbst. Dieser Mann hatte Muth mit den nothigen Eigenschaften des Geistes, und stand bei seinem Herrn in Ansehen, der ihm auf die Nachricht einen Zobelpelz aus Goldstük, nebst einem mit Juwelen prächtig besezten Säbel schikte; so grosse Meinung hatte man zu Konstantinopel von dieser Eroberung. (7)

Haly, in seinem Eifer noch mehr ermuntert, war unermüdet, die Absichten des Sultans durchzusezen. Nachdem Bocokay auch Klausenburg abzutreten, und überdas noch eine Summe von 50000. Dukaten zu entrichten versprochen hatte, befahl er den Siebenbürgern, im Tone des Siegers, daß sie diesen Fürsten sogleich in seiner Würde zu erkennen hätten, wenn sie nicht im Fall des Ungehorsams ihr Land mit Feuer und Schwert verheert sehen wolten. Die Drohung sezte die Nation in solche Furcht, daß Bocokay nach seiner Wieder-

(7) Wagner Hist. Leopoldi Magni Lib. II.

derkunft, auf Anstiften des **Johann Kemini** umgebracht; dieser aber von seinen Anhängern im Januar 1662. zum Fürsten ausgerufen wurde.

Mahomet, der dieses für nichtsweniger als einen Hochverrath ansah, verbarg seinen Unwillen soweit, daß er **Kemini** nach Temeswar einladen lies, um von dem Bassa **Haly** mit dem Fürstentum belohnt zu werden. Die geheimen Befehle waren ihn umzubringen, sobald man sich seiner Person nur versichert hätte. Aber **Kemini** sah die Schlinge, und statt nach Temeswar zu gehn, sucht' er Hülfe beim Kaiser, der sich auch durch Unterhandlungen zu Konstantinopel für ihn zu verwenden suchte. Es gieng ein Gesandter dahin, um die Gesinnungen des Vizirs auszuforschen, und ein anderer nach Temeswar, um den Bassa **Haly** auszuholen. Beide erhielten zur lezten Antwort, daß **Kemini** nicht bei Leben bleiben, und wenn der Kaiser länger sich seiner annehmen würde, der Friede nicht bestehen konne. Zugleich begehrte man, daß die österreichische Besazungen alle Pläze in Ungarn räumen sollten, die nach ältern Verträgen zu Siebenbürgen gehörten, und da Leopold weit entfernt war, solches zuzugestehen, so hörten von beiden Seiten die Unterhandlungen auf, und man machte in der stille starke Zurüstungen zum Krieg.

Schon erhielt der Gouverneur von Zatmar, **Gottfried Heister**, Befehl auch Besazung in Kovar, Szamosvivar und Szikely-hida zu legen; der Graf **Richard von Stahremberg** solte jenseits der Theiß die Feindseligkeiten anfangen; **Montecucoli** war aus Flandern berufen, eine Armee zu kommandiren, die sich mittlerweile zu Komor zusammenzog. Aber der Bassa **Haly** war bereits mit fürchterlichen, zahlreichen Schaaren in Siebenbürgen eingedrungen, und Tod und Verwüstung war hinter ihm. **Kemini**, der die Entschlossenheit seines Feindes kannte, floh mit dem Volk, das er hatte, durch Seitenwege nach Ungarn, wo er sich zuerst in die Festung Huſt, nachdem in Arania-medigyes warf, und weil er sich auch da nicht sicher hielt, gegen die Ufer der Theiß zog. Zugleicherzeit verwüstete ein grosser Hause Tatarn die Gegenden

 von

von Menkacs und Marmöros, wo sie alles, ohne Unterschied des Alters, Geschlechts oder Standes, in die Sklaverei führten.

Montecucoli, wie er an der Donau ankam, und von dieser Lage benachrichtiget war, lies die grosse Armee unter dem Prinzen Ludwig von Baden zurük, und eilte im August in starken Tagreisen Kemini entgegen. Er war nicht wenig verwundert, ihn mit so wenigen, schlechtgeübten Truppen zu finden. Wirklich hatte der Held um etwas zu unternehmen, nichts für sich, als seinen Ruhm und seinen Namen, damit führt er den flüchtigen Fürsten nach Siebenbürgen zurük, und täuschte Haly sosehr, daß dieser sich erst nach Nagibanya, dann nach Szamos-vivar, und zulezt nach Klausenburg zog. Hier lies Montecucoli, der nach Ungarn zurükkehren muste, Kemini mit den zweitausend Pferden, die er ihm von daher zugeführet hatte. Nun verlor Haly die Furcht. Er bot das Fürstentum verschiedenen Magnaten an, die es ausschlugen, und ernennte zulezt Michael Apafi, den er auch tapfer unterstüzte, als Kemini es wagte ihn bei Szegesvar anzugreifen. Dieser stürzte im Treffen, und wurde von den Pferden zertreten. Sein Leichnam kam in die Hände des Siegers, der seinen Kopf nach Konstantinopel schikte, wo man ihn drei Tage lang auf einem Spies dem Pöbel zur Schau stellte.

Nun kehrte Haly, nachdem er theils Apafi zu unterstüzen, theils das Land von den kaiserlichen Besazungen zu befreien, viel türkisches Volk in Siebenbürgen zurükgelassen, triumphirend in seine Stadthalterschaft nach Temeswar zurük. Damit war bereits das Jahr 1663. eingegangen. (8)

Bald

(8) In einem Zeughause zu Temeswar wird noch eine arabische Inschrift, mit dem Namen dieses Bassa, aufbewahrt. Der Stein wurde zur Zeit der österreichischen Wiedereroberung 1716. unter den Ruinen hervorgezogen; zweifelsohne war von Haly irgend ein Gebäude hergestellet worden, dessen Gedächtniß man dadurch erhalten wolte.

Bald darauf sah man in dieser Stadt den Bischof von Waizen, Franz S. Georgio, unter einer starken Bedekung von Janitscharen eintreffen. Er war vom Kaiser nach Siebenbürgen geschikt, um Kenntnis vom Zustande der Sachen einzuziehn, und von Apafi's Ministern und Anhängern auszuholen, ob im Fall, daß die deutschen Völker die Pläze, welche sie innehatten, räumen würden, solche von Türken besezt werden solten. Aber dieser Prälat, der kein Mann für Geschäfte war, gebrauchte in seinem Auftrag nicht die nöthige Vorsicht; daher die türkischen Befehlshaber bald Verdacht schöpften, sich seiner Person versicherten, und ihn zu Haly abführen liessen. Der Bassa nahm ihn mit Menschlichkeit auf; doch er konnte soviel Unglük und Beschimpfung nicht überleben, der Gram riß ihn dahin.

Nach tausend Ungemächlichkeiten, die Montecucoli auf seinem Rükzug meist von den Ungarn erlitten hatte, kam er zu Ende der Winterquartiere von 1664. bei seiner Armee an; die nichtweniger an allem Mangel litt. Hingegen breiteten sich die Türken immer weiter in Ungarn aus, und durchstreiften auch Sklavonien und Kroatien, wo überall die Verwüstung algemein ward. Ich kann hier nicht den grossen General, in allen seinen, auf Klugheit und Erfahrung gegründeten Maasregeln, verfolgen, noch in das Detail des berühmten Tages bei St. Gothard eingehn; (9) genug, der Vizir Achmet, ein Sohn des verstorbenen Kiuperli, ward geschlagen, und die Türken verloren auf einen Tag alle Vortheile, die sie vorher erhalten hatten. (10) Die Folge war ein Waffenstillstand auf zwanzig Jahre, worinn die Pforte unter andern Artikeln auch die Komitate von Szatmar und Sabolchs dem Kaiser zugestand.

 Doch

(9) Ein kleines Kastell im Eysenburger Komitat, über der Donau, gegen Kroatien.

(10) Das Detail von allen diesem findet man in verschiedenen Schriftstellern; vorzüglich aber in Montecucoli's eigenen Memoiren.

Doch dieser Stillstand erreichte seinen Termin nicht. Unter den innerlichen Unruhen, welche Ungarn zerrütteten, und welche hauptsächlich **Zrini, Nadasdi, Frangipani, Tattenbach,** und **Franz Rakozi**, ein Sohn **Georg** II. erreget hatten, trat auch im Jahr 1676. **Michael Apafi** auf, indem er eine Gesandschaft nach Wien schikte, um vom Kaiser die mit deutschen Truppen besezten Pläze an der Theiß zurükzufordern, die, seinem Vorgeben nach, zu Siebenbürgen gehörten. Und ohne nur Antwort auf seine ungestüme Frage zu erwarten, fieng er von **Kara Mustafa** aufgehezt, die Thätlichkeiten an. Dieser **Kara Mustafa** hatte sich, nach dem Tode des **Achmet Kinperli**, zum Grosvizir geschwungen. Mit ihnen vereinigte sich der aufrührerische Graf **Emerich Tekeli**, der vom Bassa zu Ofen im Jahr 1682. zum Fürsten von Ungarn erklärt war, und nun den Plan der Türken möglichst zu unterstüzen suchte. Ihre ersten Unternehmungen waren in Niederungarn, wo sie Kaschau, Onod, Tokai, St. Andreas, Szepus, Leutschau und Fillek besezten. Der Kaiser, der sich zur Vertheidigung rüstete, vergaß nicht, sich mit dem grossen Könige von Polen, **Johann Sobieski**, zu verbinden, und wählte zum Generalissimus seiner Truppen, einen der ersten Helden seines Zeitalters, den Herzog **Karl Leopold** V. von Lothringen. Und glüklich waren die Zubereitungen; denn schon kamen die Türken mit einem der fürchterlichsten Heere, welche sie jemals aufgebracht, nach Oesterreich, um Wien zu belagern, als zurechterzeit der König vor dieser Hauptstadt eintraf, und nah an derselben den ausgezeichnetesten Sieg über die Türken davontrug. Von diesem Zeitpunkt an schien die Aussicht sich zu ändern, und das Glük **Leopolds** Waffen günstiger zu werden. Die ganze übrige Kampagne war glüklich, und noch glüklicher die von den beiden folgenden Jahren, indem den Ottomanen mehrere der besten Pläze in Kroatien, Sklavonien und Ungarn aus den Händen gerissen, die ganze Unternehmung aber mit der Einnahme von Ofen, und dem Treffen bei Peterwardein gekrönet wurde, wo der Herzog die türkische Macht völlig zugrunderichtete.

All dieses hatte zu Konstantinopel beträchtliche Veränderungen nach sich gezogen. **Kara Mustafa** erhielt den Strik, **Mahomet IV.** selbst ward in einem fürchterlichen Aufstand vom Thron gestossen, und in ein enges Gefängnis gestekt, worauf **Soliman III.** auf den Thron stieg. Demohngeacht hörte **Tekeli** nicht auf, die Pforte zur Fortsezung des Krieges aufzumuntern, sosehr auch seine Partei darniederlag. Auch wußt' er **Michael Apafi II.** in seine Absichten zu ziehen. Diesem war das Fürstentum im J. 1681. von seinem Vater, gleiches Namens, abgetreten, im J. 1684. aber von den siebenbürgischen Ständen bestätiget worden, und er lies sich von **Tekeli** soweit verleiten, daß er mit 200 der vornehmsten Siebenbürger und Ungarn in eine geheime Verschwörung trat, die nichtsweniger zur Absicht hatte, als die österreichische Besazungen aus allen Pläzen, welche sie sowol in Siebenbürgen, als den ungarischen Ländern an der Theiß innehatten, herauszuwerfen. Doch das Vorhaben wurde entdekt. Der General **Caraffa**, welcher mit einer Armee nach Siebenbürgen gieng, um die Statthalterschaft anzutreten, nahm zuerst Klausenburg und Hermanstadt ein, worauf es ihm auch mit der Eroberung von Lippa glükte, welches der Schlüssel zu diesem Lande, sowie zu dem Bannat Temeswar von der Seite der Marosch ist.

Bei dem Angrif dieses Plazes führten den einen Flügel der Graf **Guidobald von Stahremberg**, den andern aber die Generale **Veterani** und **Piccolomini** an — Männer von gleichem Muth und Kriegserfahrenheit. Durch ihr heftiges Kanonenfeuer waren die Stadtmauren den ersten Tag schon zugrundegerichtet; in den drei folgenden Tagen hatten die Kaiserlichen die Festungsgraben erobert; und so nahmen sie endlich den Plaz mit stürmender Hand ein. Zweitausend wehrhafte Männer und dreitausend andere Personen, beiderlei Geschlechts, wurden als Sklaven nach Temeswar abgeführt. Es fand sich in der eroberten Festung eine Menge Beute, als Artillerie, eine grosse Anzahl Ochsen, und Pferde, nebst 100000 Stük Steinsalz, die man auf soviel tausend Dukaten schäzte. Zugleicherzeit besezte der Graf **Paci**, mit einem Detaschement guter Truppen, Lugosch, und er würde auch einen Versuch auf Karansebes sches gemacht haben, wenn ihn nicht die Jahrszeit und der häufig einfallende Regen verhindert hätte.

So gelang es dem Kaiser sich Siebenbürgens, wenn nicht ganz, doch grossentheils zu bemächtigen, und auch das Bannat im Zaume zu halten. Ebendamals, im November des verflossenen Jahres, war auf einem Landtage zu Preßburg von den versamleten angesehensten Magnaten die Thronfolge im Haus Oesterreich erblich erklärt, und der Erzherzog **Josef, Leopolds** erstgeborner Prinz, zum König ausgerufen worden.

Bei so glüklichem Fortgang, wurde die Wiedereroberung des ganzen Bannats Temeswar im Hofkriegsrathe zu Wien in Berathschlagung gebracht. Der Gegenstand war in jeder Betrachtung wichtig, da die Behauptung dieses Plazes der Unbeständigkeit der Siebenbürger Ziel sezte, und sie von Waradein, welches sie als eine Vormauer ihrer Provinz ansahen, völlig abschnitt; sowie auf der andern Seite der Weg in die Walachei und Moldau dadurch eröfnet wurde.

Aller dieser Gründe ungeacht beschlossen die Häupter der Armee, daß es gelegener sey Belgrad anzugreifen, da sobald man dieses inne hätte, es leicht seyn würde, in das Herz der türkischen Länder einzudringen, und sich nachdem durch die Bulgarei, Epirus, Macedonien, bis an die Küsten des jonischen Meers auszubreiten. Unterdes gedachte man einen Versuch auf Orsova zu machen, und sich des engen Passes an der Donau, das eiserne **Thor**, oder **Demircapi** genannt, zu bemächtigen, welches die Eroberung der Walachei und des temeswarer Bannats, sehr erleichtern konnte, da in dem lezten ohnedies die schlechte Witterung sowol, als die ausgetretenen Wasser der Seen und Moräste, jede Unternehmung unmöglich machten.

Also blieb es bei Belgrad. Der Herzog von Lothringen war krank; daher der Herzog von Baiern **Max Emanuel** die kaiserliche Armee anführte, welche sechzigtausend Mann stark war; einige Regimenter Ungarn, Kroaten und andere leichte Truppen ungerechnet. Sie gieng den

den 26. Jul. glüklich über den Sawstrom, den 11. August war Belgrad schon eingeschlossen und aufs äusserste gebracht. Beides, Stadt und Festung, wurden mit stürmender Hand eingenommen. Die Nachricht brachte solche Bestürzung nach Konstantinopel, daß der Divan nichts angelegeneres hatte, als ein mächtiges Heer aufzubringen, um mit Eröfnung des künftigen Feldzugs, den verlornen Plaz wieder einzubekommen. Zugleich erhielt der Bassa von Temeswar Befehl, alle Festungen im Banat, besonders Orsova, in Vertheidigungsstand zu sezen; nur war es mit dem leztern zu spät, denn der General Veterani, der die siebenbürgischen Gränzen zu deken, zurükgeblieben war, hatte sich auf der einen Seite von Szegeswar bemächtiget, und auf der andern Karansebes durch Ueberfall, Orsova aber mit Akkord eingenommen.

Auf dieses neue Glük, und die Nachricht, daß sich die Kaiserlichen nach der Eroberung von Belgrad in grosser Anzahl an der Morava gelagert hätten, um im folgenden Jahr den Krieg tiefer ins Land zu spielen, schikte Soliman den Effendi Zulficar mit dem Dolmetscher Mauro Cordato nach Wien, um Friedensunterhandlungen zu pflegen. Es wurde jedoch nichts beschlossen, weil der Sultan Belgrad zurükfoderte, dagegen er Zighet und Kaniska in Kroatien anbot.

Um also den Krieg fortzusezen, war der Vizir vor allem bedacht, die Schazkammer anzufüllen; da denn unter andern Mitteln, die christlichen Unterthanen der Pforte einer Kopfsteuer von 25. Dukaten jeder unterworfen wurden. Er gab Tekeli zwanzigtausend Thaler, um durch ihn den Kaiserlichen eine Diversion zu machen; er lies eine Flottille von Tschaiken und andern Fahrzeugen ausrüsten, die auf der Donau und Saw gebraucht werden sollten; er eilte, bei Adrianopel, soviel Truppen, als nur immer möglich, aus allen Theilen des ottomanischen Reichs zusammenzuziehen. Doch sezte ein zweimaliger Aufruhr, besonders der so in Kleinasien entstand, diese Zurüstungen sehr zurük, und lies dem Kriegsrath zu Wien genug Zeit, seinen Vertheidigungsplan zu entwerfen.

Die Monate Junius und Julius vom J. 1689. waren verstrichen, ohne daß die Kriegsoperationen angefangen hätten. Erst im folgenden August schlugen die Generale Piccolomini und Veterani eine Brüke über die Morava, zwischen der Palanka Hassan-Bassa und Jagodina, um die Bewegungen der türkischen Armee zu beobachten. Sie hatte, unter Anführung des Seraskier Areb, sich bei dem Dorfe Patassin gelagert. Ein Korps Reuterei, welches Veterani selbst führte, trug den Vortheil über eine ungleich stärkere, feindliche Schaar davon; das veranlaßte die übrige christliche Armee, sich in Bewegung zu sezen, und den Seraskier anzugreifen. Er ward den 29. des gesagten Monats das erstemal geschlagen, da er sich denn unter Nissa zurükzog, wo ihn die Kaiserlichen erreichten, und einen zweiten vollkommenen Sieg über ihn erhielten.

Diese litten grossen Mangel an Lebensmitteln, und auf die Nachricht, daß der Feind zu Sophia, wovon sie nur fünf Meilen entfernt waren, Kornmagazine angelegt hätte, aus denen funfzigtausend Mann auf einen ganzen Monat versorgt werden könnten, war auch der allgemeine Wunsch der Truppen, den Marsch dorthin zu richten. Der Prinz von Baden versuchte alles, um ihren Begierden Einhalt zu thun, und er hatte seine guten Gründe. Erstlich war die Schwierigkeit, soviele Wagen zu finden, um den Vorrath abzuführen; zweitens konnte man sicherer rechnen, daß der Feind diese Magazine nach Kriegsgebrauch in Brand steken, und so die Hofnung der Truppen täuschen würde, wo sodenn diesen in einem öden, feindlichen Lande das äusserste bevorstund.

Doch alles dieses war den übrigen Generalen nicht so einleuchtend. Man muste einen andern Plan ergreifen — nicht den besten, wie sich in der Folge zeigen wird, aber der den Beifall der meisten hatte. Die erste Absicht gieng auf Orsova, welches man befestigen, und auch Widin besezen wolte, um desto besser die Ufer der Donau zu behaupten. Hätte man überdas sich noch von Fetislan, Kolumbacz, Rama und Semendria versichert, und von dorther eine Heerstrasse angelegt, so würde man leicht Lebensmittel und andere Nothdurften von allen

Sei-

Seiten erhalten; dann könnte man mit mehrerer Zuversicht gegen Sophia marschieren, und den Tatarn die Zuwege abschneiden, folglich das Bannat Temeswar, wenn es von diesen keine Hülf mehr erhielte, desto leichter unterwerfen. Unterdes würde man die Armee, mit dem aus der Walachei zu erhebenden Tribut unterhalten, und ihr zu Ende der Kampagne gute Winterquartiere, sowol in der Walachei selbst, als in dem angränzenden Servien, der Bulgarei und dem Komitat Sirmien geben können.

Dieser ganze Plan war ohne Vorwissen des Kaisers entworfen worden; denn Leopold hatte beschlossen, seine Eroberungen nicht über den Berg Emo hinaus fortzusezen. Dennoch machte der Prinz von Baden Anstalt zur Ausführung. Er beorderte Heistern, der mit genugsamen Truppen zu Kronstadt in Siebenbürgen stund, in die Walachei einzurüken; Piccolomini, damals Gouverneur von Nissa, Holsat und Strasser, nachdem sie die Gegend von Nissa nach gewissen Standörtern eingetheilet, solten in die Gränzen von Erdegovina streifen, und dieser Provinz die Kommunikation mit Bosnien abschneiden. Der Lezte führte 2500 Mann Infanterie und ebensoviel Pferde, nebst dem Heidukenregimente Palfy, und mehreren Divisionen Hussaren und Raizen an.

Nach diesen Vorkehrungen sezte sich der Prinz mit der Armee in Marsch, und kam über die rauhen, ungebahnten Wege des Berges Emo am 6. August nach Widin, welches er mit Sturm eroberte, und wo alle Janitscharen unter dem Schwerte des Siegers fielen. Auch der Fürst Piccolomini führte seine Aufträge männlich aus, aber nachdem er das Schloß Pistrina in der Nähe von Nissa, und Katsianka an den bosnischen Gränzen eingenommen hatte, starb er. Der General Veterani kam an seine Stelle, und schritt' auch in dem Plan seines Vorfahrers fort. Er schrieb Strassern, der das Interimskommando führte, nicht die geringste Aktion zu wagen; doch dieser überschritt' den Befehl und ward von einem Trupp Tatarn, die Katsianka ka zu befreien kamen, geschlagen, daß Veterani alle Mühe hatte, den Verlust zu ersezen.

Mitten unter diesen Operationen kam der Winter, und der nämliche Effendi, der im vorigen Jahr als Gesandter in Wien gewesen war, langte mit neuen Aufträgen des Sultans an. Siebenbürgen, welches er Leopolden abtreten, und das Bannat Temeswar, welches er zur Auswechslung gegen Belgrad anbot, misfielen dem Conseil nicht, wurden aber demohngeacht nicht angenommen. Dies erbitterte den Sultan, und er trug dem Grosvizir Mustafa Kuprogli seine Rache auf. Ein Mann, voll Ehrgeiz und Diensteifer für seinen Herrn, hatte bald eine fürchterliche Armee auf den Beinen, und eine Flottille auf der Donau ausgerüstet, welche die Operationen zu Land unterstüzen solte. Im Frühling konnten beide sich in Bewegung sezen.

Das Gerüchte von so grossen Zurüstungen rief Veterani in sein neues Gouvernement zurük, und unterdes er Nissa befestigen lies, suchte Heister Orsova in Vertheidigungsstand zu sezen. Ausser einem breiten Graben, den der General Marcelli besorgte, versah Heister den Plaz noch mit Palisaden, und auf den herumliegenden Inseln wurden Schanzen aufgeworfen, die einige Artillerie hatten.

Damals entwikelten sich die schlimmen Folgen des Plans, dem man im vorigen Jahr gefolgt war, und dem der Prinz von Baden um den Vornehmsten der Armee nachzugeben, beitreten muste. Die Entfernung ihrer Standquartiere machte die Vereinigung der kaiserlichen Völker sehr beschwerlich, und das Land konnte nicht die nöthigen Lieferungen leisten. Auch war der aufrührerische Tekeli mit einer Menge Tatarn und Husaren bereits in Siebenbürgen eingerükt, wo er diese Provinz verheerte, und ihr die Erklärung that, daß er vom Sultan zu ihrem Fürsten ernennet, und sie von der Tirannei der Deutschen zu befreien, gekommen sey. Heister, der ihm entgegen geschikt war, wurde geschlagen, so, daß der Prinz von Baden mit der Armee marschieren muste, den Rebellen zu vertreiben. Ein Glük war es, daß Michael II.

Apafi,

Apafi, nach seiner Empörung wider den Kaiser, von der oben gesagt worden, besseren Rath ergrif, und auf die erhaltene Verzeihung, sein ganzes übriges Leben dem Hofe getreu blieb.

Mittlerweile befand sich der Grosvizir, der auf seinem Marsche Widin, Nissa, Orsova und Semendria wiedererobert hatte, mit seinen Völkern vor Belgrad, und fieng nun die Belagerung an. Der Herzog de Croy kommandirte in der Festung, und war zur standhaftesten Vertheidigung bereit, doch die feindliche Artillerie spielte mit äusserster Lebhaftigkeit; eine glühende Kanonenkugel fiel in ein grosses Pulvermagazin; das dadurch entstandene grausame Feuer ergrif im Augenblik auch die kleinern Magazine, so, daß Gebäude und Mauern mit entsezlichen Krachen einstürzten, und den Belagerern auf einmal mehrere Zugänge öfneten. Was von der Besazung dem Feuer und Schwert entrinnen konnte, suchte sein Heil in der Flucht; der Dúc de Croy selbst, nebst andern Staabsoffizieren, musten sich auf kleinen Barken über den Sawstrom retten.

Der Schmerz des Kaisers über die unglükliche Zeitung läßt sich denken. Die Erwählung des Erzherzogs Josef zum römischen König, sowie die Vertheidigung von Essek durch den General Stahremberg, konnten einigermassen den Monarchen trösten; doch mehr vermochten solches die Begebenheiten des folgenden 1691sten Jahrs. Soliman war an einem Trunke kalten Wassers erstikt, und ihm folgte sein Bruder Achmet II. Der Vizir Kuprogli, als er die Belagerung von Ofen vorhatte, hatte das Schiksal, daß er in einem Treffen, welches er den Kaiserlichen, unter dem Prinzen von Baden, bei Salankemen lieferte, mit seinen Völkern geschlagen wurde, und umkam. Zugleicherzeit glükt' es der Wachsamkeit des Generals Veterani, Siebenbürgen vor einem Einfalle von 15000 Tatarn zu verwahren; unterdes der Baron Bolland mit einem starken Korps Raizen andere 3000 zerstreute, die sich in die Distrikte von Lugosch und Karansebes, durch die unzugänglichen und gefährlichen Gebürge, welche dieses Land von der Walachei scheiden, einen Weg gefunden hatten. Sie waren von Tekelli abgeschikt, der in der lezten

 Pro-

Provinz soviel Schaden verursachte, und solche Räubereien begieng, daß die Pforte selbst ihm andere Maasregeln empfehlen muste.

Die drei folgenden Kampagnen waren nicht so lebhaft. Einerseits hatte Haly Beglierbeg von Mesopotanien, der Kuprogli in der Würde eines Grosvizirs gefolgt war, weder die Thätigkeit, noch den Muth seines Vorfahrers; andererseits fehlten dem Kaiser Geld und Mannschaft, um etwas Grosses zu wagen. Im J. 1692. unterwarfen die Grafen Auersperg und Heidersheim Waradein, und Heister nahm Jeno weg. Der Dúc de Croy, welcher im J. 1693. die kaiserliche Armee kommandirte, machte einen vergeblichen Versuch auf Belgrad. In der dritten Kampagne von 1694., welche erst im Monat September eröfnet wurde, erfolgte nichts weiter, als daß Haly, wie er die christliche Armee aus ihrem Lager bei Salankemen schlagen wolte, seine Absicht durch die weisen Anstalten des kommandirenden Generals Kaprara vereitelt sah.

Und hiebei, Hochgeborner Graf, will ich vordiesmal abbrechen. Ich gebe zu, daß ich, wenn schon in der Kürze, doch vieles berühret habe, was mehr in die Geschichte von Siebenbürgen und Ungarn, als des Bannats Temeswar, zu gehören scheint. Eu. ꝛc. sehen jedoch, daß der Zusammenhang der Begebenheiten unter sich solches nothwendig machte, da aus ebendiesen Begebenheiten sich andere entwikelten, und in dem, von der Vorsicht bestimmten Zeitpunkt, die glüklichere Verfassung dieses Landes herbeiführten.

Vier=

Vierter Brief
an ebendenselben Herrn Generalmajor.

Fortsezung der politischen Geschichte des Bannats bis auf das Jahr 1726.

Während sich zu Adrianopel die Truppen aus allen Theilen des ottomanischen Reichs zusammenzogen, um im J. 1695. den Krieg mit mehrerer Stärke, als in den drei lezten Jahren geschehen war, fortzusezen, hatte **Achmet II.** das Ziel von seinen Tagen erreicht. **Mustafa II.** Sohn seines Bruders **Mahomet IV.** folgt' ihm in der Regierung nach. Dieser Monarch, nachdem er sich einen neuen Vizir gewählet, lies seinen Unterthanen ankündigen, daß er sich an die Spize seiner Völker stellen wolle, um durch rühmliche Thaten sich ihre Achtung und Liebe zu verdienen.

Wirklich war er im Junius des gesagten Jahrs schon zu Felde; zur Zeit, da man im Kriegsrathe zu Wien noch berathschlagte, was zu unternehmen sey. Der General **Veterani** schlug einen Versuch auf Temeswar, als den Umständen am gemässesten, vor. Er zeigte, daß die Eroberung dieses Plazes mit der zugehörigen Landschaft einen nur mässigen Aufwand fordern würde, da sie doch beträchtlichen Nuzen hoffen lies. Dadurch konnte man von einer Seite Belgrad, von der andern Siebenbürgen beobachten; der fruchtbare Boden lieferte alle Nothwendigkeiten; und die Lage des Landes war so, daß man die Truppen leicht auf die Sammelpläze der grossen Armee zurükrufen,

oder

oder auch in die Walachei führen konnte. Solches auszuführen, musten fünftausend Mann, theils Reuterei, theils Fusvolk sich vor Beccierek positiren, um von der Seite von Pancsova sich einen Weg zu machen; eine kaiserliche Flottille, welche damals Belgrad im Gesicht hatte, müste bei Nachtzeit Orsova gewinnen, und sich dieses Ueberganges der Donau bemächtigen; ferner müste man Titul befestigen, wodurch alle Gemeinschaft zwischen Belgrad und Temeswar aufgehoben, die Hülfsvölker, welche der lezte Plaz von dorther erhalten könnte, abgeschnitten, und alle Hindernisse von dem entworfenen Plan entfernt würden.

Dieser Vorschlag wurde algemein von allen, und besonders vom Kaiser selbst genehmiget; daher man die Ausführung dem Kuhrfürsten von Sachsen **Friedrich August** auftrug, welcher dem Kaiser mit achttausend Mann zuhülfekam, und sich damit an die Spize einer funfzig bis sechzigtausend starken Kriegsmacht stellte.

Mit Anfang Augusts war diese Armee vor Peterwardein, zugleicherzeit, daß die Ottomanen Belgrad erreicht hatten. Die lezteren schlugen den 14. eine Brüke über die Saw, und einige Tage darauf eine andere über die Donau, um sich dedurch bei Pancsova das Bannat zu eröfnen. Ein Geschichtschreiber merkt an, (1) der Kuhrfürst über diese Eilfertigkeit des Feindes bestürzt, habe gewünscht, lieber eine Schlacht zu geben, als diese Unternehmung auszuführen; zumal, da die Nachricht einlief, daß vierzig türkische Galioten, nachdem sie bei Orsova mit Gewalt durchgedrungen, vor Salankemen lägen, und daß man bei Pancsova schon ein starkes Korps Reuterei übergesezet.

Unter diesen Umständen war das erste, Titul ausser Gefahr zu sezen, da von dem Besiz dieses Schlosses die Schiffarth auf der Theiß abhengt, an deren Zusammenflus mit der Donau es gelegen ist. Seine Anhöhe trägt eine Ebene, die in einem Umfang von drei Stunden Weges sich bis an die Donau erstrekt, und von der Natur mit einem beständ-

(1) Wagner Vita Leopoldi Magni. Lib. XIII.

ständigen Sumpf umgeben wird; demohngeacht dachte man auf neue Befestigungen, und es wurden sechshundert Musketiers und fünf Regimenter Dragoner dahinverlegt. Soviel lag daran, daß sich die Türken nicht dieses Plazes bemächtigten. Sie hatten ohnehin mehr als einen Weg, die christliche Armee von Szegedin und Siebenbürgen abzuschneiden, und ihr die Gelegenheit zu benehmen, in der Gegend von Futak zu fouragieren. Daher erhielt **Veterani**, der zu Lippa stund, Befehl, sich mit seinem Korps an die Brüke von Kiskanisa zu ziehen, und Peterwardein mehr zu sichern, legte man am untersten Theile der Festung, auf der Insel, ein neues Hornwerk an, das mit einigen Kompagnien besezt werden solte.

Mustafa, lang unentschlüssig und voll Eifer, seinen ersten Feldzug mit einer glänzenden That zu krönen, richtete endlich sein Augenmerk auf Siebenbürgen, um diese Provinz völlig dem ottomanischen Reich zu unterwerfen. Er achtete nicht auf die Stellung der Kaiserlichen bei Peterwardein, gieng den 24. August über die Donau, und rükte mit seinen Völkern durch Servien in das Bannat, unmittelbar auf Temeswar zu. Izt waren die Anstalten vereitelt, und der Kuhrfürst von Sachsen muste seinen Plan verändern. Er näherte sich sogleich der Theiß, und schikte **Veterani** ein Detaschement, welches dieser, nebst seinen eigenen Völkern und der zu Vertheidigung der Plazes nöthigen Artillerie, nach Lippa führen solte, um dem Sultan den Uebergang zu verwehren. Wirklich drang dieser, nachdem er sich einige Tage zu Temeswar aufgehalten, mit aller Macht auf die Festung los. **Veterani**, der sich nicht im Stande sah, sie zu vertheidigen, lies eine kleine Besazung von sechshundert Mann zurük: er selbst aber nahm seine Stellung bei Lugosch, in einer ebenen Lage, die mit vielen Sümpfen umgeben ist. Hier grifen ihn die Türken an, und mitten im heftigsten Gefechte fiel der Held; der Graf **Truchses** aber, der statt seiner das Kommando übernahm, wurde geschlagen, mit Verlust von beinah dreitausend Mann, einiger Offiziere, der Artillerie und nicht wenigen Fahnen (2). Doch dieses Unglük war nicht das ein-

(2) Ich habe eine Beschreibung des Lugoscher Distrikts gesehen, deren Verfasser, ein gewisser Rath Schmidt, Verschläge thut, wie man die versenkte Artillerie des Generals Veterani, in diesen Morästen aufsuchen könnte.

einzige. Auch Lugosch und Karansebes giengen verloren, indem der Oberste Pfefferhowen sich genöthigt sah, das lezte zu verlassen, nachdem er vorher alle Kanonen vernagelt hatte.

Izt sezte die türkische Flottille fünftausend Mann ans Land, welche, nachdem sie den obbeschriebenen Wall vor Titul gewonnen hatten, sich auch des Kastells selbst bemächtigten, eh der General Herbeville, den der Kuhrfürst von Sachsen, zu Kobila zurüklies, ihm zuhülfekam. Der Kuhrfürst selbst hatte sein Lager von Arad und der Theis, an die Marosch, in einer Meile Entfernung von Lippa, versezt. Hier erhielt' er die Nachricht van Veterani's traurigem Ende. Er fertigte dem Grafen Solari, der in Waradein kommandirte, dringende Befehle zu, die Besazungen von Giula, Jeno und andern Pläzen an der Theiß zu verstärken; er selbst, nachdem er einige Dragonerregimenter vorausgeschikt, brach mit der übrigen Armee auf, um den Paß von Deva zu gewinnen, welches der Eingang zu Siebenbürgen ist. In zehn Tagen hatt' er solchen erreicht, fest entschlossen, bis zum lezten Hauch den Feind davon abzuhalten.

Aber schon hatte Mustafa seinen Plan verändert. Stolz auf die erhaltenen Vortheile, lies er es dabei bewenden und zog sich über Karansebes, Mehadia, Schupanek nach Orsova, von dannen er den Weg nach Konstantinopel nahm. Er konnte auf seinem Durchzuge, die vielen Brandstätte und verheerten Pläze, nicht ohne Rührung sehn. Thun das die Christen unter sich? rief der Muselman aus, als man ihm sagte, daß dieses das Werk von Tekeli's Anhang sey. Zugleich befahl er den Kopf dieses Feindes Gottes und der Menschen nach Konstantinopel zu bringen, und statt des Begräbnisses auf die Modergrube der Juden zu werfen; (3) welches Urtheil er jedoch nachmals nur in ein ewiges Gefängnis verwandelte. Damit endigte türkischerseits der Feldzug; die Kaiserlichen bezogen die Winterquatiere nicht, eh sie Lippa, Lugosch, Karansebes und Titul wiedererobert hatten, in welche Plä-

(3) Wagner Ebend. Lib. XIII.

Pläze der Bassa von Temeswar nur kleine Detaschements von seiner Garnison, sie zu vertheidigen verlegt hatte.

Im folgenden Winter schikte Leopold den Grafen Rabutin, als Gouverneur nach Siebenbürgen. Unter andern Befehlen war ihm aufgegeben, die in dieser Provinz stehende Kriegsmacht zu vermehren; die Besazung von Waradein zu verstärken; diesen Ort mit Munition und Proviant zu versorgen; endlich die Bewegungen des Bassa von Temeswar zu beobachten, und die Distrikte zu schüzen, welche man in dieser Gegend innehatte. Der grossen Erschöpfung des Aerariums ohngeacht, fand man zu Wien doch Mittel, die sehr geschmolzene Armee wiederherzustellen, an deren Spize auch im folgenden 1696sten Jahr der Kuhrfürst von Sachsen blieb.

Diese Armee lagerte im Monat Julius noch zu Szegedin, während daß Mustafa mit seinen Völkern bis Nissa gekommen war. In einem Kriegsrath beschlos der Kuhrfürst, nebst den Generalen Caprara, Stahremberg und den übrigen vornehmsten Offiziers, daß man zum Schein die Belagerung von Temeswar vornehmen wolte, um den Feind zur Vertheidigung des Plazes und einem Treffen herbeizulocken, dessen Erfolg die weiteren Operationen von selbst anhandgeben würde. Und so rükte der Kuhrfürst mit fünftausend Mann Kavallerie und zweitausend Hussaren, auch vielen Freiwilligen — alle geführt von den besten Generalen, vor, um das Land, die Lage und Werker der Festung zu rekognosciren: er fand sie stärker noch, als sie im Rufe war, und mit zehntausend Mann besezt.

Mittlerweile hatte der Bassa Giafar mit der türkischen Flottille Salankemen erreicht. Da sein Auftrag war, Titul wegzunehmen, und er schon dohinterstund; so wurde der General Heidersheim, der mit seinem Detaschement zu spät gekommen war, schleunigst durch das Regiment Truchses, vier Kompagnien von Heister, welche zu Kiskanisa lagen, und zwei Eskadrons von Bagno und Marsigli verstärkt. Diese vereinigte Macht war kaum hinlänglich, Giafar von seiner Unternehmung abzuhalten. Der Kuhrfürst, wie er sich, mit Mühe zwar, dieses Postens versichert, und durch die Truppen, welche ihm der Graf Rabútin aus Siebenbürgen zuführte, verstärkt sah, gieng sogleich mit der Armee über die Theiß, arbeitete sich über den Morast Aranka hinaus, und schlug sein Lager gegen Temeswar auf.

Der Sultan, der schon zu Belgrad war, hatte unterdes zwo Brüken, eine über die Saw, die andere über die Donau geschlagen: es blieb immer noch im Zweifel, ob er Temeswar zuhülfekommen, oder einen Versuch auf Peterwardein machen würde.

Unter diesen Umständen war der Kuhrfürst unermüdet, jede, auch die kleinste, Bewegung des Feindes zu beobachten. Stahremberg, der seine Wachsamkeit theilte, muste eilends nach Titul marschiren, um das Aug über die Ufer der Theiß zu haben, und ihn sogleich von allen Anstalten des Sultans zu benachrichtigen. Er selbst gieng nocheinmal, Temeswar zu rekognosciren, und beschlos, izt den Plaz nur von einer Seite anzugreifen, sowol um seine Truppen zu schonen, als wegen des Umfangs der Werker, die er nicht wol alle hätte einschliessen mögen.

Da die Jahrszeit diese Arbeiten begünstigte, so machte man den Anfang damit, eine Linie von der seite der grossen Palanka aufzuwerfen. Vorher schon hatte Palfi die nöthige Artillerie und andere Maschinen von Arad zugeführet, und man konnte nun den Plaz beschiessen.

Aber izt kamen Nachrichten von Stahremberg, daß die türkische Flotille Vortheile über die Kaiserliche davongetragen; daß Mustafa über die Donau gegangen, und mit seinen Völkern in Bewegung sey, Temeswar zu entsezen; daher wurden alle Arbeiten eingestellet, man führte das Maschinenwerk zurük, und der Kuhrfürst brach mit seinem Lager auf, um dem Feind entgegen zu gehen.

Die Gefangenen eines zurükgeschlagenen Detaschements sagten aus: daß ein starkes Korps Spahis und Janitscharen sich zwischen zween Morästen

rästen verschanzt habe, welche die ausgetretenen Wasser der Temes und des Beg machen, daß ihre Fronte durch einen tiefen Graben geschüzt, von den Seiten aber die Lage theils mit Wagen verrammelt, theils durch Erdwälle und deren mit Kartetschen geladene Artillerie, gesichert sey. Es war wesentlich, die Türken ins freie Feld zu loken. Also zog sich die Armee auf dreitausend Schritte zurük; und wirklich krochen izt diese aus ihren Verschanzungen, wo sie zwar sich weiter ausbreiteten, aber doch aufs neue bis an die Zähne vergruben. Beiderlei Truppen hatten sich im Gesichte. Man fieng den 24. August an, einander wechselweise mit Kanonen zu begrüssen, und es schien, als ob etwas Entscheidendes darauf erfolgen solte. Den 25. stellte sich die christliche Armee in Schlachtordnung, am Beg, und nahm eine solche Lage, daß sie den Fluß im Rüken hatte. Einige leichte Truppen, die den 26. mit der Morgenröthe aufgebrochen waren, entdekten, daß die Infanterie und übrige Armee der Ottomanen, hinter einem niedrigen Gebüsche, welches ihren Marsch dekte, und nur eine Stunde Weges entfernt war, sich häufig näherten. Ihre Aussage bestättigte sich. Gleich lies der Kuhrfürst das Zeichen zum Angrif geben, und richtete, um den Feind früher zu erreichen, seinen Marsch gerad auf das Gebüsche zu. Der Muth der Truppen wuchs mit dem Wege, den sie machten; alles begehrte den Kampf. Doch die Türken wichen aus, das Gebüsche verbarg den Kaiserlichen ihre Bewegungen, und so befanden sie sich nun zwischen Temeswar und der christlichen Armee; auch sie hatten den Begfluß im Rüken, vor sich einen Morast, zur linken eine Zaunheke, und zur rechten einen diken, hochstämmigen Wald. Der Kuhrfürst hievon unterrichtet, beschlos, sie anzugreifen, eh sie ihr Lager vollendet haben würden. Dabei war keine Zeit zu verlieren; nur hinderte die Entfernung, in welcher sich die beiden Flügel der Armee befanden, sie so geschwind ins Treffen zu stellen, und den Staabsoffiziers die nöthigen Verhaltungsbefehle zuzufertigen. Unter diesen Umständen lies er sechs auserlesene Bataillons in das Gebüsche dringen, wo sie von der seite, wo sich der Feind durch die Zaunheke gesichert hielt, angreifen und nicht weichen solten, bis die übrige Armee am Gefechte theilnehmen konnte. Das Glük des Tages

 hieng

hieng an der Tapferkeit dieser Leute, daher er ihnen den Feldmarschal **Heideroheim** zum Führer gab.

Um sechs Uhr abends begann das Gefecht mit solcher Lebhaftigkeit, daß sie bald sich den blutigen Weg durch die gesagte Zaunheke geöfnet hatten, aber die Janitscharen feuerten fürchterlich hinter ihren Wagen hervor, die ihnen statt eines Bollwerks dienten. Demohngeacht hielten die Angreifenden aus. **Heideroheim** ermunterte die Standhaften, brachte die Flüchtlinge ins Treffen zurük, und gieng selbst immer voran, wo die Gefahr war, bis er mit einer Musketenkugel in der Brust, aus dem Gefechte gebracht wurde. (4). Izt war **Vaudemont** mit zwei Kürassierregimentern zuhülfegekommen. Aber die Türken wurden immer muthiger; mit verdoppelten Kräften verdoppelten sie ihr Feuer; bald riß die Unordnung, das Kind der Furcht, unter den weichenden Schaaren ein, und endlich floh man so schimpflich, als herzhaft man angegriffen hatte.

Unterdes zog sich die christliche Armee zusammen, und rükte mit dem Treffen vor, als einige tausende **Senderbeys** plözlich auf den rechten Flügel herstürzten. Es ist dieses eine Gattung Miliz (5), die von Wut und Fanatismus geleitet, Gefahr und Kampf wie Löwen und Tiger aufsuchen — grosse Belohnungen, oder Ehre und Tod: andere Betrachtungen machen sie nicht. Die spanischen Reuter (6) hielten diese nicht auf, und zugleich hatten sie auch zwei Regimenter Sachsen in Unordnung gebracht. Doch die Kavallerie, die izt ins Treffen kam, trieb sie zurük, und so konnten die weichenden Regimenter sich wiederherstellen. Gegenüber stürmten die Janitscharen auf den andern Flügel los. Ein Kavallerieregiment gab ihnen sogleich den Rüken; aber einige andere

wuschen

(4) Er starb einige Tage darauf zu Szegedin.

(5) Wag. Hist. Leop. Lib. XIII.

(6) Bekannte Maschinen, deren man sich aber heutzutage in keinem Treffen mehr bedienet.

wuschen den Schimpf wieder ab, indem sie nicht allein das feindliche Feuer aushielten, sondern die Angreifer selbst zur Flucht brachten, und sie bis an ihre Zaunheke verfolgten. Doch dort vereinigten sich die Spahis, und ein frischer Trupp Janitscharen mit den Flüchtigen, und die Kaiserlichen musten ihrerseits wieder weichen. Schon dieser ganze linke Flügel war völlig zurükgeschlagen, als das Regiment Caprara zuhülfekam, wodurch der gesunkene Muth so belebt ward, daß die Spahis für gutfanden, den kürzesten Weg hinter ihre Wagen zu suchen; denn damit war die ottomanische Armee reichlich versehen. Damit endigte der Tag, und die Dunkelheit unterbrach das Gefecht. Beide Armeen blieben über die halbe Nacht unter den Waffen, ohne zu wissen, welches die Ueberwundenen, welches die Ueberwinder waren. Die Christen verloren zweitausend zweiundachzig Mann Infanterie, und tausend einhundert sechsundvierzig von der Kavallerie: vielleicht mochte der Verlust der Feinde gleich seyn, mit dem Unterschiede nur, daß sie nicht wenige Kanonen und Feldschlangen erbeuteten, welche die Kaiserlichen aus Mangel des Zugviehes zurüklassen musten.

Man glaubte, das unterbrochene Gefecht würde sich mit dem folgenden Morgen erneuern; allein die Türken wendeten ihre Zeit an, den ruinirten Zaun herzustellen, und sich in ihrem Lager zu verschanzen. Demohngeacht verliessen sie solches, und nahmen ihren Weg in der stille gegen Heltin, und dann weiter nach Pancsova. Izt fürchteten die Kaiserlichen nicht mehr, daß der Feind bei Lippa und Deva den Eingang in Siebenbürgen versuchen würde, daher kehrte Rabútin mit seinen Völkern in diese Provinz zurük; Truchseß gieng mit den leichten Truppen an die Theiß; nach Arad aber wurde viel Infanterie geschikt. Das Kommando der übrigen Armee übergab der Kuhrfürst dem General Caprara, und er selbst begab sich nach Wien. Der Sultan war solange in Belgrad geblieben, da seine Armee über der Theiß gegen Peterwardein rükte. Das unbedeutende Kastell Moraviza war seine ganze Eroberung, die man zu Konstantinopel bei der Wiederkunft des Monarchen so sehr vergrösserte, daß es ihm glükte, im folgenden 1697sten Jahr ein mächtiges Heer aufzubringen, ohngeacht

acht die Feindseligkeiten mit Rußland, und der laute Aufruhr in Asien misliche Aussichten gaben. Er hatte beschlossen, Peterwardein zu erobern, und in Oberungarn und Siebenbürgen einzufallen.

Da der Kuhrfürst von Sachsen zum polnischen Thron gerufen ward, so übergab **Leopold** das Generalkommando seiner Armee in Ungarn dem Prinzen **Franz Eugen von Savoien**. Dieser Prinz, der nur fünfunddreissig Jahr alt war, hatte gleich damals, wie die Türken das leztemal die Belagerung Wiens unternahmen, nicht minder bei den Eroberungen von Ofen und Belgrad und dem Treffen, welches mit diesen Siegen Zusammenhang hat, schon glänzende Proben seiner Tapferkeit und tiefen Einsicht abgelegt, sowie er in den folgenden Jahren sich hervorthat, als er die kaiserliche Armee wider die Franzosen in Italien anführte.

Die Türken hatten ihre schönste Macht zusammengezogen, mit der sie bald Peterwardein anzugreifen, bald weiter gegen Szegedin vorzudringen, Miene machten, und **Eugen** stand ihnen entgegen. Soviele historische Federn haben seinen weisen Maasregeln Gerechtigkeit widerfahren lassen. Doch lieber liest man die Berichte, welche der Prinz selbst nach dem denkwürdigen Tag bei Zenta, es war der 11. September des gesagten Jahrs, an den Kaiser erstattet hat (7). Dieser Ort liegt an der Theiß, zwischen Titul und Kiskanisa. Man grif den Feind in seinen Verschanzungen an, die mit Artillerie überflüssig versehen waren, und in weniger als zwo Stunden war er völlig überwunden und in die Flucht geschlagen. Man zählte über zwanzigtausend Todte, die theils unter dem Schwerte des Siegers fielen, theils im Fluß umkamen, wo sich die Leichname an den Ufern aufthürmten, sowie das Schlachtfeld damit bedekt war. Der Feind lies unendliche Beute zurük. Alle Artillerie, Munition, Proviant, und Gepäke; eine Menge von Pferden, Kamelen, und Wagenwerk; grössere und kleinere Zelten, darunter des Großherrn eigenes, welches sehr reich und präch-

(7) Leben des Prinzen Eugen, I. Theil. Wagner Vita Leopoldi M. Lib. XIV.

prächtig war; unter vielen andern auch die grosse grüne Fahne, nebst einer Menge von Roßschweifen — Reichthümer genug wurden erobert, selbst das Siegel des Sultans nicht ausgenommen, welches der Grosvizir allezeit am Hals zu tragen pflegt; denn dieser blieb mit fünf andern Viziren, und eilf der vornehmsten Bassen auf der Wahlstadt. Seit dem grossen Johann Hunniades, hatten die Ottomanen keinen ähnlichen Verlust erlitten. Alle seine Völker waren zerstreut; und so rettete sich der Sultan, unter einer schwachen Bedekung von Spahis, ohne auf einem Wege von sechs Meilen anzuhalten, nach Temeswar, wo er sogleich die Thore schliessen lies. Unter grausamen Flüchen, welche er ausstieß, sah man ihn Thränen vergiessen, und Dinge begehn, die sehr unter seiner Würde waren. Wut und Ohnmacht — ohne Rache muste der Despot in seine Hauptstadt zurükkehren; Eugen aber fiel in Bosnien ein, und wie sein Ruhm, wuchs vor ihm das Schreken der Feinde, die izt unendliche Vergeltung alles zugefügten Schadens erwarteten. So sehr verkannten sie in ihrer Bestürzung den Sieger.

Noch in demselben Jahr wurde zwischen den christlichen Mächten der ryßwiker Friede geschlossen, welches den Kaiser in stand sezte, im folgenden 1698sten, seine Macht unzertheilt wider die Ottomanen zu kehren. Auch Mahomet wendete alles an, seinen Verlust zu ersezen. Durch den ganzen Umfang seines weiten Reichs sucht' er Truppen zusammenzubringen, und da sie nicht in solcher Menge, als man ihrer nöthig hatte, eintrafen; so lies er zu Konstantinopel die Fahne Mahomets ausstek en, welches immer das lezte Mittel ist, die Muselmänner aufzurufen. Izt boten ihm Lord Paget und Graf Collier, beide Minister, jener von England, dieser von den Generalstaaten, die Vermittlung ihrer Höfe an. Der Sultan hatte keinen besseren Ausweg; und nun dachte man nur darauf, Zeit und Ort zu den Unterhandlungen zu bestimmen.

Unterdes zogen sich die kaiserlichen Truppen vom Rhein nach Ungarn, und die Gegend um Salankemen solte der Sammelplaz für die ganze Armee werden.

Eugen langte bald selbst bei derselben an, um früher als die Türken, im Felde zu seyn; doch diese waren auch nicht müssig gewesen; sie stunden bei Belgrad, wo sie ihre Magazine hatten, und sich verschanzten, so gut sie konnten. Der Prinz sezte sich in Marsch und gieng bei Peterwardein über die Donau. Er näherte sich der Theiß, in der Absicht, auch über diesen Fluß zu sezen und die Türken anzugreifen, wenn sie aus ihren Verschanzungen gehen, und Belgrad verlassen solten. Er lies das Gerüchte verbreiten, als würde man Temeswar belagern, und um solches wahrscheinlicher zu machen, schlug er sein Lager, nachdem er wirklich über die Theiß gesezet, bei Becskerek auf, so, daß er die Moräste Jllancer zur rechten, und Alibonar zur linken hatte. Vergebens — die Türken waren nicht herbeizulokken. Izt macht er Bewegung über die Donau zu sezen, in der Hofnung, der Feind würde kommen, ihm den Uebergang streitig zu machen. Aber, entweder daß der Tag bei Zenta dem Geiste der Muselmänner noch gegenwärtig war, oder, daß sie vor Ankunft der dreissig bis vierzigtausend Tatarn, welche sie erwarteten, nichts unternehmen wolten — genug, sie blieben bei ihrer Unthätigkeit. Eugen kehrte nach Becskerek zurük. Nach reifer Ueberlegung, ob er Temeswar wirklich belagern, oder zur Eroberung von Bosnien zurükkehren solte, fand er endlich beide Unternehmungen unter den gegenwärtigen Umständen nicht möglich, durchzusezen. Und so blieb er in seiner Stellung. Auch der Anschlag auf ein türkisches Kommando, dessen Bestimmung war, sich in die Festung Temeswar zu werfen, mislang durch Verrätherei eines ausgerissenen Husaren, indem die Türken, wie sie die Gefahr witterten, nichts angelegeneres hatten, als ihren Marsch rükwärts zu nehmen.

Unterdes verwendeten sich die beiden Botschafter mit solchem Erfolg bei den kriegenden Mächten, daß man übereinkam, einen Friedenskongreß nach Karlowiz anzusezen, und wo bald auch ihre gevolmächtigten Minister eintrafen.

Eugen befand sich noch zu Becskerek, als die Präliminarartikel bekannt gemacht wurden. Da die Feindseligkeiten izt aufhörten, und diese Festung, so wie alle übrige, die er an der Theiß innehatte, in guten Vertheidigungsstand gesezt waren, lies er die Armee auseinander, und die verschiedenen Korps in ihre Standquartiere zurükkehren. Demohngeacht kam man mit den Traktaten erst nach einem Jahr ins reine, soviel Gegenstände musten erst verglichen werden. Ausser den Irrungen der Pforte mit der Krone Polen, und Republik Venedig, beschäftigte am meisten die Gränzberichtigung, sowol der kaiserlichen, als türkischen Besizungen in Ungarn und den anhängigen Provinzen. Es wird genug seyn, wenn ich von diesem Gegenstand nur soviel berühre, was das Bannat Temeswar betrift.

Diese Gegend in ihrer grösten Ausdehnung genommen, erstrekte sich von Abend, wo sie von der Theiß abgeschnitten wird, gegen Morgen bis an das eiserne Thor, oder Demircapi, über Orsowa, von der lezten seite die Gebirgskette mit einbegriffen, welche sie von der Walachei scheidet; gegen Mitternacht und Mittag machten die Marosch und Donau ihre Gränze, wie sie solche noch heutzutag machen. Davon besas der Kaiser, gegen Morgen und Mittag, Lugosch und Karansebes mit ihren Distrikten, die Almasch, und einen Theil von der Klissura; gegen Mitternacht an der Marosch, Lippa und Alt-Csanad; gegen Abend aber, ganz nah an der Theiß, Kiskanisa, Becse, Kikinda und Becskerek, welche leztere, wie bereits angemerkt worden, der Prinz Eugen mit gewafneter Hand erobert hatte. Und so lag um Temeswar herum ein Kreis kaiserlicher Kastelle und Festungen, welche diese Hauptstadt als ihren Mittelpunkt einschlossen. Der Sultan sah solches mit äusserstem Verdrus; daher es auch der Gegenstand war, der die Aufmerksamkeit seiner Minister vorzüglich heftete, und worüber sie unnachgebend waren, als die kaiserlichen Gevolmächtigten ihre ersten Vorschläge deswegen thaten.

Man verlangte die Gränzen der Provinz, besonders von der Morgenseite, zu berichtigen, eine gerade Linie von der Donau auf den Fluß Krajova, und von diesem an den Weg zu ziehen; so daß alles, was die Pforte noch in Besiz hatte, genau abgesondert würde, und die Klis-

 sura,

sura, Almasch, nebst den Distrikten von Lugosch, Karansebes und dem Gebirge um Orsova, auf der andern Seite blieb.

Doch davon waren die Türken weit entfernt. Vielmehr verlangten sie, daß nicht nur alle die gesagten Ländereien und Kastelle im östlichen Bannat, sondern auch die übrigen an der Marosch und Theiß, ihnen abgetreten werden müsten, da ohne sie für das übrige Land keine Sicherheit wäre, welches doch, wie sie behaupteten, ein Ganzes ausmachte, auf welches sie seit mehr als anderthalbhundert Jahren das Recht des Besizes für sich hätten, und welches man ihnen nicht nehmen könnte. Man stritt lang über die Richtigkeit dieser Forderung, und es kam bis zur Drohung, daß die Traktaten sich zerschlagen könnten. Endlich wurde jedoch alles dahin verglichen: daß beide Mächte, was sie gegenwärtig im Besiz hätten, behalten; daß Temeswar türkischer- und Arad kaiserlicherseits ausgenommen, alle übrige Festungswerker geschleift werden; die Ufer der Marosch im Bannat den Türken; gegenüber aber nebst den zugehörigen kleinen Inseln den Kaiserlichen verbleiben; Schiffahrt und Fischerei aber beiden gemeinschaftlich seyn solten.

Ebenso, wie zur Zeit der ottomanischen Eroberungen im J. 1552 viele christliche Einwohner des Landes, besonders Walachen, sich in die Distrikte von Lippa, Lugosch und Karansebes flüchteten, die damals, als Siebenbürgen angehörig, verschont blieben; so kamen izt, durch die kaiserlichen Privilegien und die Aussichten einer glüklicheren Zukunft angereizt, eine beträchtliche Anzahl Raizen, sowol aus der Provinz selbst, als aus Servien, um sich in dem grossen Strich Landes längst der Theiß hin anzusezen. **Arsenius Csernovics**, Erzbischof dieser Nation, hatte bereits den **Spiridion Siribicza** zum Bischof zu Karansebes oder Werschez geweihet, und den Stul zu Temeswar an **Isaja Diakovics** (8) übertragen, welcher seine Residenz nach Becskerek verlegte. Für die Katholischen sezte der Bischof von Csanad, damals **Steffan Tellekesi** (9) einen Erzpriester; übrigens befanden sich Missionarien vom Fran-

(8) Codex Archivi Ecclesiae Episc. Ratianorum Temesvar. Doc. XV.
(9) Szentinany Diss. paralipomenica rer. memorab. Hung. pag. 85.

Franziskanerorden hin und her zerstreuet, und auch die Jesuiten hatten noch zur Zeit der Regierung des Franz Rakozi, ein dergleichen Missionshaus zu Karansebes.

Izt dehnte sich das österreichische Gebiet im Bannat viel weiter aus, als es vor dem karlowizer Frieden sich erstrekt hatte. Nur einen flüchtigen Blik auf die Begebenheiten, welche den Zeitpunkt herbeiführten, der die ganze Provinz diesem milden Zepter unterwarf.

Es ist bekannt genug, daß, wie der Mannsstamm der Könige von Spanien, mit Karl II. erloschen war, ein Testament dieses Prinzen, troz der Ansprüche des Hauses Oesterreich, den Enkel Ludwigs XIV. auf den Thron sezte. Ein grausamer, blutiger Krieg erfolgte daraus. Um das Gleichgewicht unter den europäischen Mächten zu erhalten, erklärten sich England, Holland, Portugal, und nachmals in Italien auch der Herzog von Savoien, für Oesterreich, und im J. 1703. waren die Aussichten so günstig, daß der Erzherzog Karl, dem Leopold seine Rechte übertragen hatte, nach Spanien gieng, und unter dem Namen Karls III. die ihm gebührende Krone forderte. Um die österreichische Macht, die sich sowol in Spanien selbst, als in Flandern und Italien ausbreitete, zu zertheilen, wusten die Franzosen sich einiger misvergnügten ungarischen und siebenbürgischen Magnaten zu bedienen, indem sie in geheim den Geist des Aufruhrs auffachten, besonders aber durch Versprechen und Subsidien Franz Rakozi aufmunterten, einen Enkel desjenigen Rakozi, der 1660. nachdem er von Kemini und Haly, dem Bassa von Ofen, bei Klausenburg geschlagen worden, zu Waradein an seinen Wunden starb. Der Kaiser Leopold verlies das Zeitliche im J. 1705. und hatte nur die ersten Funken der Empörung auflodern gesehn. Josef I., der ihm in der kaiserlichen Würde, sowie in der Regierung seiner Erbkönigreiche folgte, fand schon alles in vollen Flammen; die Misvergnügten waren, nach mehreren Zusammenrottungen schon so sehr angewachsen, daß sie verschiedene Pläze und Schlösser wegnahmen, sich zusammenzogen, Ofen zu blokiren, Wien selbst mit der Belagerung drohten, und sich von Neuhäusel wirklich bemächtigten. Mit Rakozi hatten sich die Grafen Berenzini, Karoli und andere mächtige Herren verbunden. Michael II. Apasi hatte Siebenbürgen bereits verlassen, und lebte zu Wien als ein Privatmann; das Volk aber wolte die fürstliche Würde in der Provinz nicht erledigt sehn, und Rakozi selbst war es, auf den die Wahl ihrer geheimen Zusammentretungen fiel. Auch die Ungarn pochten auf die Erhaltung ihrer alten Privilegien, darin sie der Monarch doch nicht zu beeinträchtigen suchte, und erklärten ihren Thron für erledigt.

Mitten unter diesen Unruhen, und da der Hof soeben eine algemeine Amnestie für die Misvergnügten bekannt gemacht hatte, riß eine Pokenkrankheit Josef I. im April 1711. dahin; daher der König Karl Spanien verlies, um zu Frankfurt die kaiserliche Krone unter dem Namen Karls VI. anzunehmen. Die ungarische Krönung erfolgte im Jahr 1712. zu Presburg.

Izt endigte der Friede zu Utrecht im J. 1713. den Successionskrieg; durch die Traktaten zu Rastadt im J. 1714. trat Bourbon an Oesterreich die Niederlande ab; der Kaiser behielt in Italien, ausser Mailand und Mantua, auch das Königreich Neapel; er hätte nun Völker genug nach Ungarn führen können, die Misvergnügten zum Gehorsam zu rufen, und die lodernden Flammen des Aufruhrs mit Gewalt zu dämpfen. Karl VI. zog den Weg der Gnade vor. Ueberhaupt zeichneten Liebe zur Menschheit und den Künsten des Friedens überall diesen Fürsten, der seinen Wehrt darinn sezte, ein Vater der Völker zu heissen. Seine Waffen waren nur für den Erbfeind des christlichen Namens bestimmt.

Zu Konstantinopel war Mustafa II. bereits im J. 1703. vom Thron gestossen, und Achmet II. darauf erhöhet worden. Seine Völker hatten solche Vortheile über die Russen davongetragen, daß Peter der grosse an der Spize einer mächtigen Armee im J. 1711. den Frieden an den Ufern des Pruth erkaufen muste; und stolz auf diese Siege, dachte der Sultan seine Waffen nun auch wider andere

Mächte

Mächte zu kehren. Die Venezianer waren die ersten, denen er im J. 1715. den Krieg ankündigte. Die Landung der Türken auf Morea, ihre Kriegszurüstungen zu wasser und zu land, musten den Hof zu Wien aufmerksam machen, und bei der Gefahr, welche der Insel Korfu drohte, konnte der Kaiser nicht unthätig bleiben. Diese Insel ist allezeit als eine Vormauer Italiens angesehen worden. Ueberdas waren starke Gründe da, zu vermuthen daß die Türken, nachdem sie die Republik Venedig eines theils ihrer Staaten beraubt, sicher ein Aug auf Ungarn und die Pläze richten würden, welche sie im karlowizer Frieden abzutreten sich genöthigt gesehen.

Die Pforte schikte einen Aga nach Wien, um den Kaiser auf andere Entschliessungen zu vermögen. Aber der standhafte Monarch dachte nicht anders, als Bundesgenossen zu vertheidigen, die mit ausgezeichneter Treue die Bedingungen erfüllt hatten, welche sie mit K. Leopolden eingegangen waren; und so wurde, nach den gegenseitigen Manifesten, Anstalt zum Feldzug des folgenden 1716. Jahrs getroffen.

Der Hofkriegsrath zu Wien lies die Armee sich in drei Korps zertheilen: das erste von sechzigtausend Mann solte der Prinz Eugen selbst; das zweite von dreissigtausend der Graf Guido von Stahremberg; das dritte von zwanzigtausend der General Heister anführen. Rekruten und Bedekung der Proviant- und Munitionswägen folgten der Armee, oder giengen voraus.

Türkischer seits zeigte man nicht weniger Lebhaftigkeit. Nicht nur wurden zu Konstantinopel die Roßschweife ausgestekt, und die Werbungen mit gröstem Eifer betrieben; auch alle Bassen erhielten Befehl, aufs schleinigste die Truppen zusammenzuziehen, welche sie aus ihren Statthalterschaften zu stellen hatten. Der Grosherr zweifelte nicht, daß der erste Angrif auf Temeswar seyn würde. Er lies nicht allein die alten Festungswerker herstellen, sondern auch neue hinzufügen; zu welchen Arbeiten man dreizehntausend Walachen gebrauchte, die

die man aus ihrem Lande trieb, weil sie den unerschwinglichen Tribut nicht bezahlen konnten, der der Walachei aufgelegt war. Ein Heer von zweihunderttausend Mann Türken und Tatarn, solte sich so vertheilen, das sie von der einen seite Dalmatien dekten, von der andern aber gegen die Donau vorrükten, wo allem Anschein nach der Schauplaz des Krieges seyn würde.

Alle diese Zurüstungen durften den Muth des Kaisers nicht schwächen. Er konnte auf eine Armee von mehr als hundertfünfundzwanzigtausend Mann rechnen, auch fehlt' es nicht an Gelde, da ihm das deutsche Reich Subsidien von funfzig Römermonaten verwilligte; wozu noch ein Indult des römischen Hofs kam, vermög welchem er den Zehenden, von allen geistlichen Gütern der gesamten Erbländer, erheben mochte. Bei so ausgebigen Mitteln hofte **Karl** den glüklichsten Ausgang, und seine Erwartung betrog ihn nicht.

Es war der Kommandant von Peterwardein, Freiherr **Löffelholz**, welcher die Feindseligkeiten, mit Wegnehmung des wichtigen Postens Mitrowiza, am Zusammenflusse der Sawa und Donau, eröfnete. Der Bassa von Belgrad beklagte sich deswegen, welches unter den Umständen ein sehr unnüzes Ceremoniel war. Dreitausend Mann Kaiserliche bemächtigten sich bald darauf, zu Anfang Julius, auch des Forts Rathza, fünf Meilen beides von Peterwardein und Salenkemen; da denn die türkische Besazung den Weg nach Belgrad nahm.

Unterdes traf der **Prinz Eugen** bei der Armee ein, die sich bei Peterwardein gelagert hatte, und wo er den 17. des gesagten Monats Generalrevüe hielt. Der Eifer, unter einem so berühmten Feldherrn den Weg der Ehre zu treten, hatte den vornehmsten Reichsadel, viele Fremde von grosser Geburt, und mehrere Prinzen zu den kaiserlichen Fahnen gerufen, unter denen sich auch **D. Emanuel**, Bruder des Königs von Portugal befand.

Die ottomanische Armee kampirte seit zehn Tagen zwischen Semlin und Wanowiz, wo der Grosvizir den 28sten ankam, und mit anfang Augusts gegen Salankemen vorrükte, wo er sich sehr vortheilhaft zu lagern wuste. Die Türken breiteten aus, als würden sie mit aller Macht Peterwardein angreifen. Die kaiserlichen Truppen, welche dahinmarschirten, warfen sich in das Hornwerk, und die Feldartillerie mit einigen Regimentern Reuterei postirte sich vor dem Thor Ratse. Auf die Nachricht, daß der Grosvizir Brüken über den Sawstrom geschlagen, und schon einen Theil seiner Armee übergesezet, schikte Eugen den General Palfi mit sechzehnhundert Pferden aus, ihn zu recognosciren. Dieses Korps bestund aus Deutschen, Ungarn und Raizen. Er sties auf einem Trupp ottomanischer Reuterei, der ihm sehr überlegen war, und ohngeacht der erhalteren Verstärkung, muste dieser General dennoch weichen, nicht ohne vorher ein vierstündiges, sehr hartnäkiges Gefecht auszuhalten, worinn er bei vierhundert Mann Todte und Verwundete lies. Das traurige Schiksal des Generals Breuner, der in feindliche Gefangenschaft gerieth, werden wir in der Folge sehn.

Nach der Zurükkunft des Grafen Palfi, hielt Eugen einen grossen Kriegsrath bei Futak, etwas über Peterwardein, an dem entgegenstehenden Ufer der Donau; man beschlos über den Fluß zu sezen, und gegen den Feind zu marschiren. Den Herzog von Würtenberg, der ein Korps von vierzehntausend Mann bei Szegedin kommandirte, und izt bei der grossen Armee ankam, lies der Prinz weiter vorrüken, und in der Ebene von Peterwardein sich lagern. Die ganze Infanterie hatte ihre Stellung zwischen gewissen Schanzen genommen, die vom vorigen Krieg noch übrig waren. Die Türken näherten sich solchen noch denselben abend, und arbeiteten die ganze Nacht hindurch mit solcher Lebhaftigkeit, daß sie am Morgen schon eine Linie längs der ersten Verschanzung der Kaiserlichen aufgeworfen hatten, die in einigen Gegenden nicht weiter als sechzig oder hundert Klafter davon entfernt war. Ihre erste Sorge war, Batterien mit Kanonen und Mörsern aufzuführen, die beständig fartspielten und vom

Musketenfeuer kräftig unterstüzt wurden, welches die Kaiserlichen nicht träger beantworteten.

Nun war es beschlossen, die Ottomanen anzugreifen, und der 5. September der Tag zu den Anstalten, die man den Generalen schriftlich zustellte. Es solte der Kavallerist mit vierundzwanzig, der Infanterist mit dreissig Patronen, und der Grenadier mit 4. Granaten versehen werden; die Artilleriepferde und Munitionswägen in Bereitschaft seyn; das Gepäke hinter der Armee bleiben, und niemand sich mit mehr beladen, als er im Treffen brauchen würde; endlich die von Szegedin gekommene Kavallerie und Infanterie, mit anbrechenden Tag über die Donau sezen, nachdem man zu dem Ende eine Brüke über diesen Fluß geschlagen. Die Kavallerie sonderte sich in sechs verschiedene Korps ab, die durch die beiden Flügel der Armee vertheilet wurden. Der rechte Flügel bestund aus vierundachzig Eskadrons, sechsunddreissig Battaillons Infanterie, einen Reservekorps von fünfundzwanzig Hussarenbattaillons; und diese ganze Armee in Schlachtordnung gestellt, mochte sich auf eine Meile weges ausbreiten. Soweit, und etwas mehr, erstrekten sich ihre Verschanzungen; die Kavallerie von der rechten Seite, war durch einen Morast, die gegenüber aber durch Anhöhen gedekt, die sich in einen Abgrund endigten.

Während diesen Anstalten kamen die Türken von allen seiten in Bewegung. Sie waren hundertfunfzigtausend Mann stark; darunter vierzigtausend Janitscharen und dreissigtausend Spahis, das übrige Tataren, Walachen, Arnauten, Asiaten, und ähnliche Völker. Ein zahlreiches Reservekorps, welches die ganze Aktion hindurch unthätig blieb, ist hier nicht mitgerechnet.

Beide Armeen solchergestalt in Bereitschaft, lies Eugen um sieben Uhr morgens das Zeichen geben. Der Herzog Alexander von Wirtemberg, mit seiner Brigade von sechs Battaillons, eröfnete den Kampf, forcirte eine feindliche Batterie, und hatte sich deren bald bemächtiget Die Kavallerie grif mit gleichem Erfolg an. Schon erklärte sich der

Sieg

Sieg für die Kaiserlichen, und man frohlokte, daß er so wenig Blut gekostet, als man auf einmal den rechten Flügel der Infanterie einbrechen sah, und zwar aus einer Ursach, die eine ganz entgegengesezte Wirkung hätte haben sollen. Die Verschanzungen, aus denen diese Infanterie herborrükte, obschon etwas beschädigt, waren es nicht sosehr, daß man in Reih und Gliedern hätte ausmarschiren können; daher sie in acht Kolonnen defilirten. Ihre Ordre war, sich sogleich vor den Linien auszubreiten. Aber der wenige Raum, der zwischen ihnen und den Arbeiten der Türken war, lies solches nicht zu, und sezte diese Kolonnen dem Feuer des Feindes aus, der, sobald er nur Köpfe wahrnahm, mit grausamen Geschrei sich aus seinen Schanzen stürzte, und wütend über die deutsche Infanterie herfiel. Unerschroken hielt sie den Stos aus, trieb ihn zurük und gewann mehr als zwanzig Schritte Land über ihn. Doch dieser Vortheil war nur vorübergehend. Das ganze Janitscharenkorps, welches im Thal postirt war, drängte sich heran; die zur hälfte vorgerükten Kolonnen konnten den lebhaften, hartnäkigen Angrif nicht aushalten, und die Türken, die sich ihres Vortheils bedienten, waren schon über die erste Linie; doch, wie sie sich der zweiten näherten, verlies sie das Glük. Die deutsche Kavallerie, welche von beiden seiten die Infanterie unterstüzen solte, war näher gekommen, brachte diese wider in Ordnung, und nöthigte den Feind, sich zurükzuziehen. Soviel auch der linke Flügel dieser Kavallerie anfangs vom Kanonenfeuer gelitten hatte, war er doch der erste, der bis an die Wagenburg, welche die Türken vor sich hergezogen hatten, durchdrang, und sich mehrere Zugänge öfnete. Izt fiengen diese an zu weichen, wodurch die kaiserliche Armee Land gewann, sich in Bewegung zu sezen; und nun kamen die Unglaubigen überall in Unordnung, verliessen ihre Wagenburg, Hauptquartier und Lager, mit aller Artillerie, Munition, Wagenwerk, Zelten, und ihrer Feldkanzlei. Es war nur erst zwei Uhr nachmittags, und die Kaiserlichen hatten sich schon des ganzen Lagers der Feinde bemächtiget, die auf diesen Tag über dreissigtausend Mann verloren, wenn man diejenigen, die in der Saw verunglükten, mitzählet. Man gab das Lager den Soldaten preis, die hundertzweiundfunfzig Fahnen und Standarten, hundertfunfzig Kanonen von verschiedenen Kaliber, 5. Roßschweife und drei paar Pauken eroberten.

 Nach

Nach der Niederlage der Janitscharen, brachte der Groswizier noch zweitausend Pferde von seiner Leibwache zusammen, mit denen er die Defileen vorbeimarschirte, um die Kaiserlichen anzugreifen, die mit Verfolgung der Flüchtlinge beschäftiget waren. Aber bald sah er sich von seinen Leuten grossentheils verlassen, und erhielt zwei Wunden, an denen er den folgenden Tag zu Karlowiz verstarb. Eine Stunde vor seinem Tod stiftete er noch ein Denkmal seiner Grausamkeit, und seines Christenhasses, indem er den Grafen **Breuner** ermorden lies, der bei der oberührten Gelegenheit in seine Gefangenschaft gerathen war. Unter den Todten befanden sich noch der Janitscharenaga, nebst andern Häuptern des ottomanischen Heeres; der Verlust der Kaiserlichen aber stieg nicht auf viertausend, Todte sowol als Verwundete.

Mit dem Hofe zu Wien nahm die ganze Christenheit an diesem herrlichen Siege theil. Der Pabst schikte dem **Prinzen Eugen**, den geweiheten Degen und Hut — ein Geschenke nur für Helden bestimmt, sie zu grossen Thaten aufzufordern, oder zu belohnen, wenn sie ausgezeichnete Siege über die Unglaubigen erhalten haben.

Soeben, als das päbstliche Schreiben anlangte, war **Eugen** im begrif, ins Bannat vorzurüken, und die Belagerung von Temeswar anzufangen. In dieser Absicht lies er sechzehn Kavallerieregimenter unter dem Grafen **Palfi**, und zehn Battaillons Infanterie unter dem Herzog von **Wirtenberg** aufbrechen, welche einstweilen den Plaz angreiffen sollten, bis er selbst mit der grossen Armee folgen konnte.

Palfi beschleinigte seinen Marsch, um bei Sablia über die Theiß zu sezen; nur war der Fluß so angeschwollen, daß er den Weg weiter nach Zenta nehmen muste, wo er zwar keine Schwierigkeit überzusezen, aber ein Korps Spahis fand, die ihm den Paß streitig machten. Doch diese schlug er in die Flucht. Und so kam er nach ohngefähr zehn Meilen weges vor Temeswar, welches er, sogut er konnte, einschlos; denn die ganze Gegend zu besezen hatt' er nicht Truppen genug.

Ich habe bereits im Vorhergehenden die Lage dieser Festung beschrieben, wie sie auf einem morastigen Boden ruhet, und von den ausgetretenen Wassern des Flusses, und durch sie verursachten kleinen Inseln umgeben wird. Ich will mich nicht selbst abschreiben; aber die neuhinzugekommenen Werker darf ich auch nicht übergehn. Damals also hatte Temeswar drei verschiedene Abtheilungen; die Stadt, das Schloß und die Palanka. Leztere, oder der Raum innerhalb den Palisaden, machte eine Vorstadt, die mehr Einwohner, als ganz Temeswar zusammengenommen, enthielt; die Palanka selbst war ein Festungswerk, mit einem Graben nach türkischer Art versehen, und mit Ziegelsteinen verkleidet. Die Werke der Stadt waren etwas regelmässiger. Sie hatte gute Aussenwerke, einen verdekten Weg, doppelte Graben, beide mit Wasser, und einen starken festen Wall. Die Aussenwerke waren zwar nicht mit Mauerwerk verkleidet, wie der Graben der Palanka; aber sie hatten ringsumher starke, eichene Pfäle von funfzehn bis achtzehn Zoll im Durchschnitt, die sehr tief in die Erde eingegraben waren, und doch über sieben Fus in der Höhe hatten, welches eine vortrefliche Palisade machte. Das Schloß war fast auf gleiche Art befestiget; lag hinter der Stadt, und hatte gleichergestalt eine kleine Palanka zur Schuzwehr hinter sich.

Der Prinz **Eugen**, nachdem seine Truppen einige Tage, an den Ufern der Donau, von der seite von Futak gerastet, sezte sich nun in Marsch, und weil die Infanterie, wegen der äussersten Hize, keine starke Tagreisen machen konnte, gieng er mit der Kavallerie bis Zona voraus, wo man wieder anhielt, bis die Infanterie nachkam. Endlich den 25. August traf der Prinz mit seinem Dragonerregimente, und dem von **Wirtenberg**, im Lager vor Temeswar ein. Den folgenden Tag war die ganze Armee da, und die Truppen vertheilten sich, wie sie ankamen, auf die ihnen bestimmten Posten. Eine Kommunikation zwischen den verschiedenen Quartieren herzustellen, wurden Brüken über die Moräste geschlagen.

Nunmehr geschah der erste Angrif auf ein Lusthaus, welches der Bassa (10) in einer von den Vorstädten hatte. Die Türken waren bald entschlossen. Sogleich verliessen sie es; vergassen aber nicht, vorher Feuer anzulegen, worinn die ganze Vorstadt, nebst den Magazinen aufgieng, welche sie mit grosser Mühe und nicht weniger Kosten angelegt hatten.

Den 29. lies Eugen eine Moschee, unter der Palanka, durch dreissig Grenadiers angreifen. Sie war völlig unvertheidigt, und also auch gleich weggenommen, da die Muselmänner sie lieber verlieren, als entheiligen wolten. Man verlegte eine ganze Kompagnie dahin.

Nachdem unser Feldherr die Lage genau untersucht, und alle Maasregeln genommen hatte, wurden in der Nacht vom ersten zum zweiten September, zur linken der gesagten Moschee nur vierhundert Schritt von der Palanka, die Laufgräben eröfnet. Man formirte zwei Attaken, die eine rechterhand gegen das Forforoser, die andere linkerhand gegen das Mertoroserthor. Der Prinz Alexander von Wirtenberg kommandirte dieses Detaschement, und hatte den Feldmarschal Grafen d'Ahumada, und den Generalfeldwachtmeister Herzog von Ahremberg unter sich. Die schwere Artillerie, welche man von Peterwardein mit Ungedult erwartete, kam den folgenden Tag bei den Belagerern an.

An ebendemselben Tag stellte sich der Graf Max von Stahremberg, mit dem Feldmarschal Wallis und Generalfeldwachtmeister Marchese Marcilly in die Transcheen, und man kam mit den Arbeiten soweit, daß die Arbeiter nebst den Truppen, welche sie unterstüzten, schon vor den Kanonen der Festung sicher waren. Demohngeacht wäre der Prinz Emanuel von Portugal, der sich zuweit gewogt hatte, beinah umgekommen. Eine Kanonenkugel, die aus der Palanka kam, tödtete sein

(10) Dieses Haus ist neuerlich auf Kosten des Hofs sehr schön hergestellt worden, um den k. k. Landesadministrazionspräsidenten zum Sommeraufenthalte zu dienen. Es heisset noch izt Bassabrunn. S. den folgenden Brief.

sein Pferd, und streifte ihn am Knie, so, daß Eugen, als kommandirender General, diesem Prinzen nach seiner Wiedergenesung verbieten muste, sich ähnlichen Gefahren auszusezen.

Den 3ten kam man mit der Parallellinie, von der linkenhand über dreihundert zwanzig Schritt weit vor, und errichtete an der Spize derselben eine Redoute mit ihrem Waffenplaz. Zugleicherzeit wurden zwo Batterien mit achtzehn Kanonen aufgepflanzet, von denen man den 6ten mit ziemlichen Erfolg zu feuern anfieng; am 7ten aber waren alle diese angefangene Arbeiten vollendet, und eine Linie von zweihundert zwanzig Schritten gezogen, welche die Kommunikation mit der zwoten Parallellinie erhielt.

Am 8ten kam die Nachricht ein, daß dreizehn, bis vierzehntausend Tatarn, auf funfzig Barken bei Panksova über die Donau gesezet, um das Land an der Temes zu verheeren, und alles Fouragiren der christlichen Armee zu verhindern.

Den 9ten thaten die Belagerten den ersten Ausfall, der jedoch nur unbedeutend blieb, ob er schon von dem beständigen Kanonenfeuer der Festung unterstüzt war. Ein Detaschement der Garnison grif die Arbeiter mit dem Säbel in der Faust an, und war mit brennenden Fakeln versehen, um Faschinen und Geräthe in Brand zu steken; allein es gelang ihnen nicht, und sie wurden nach der Festung zurükgetrieben.

Es fiel nichts merkwürdiges vor bis zum 19ten, da man die Batterien völlig zustandegebracht, die Approschen bis auf dreissig Schritte von dem Graben der Palanka eröfnet hatte, und Bresche schiessen konnte. Der Graf Harrach, welcher die Linie besezte, war unermüdet, die Arbeiten zur Vollkommenheit zu bringen, und die Quartiere zu deken, die um den Graben herum angelegt waren. Auch lies er an zwei Orten Minen anlegen.

Den

Den 20ten kam der Graf **Stainville**, den **Eugen** aus Siebenbürgen berufen hatte, mit zwei Battaillons vom Regiment **Wirmont**, einem von **Brown**, einem von **Ottokar Stahremberg**, drei Kompagnien Grenadiers, und den Kürassierregimentern **Stainville** und **Neuperg** im Lager vor Temeswar an.

Den 22sten Abends gab Graf **Palfi** die Nachricht, daß seine, auf Kundschaft ausgeschikte Hussaren, die türkische Armee vorrüken gesehen, und daß sie im Marsch sey, ihn anzugreifen.

Wirklich machte der Feind in der Nacht vom 23 bis 24sten einen Versuch, zwölftausend Mann, theils Spahis, theils Tatarn, in die Festung zu bringen. Sie hatten noch überdas fünf bis sechshundert auserlesene Janitscharen rüklings auf ihre Pferde genommen; die übrigen trugen Säke mit Pulver, Reis, Mehl, Zwiebak und anderem Vorrath hinter sich, an dem die Garnison Mangel litt. Diesen Sukkurs sicherer an den Ort seiner Bestimmung zu bringen, schikte der Seraskier von Belgrad ein Detaschement von zweitausend Türken und achttausend Tatarn, um das Quartier des Grafen **Palfi** anzugreifen, und die Belagerten solten die Unternehmung durch einen Ausfall unterstüzen. Er selbst, wie man hernach erfuhr, hatte das Kommando übernommen, und seine Leute aufzumuntern, allen, die mit ihm über die Donau gesezt waren, Mann für Mann einen Dukaten reichen lassen.

Eugen, von den Absichten der Ottomanen beiläufig unterrichtet, kam mit einbrechender Nacht in **Palfi's** Quartier, und lies die Brigade des Grafen **Max Stahremberg** von eilf Battaillons, und vierundzwanzig Kanonen, mit Kartätschen geladen, sich in Marsch sezen. Doch es war keine Zeit mehr, Anstalten zu treffen. Eine halbe Stunde darauf griffen die Türken mit lautem Geschrei, wie es ihre Gewohnheit ist, das Quartier an; die kaiserliche Kavallerie aber, die längst der Circumvallationslinie gestellt war, hielt ihren ersten Stos mit ausserordentlicher Stärke aus, und brachte sie zum weichen. Doch das benahm ihnen den Muth nicht. Sie wiederholten zweimal den Angrif und wurden ebensooft zu-

zurükgeschlagen. Endlich machten sie den lezten Versuch, wenigstens einige hundert Janitscharen in die Festung zu bringen: auch dieses gelang nicht, und das Kartetschenfeuer richtete eine grausame Niederlage unter ihnen an. Die Belagerten hatten an der ganzen Aktion keinen Theil genommen. Man will behaupten, die Garnison habe die Stunde zum verabredeten Ausfall später gehabt, als die Angreifenden in ihrer Ungedult erwarten konnten.

Aus der Zahl der Todten, welche die Türken auf dem Plaz liessen, mochte ihr Verlust beträchtlich seyn; denn nur diese beliefen sich auf viertausend, und die reiche Kleidung verrieth viele Offiziers darunter. Die Kundschafter und Gefangenen bestättigten, daß das ganze Korps siebenundzwanzig bis achtundzwanzigtausend Türken und Tatarn ausmachte; alle kamen überein, daß es den Kern der Janitscharen aus allen Truppen des Grosherrn unter sich hatte, und diese sechshundert Mann Janitscharen litten mehr als alle übrigen, da sie wiewol vergebens, alle Gewalt anwendeten, um sich in die Festung zu werfen. Die Belagerten thaten nachdem einen Ausfall mit Infanterie und Kavallerie; aber das türkische Detaschement hatte sich schon zurükgezogen, und sie musten ein gleiches thun.

Am 15ten stund der **Prinz von Bevern** an der Linie; man kam mit den Arbeiten bis an die Galerien und Brüken des Grabens der Palanka, und noch denselben Tag machte man die nöthigen Anstalten, um den folgenden Sturm anzuschlagen. Es war das dritte oder viertemal; aber das starke Feuer der Belagerten, und die Bomben, die aus der Palanka hergeflogen kamen, vereitelten auch diesen Versuch. Unterdes war der Begfluß sehr angeschwollen, und sezte alle Arbeiten unter Wasser. Izt wurde der 30ste September dazu festgesezt. Der **Prinz Alexander von Wirtemberg**, der diesem Tag sich in den Linien befand, war der Anführer, und hatte d'**Ahunada** und **Leinbruk**, nebst den Generalmajors, **Langlet**, **Liebenstein** und **Wallis** unter sich. Die Mannschaft bestund aus dreitausend Grenadiers, von dreissig Battaillons und zweitausend siebenhundert Pontoniers

niers unterstüzt. Sie war in drei Korps vertheilet, um zugleicherzeit in drei verschiedenen Lagen anzugreifen.

Eugen gab dem Grafen Palfi Befehl, einen verstellten Angrif auf die kleine Palanka zu thun, um die Türken auf diese seite zu ziehn, und ihre Stärke zu theilen. Doch unvermerkt war mit Stellung und Vertheidigung der Truppen auf ihre Posten, der Tag verstrichen: es kam zu keiner Aktion mehr, und die Mannschaft blieb die ganze Nacht hindurch unter den Waffen, ohngeacht des starken Regens, der bis an den Morgen dauerte, welches der erste Oktober war. Eugen hatte sich an einer Batterie postirt, wo er seinen ganzen Plan übersehen konnte, und eine Generalsalve von allen Batterien der Approschen gab das Zeichen zum Angrif.

Damit rükten die Truppen muthig aus den Linien. Die Grenadiers waren die ersten, welche theils über die Galerien, theils durch den Graben vorrükten, und sich eines Parapets bemächtigten, wo nach einem lebhaften und hartnäkigen Gefecht, und tausend Proben der Tapferkeit, sie linkerhand posto faßten, und die Türken, die nicht unter ihrem Schwert bleiben wolten, in die Stadt jagten.

Sogleich rükte ein Battaillon auf den verlassenen Posten, und besezte die Palanka, wo es sich so gut zu behaupten wuste, daß die Türken, wie sie sich wieder in Ordnung brachten, und zurükkehrten, abermals weichen und sich mit dem traurigen Vortheil begnügen musten, daß sie die Palanka hinundwieder in brandstekten. Das hinderte die übrigen Battaillons nicht, sich in der Vorstadt zu postiren, und die Arbeiten zu benüzen, welche die Türken dort errichtet hatten. Sie waren damit auf achtzig bis hundert Schritt von dem Graben der Festung vorgerükt, hatten in gleicher Entfernung angefangen, eine Parallellinie zu ziehn, und überhaupt soviel möglich war, ihre von dieser Seite angelegten Quartiere zu verschanzen.

Es brauchte den ganzen Muth, die ganze Unerschrokenheit der deutschen Offiziere und Soldaten, um über die unbeugsame Hartnäkigkeit der Muselmänner zu siegen, die überhaupt, wenn sie eine Bresche zu vertheidigen haben, fürchterlich sind; theils wegen ihrer Geschiklichkeit, den Säbel zu gebrauchen, theils weil es ein Nationalgrundsaz bei ihnen ist, keinen Plaz zu verlassen, wo sie einmal festen Fus gesezt und Moscheen errichtet haben.

Diese Aktion dauerte beinah vier Stunden, und war sehr blutig. Die Kaiserlichen hatten 1327 Verwundete, und über 400 Todte, unter welcher Zahl 33. Hauptleute, 52. Leutenants und 123. Unteroffiziere, nicht mitbegrifen sind. Doch war der Verlust der Feinde unendlich stärker. Man fand in der Palánka eine beträchtliche Menge von Pferden und anderem Vieh, soviel auch dessen durch das Feuer umgekommen war, welches sowol die Türken bei ihrem Rükzug, als die Kaiserlichen selbst, an gewissen Gebäuden, wo einige Detaschements der Garnison sich verschanzt hielten, angelegt hatten, und welches nach acht bis zehn Tagen noch nicht ganz erstikt war. Man rechnete auf tausend zweihundert abgebrannte Wohnungen im Umfang der Palanka — so weit breitete sie sich aus, und so stark war ihre Population.

Durch äussersten Fleiß kam man den 3ten Oktober mit der Parallellinie bis an die Spize eines Halbenmondes der Belagerten. Das Feuer von beiden seiten war gewaltig; doch mehr noch von den Kaiserlichen.

Den 4ten hatte man eine zwote Parallellinie, links der Palanka, über zweihundert sechzig Fus verlängert, wo sie durch einen Morast abgeschnitten wurde. Den nämlichen Tag lies Eugen noch überdas von der Seite des Angrifs, eine Batterie von funfzig schweren Kanonen errichten, und sieben Mörser aufführen, welches man in der Nacht vorher mit grosser Gefahr zustandegebracht hatte, da die Kommandirten währender ganzen Arbeit den Kanonen der Festung ausgesezt waren.

Den folgenden Tag brachte man zu, die Batterien zu vollenden, und da den 6ten alle Arbeiten fertig waren, fieng man an, aus 14. Mörsern zu feuern; welches nicht wenig Lärm und Unordnung in derselben verursachte. Den 7ten wurde zur rechten seite des Angrifs, an einer Redoute gearbeitet, um die wider die Stadt ausgeführte Batterien zu schüzen, und zugleich eine neue Batterie auf der Palanka angefangen, um die Türken von ihren Kanonen zu vertreiben. Auch hatte man auf der linken seite, nur funfzig Schritt vom Graben, ein Quartier angebracht, und vollends die Mörser ausgeführt, so daß deren nun dreissig waren, die ohne aufhören ihre Bomben in die Stadt schleuderten. In den drei folgenden Tagen wurden die Arbeiten lebhaft betrieben, um die Batterien in solchen Stand zu sezen, daß man Bresche gegen die Hauptfestung schiessen konnte. Hiezu wurde am 11. der Anfang gemacht, und ein fürchterliches Bombardement fortgesezet. Die Türken antworteten nur schwach, weil ihre Batterien durch das ausgestandene Feuer schon ruinirt waren; den 12ten hatten sie solche hergestellt; ihre Kanonen spielten fürchterlich heraus, und wurden bis an die Nacht von einem so lebhaften Musketenfeuer unterstüzt, daß man schon für den Ausgang der Unternehmung fürchtete, so wachsam auch **Eugen** war, und sogut er seine Maasregeln genommen hatte. Noch behielt der Soldat den alten Muth; aber die Jahrszeit war verändert, der beständig fallende Regen drohte die Laufgräben auszutränken, und die Belagerer zum Abzug zu nöthigen. Das muste erfolgen, wenn die Türken noch einige Tage sich gehalten hätten. **Eugen** selbst glaubte nicht anders, als man den 13ten, als dem achtundvierzigsten Tage der Belagerung, die weisse Fahne auf einem von den Werkern der Festung wehen sah. Der Prinz von **Wirtenberg**, welcher die Wache hatte, gab sogleich Nachricht davon, und **Eugen** war es zufrieden, daß der Bassa einige seiner Offiziere in das Lager schiken möchte. Es erschienen der Kommandant des Schlosses, **Achmet Aga**, und **Ali Effendi**; dagegen die Grafen **Wallis** und **Filippi**, als Geisseln in die Festung giengen, bis man im Quartier des Prinzen **Eugen** die Kapitulation regulirt hatte.

Zu-

Zufolge dieser Kapitulation: konnten die Türken mit Weib und Kindern aus Temeswar gehn, auch jeder die ihm zugehörigen Effekten mit sich nehmen; wozu tausend Wägen für sie in Bereitschaft seyn solten, was sie aber über diese Zahl brauchen würden, dafür hätten sie selbst zu sorgen: alles Kriegsvolk, zu pferd und zu Fus, solte mit Ober und Untergewehr, fliegenden Fahnen und klingendem Spiel abziehn: man würde ihnen hinlängliche Bedekung bis Borca, unweit Pancsova an den Ufern der Donau, geben, um weiter nach Belgrad zu kommen; dagegen sie jedoch bis zur Zurükkunft dieser Bedekung Geisseln in der Festung zurükzulassen hätten: währendem Marsch solten ihnen die Lebensmittel von dem Landvolk um billigen Preis geliefert werden: die Belagerten hätten alle Artillerie der Stadt und Festung, Munitions und Proviantvorrath zurükzulassen: damit man wegen Uebergabe der Aussenwerker und eines Thores übereinkäme, solten diejenigen, mit denen man diese Artikel entworfen hätte, Volmachten erhalten: Sklaven und andere Christen, welche freiwillig und von langerzeit her die mahometanische Religion ergriffen, könnten nicht aufgehalten werden; nur die Ueberläufer währender Belagerung ausgenommen, welche man getreulich ausantworten würde: Walachen, Raizen, Armenier, Juden, und andere zu Temeswar ansäsige Fremde, solten völlige Freiheit haben, mit ihren Effekten zurükzubleiben oder abzuziehen: die Koriczen (eine Gattung Räuber) möchten sich nach Belgrad flüchten: endlich solten alle, die aus der Stadt zögen, ihre Güter und Effekten frei verkaufen können.

Diese Artikel wurden pünktlich beobachtet. Die Garnison zog, Kranke und Verwundete ungerechnet, noch zwölftausend Mann stark aus, sie hatte sich zu anfang der Belagerung auf achtzehntausend belaufen; und lies dreitausend Todte zurük. In dem Verzeichnis, welches man von dem Artillerie und Munitionsvorrath aufnahm, fanden sich gegen hundert und zwanzig gegossene Kanonen, die mit den Wapen von Kaisern aus dem Hause Oesterreich bezeichnet, und grösten theils zur Zeit der Eroberung des Plazes unter Soliman II. im Jahr 1552. zurükgeblieben waren.

Der siegende Eugen vertraute, eh er Temeswar verlies, die Kommendantschaft der Festung dem Grafen Franz Paull von Wallis; die Landesregierung und das Generalkammando über die Truppen aber, dem Grafen Mercy. Dieser grosse General endigte den Feldzug, mit alle dem Erfolg, den man seinem Muth und seiner Fähigkeit wünschen muste.

Als die türkische Garnison zu Pankſova den 8ten November Nachricht von Mercy's Annäherung erhielt, schikte sie sich zur Vertheidigung an, und stekte drei rothe Fahnen aus. Doch dieser Muth war nur vorübergehend. Man sah den folgenden Tag schon die weisse Fahne wehen, um gleiche Kapitulation wie Temeswar zu erhalten; welches Mercy abschlug, und verlangte, daß sie sich auf Diskretion ergeben solten, nachmals aber dennoch zugab, daß sie unbewafnet nach Belgrad abzogen. Man will behaupten, der Kommandant würde dieses Schloß, welches mit einer starken Palanka befestiget war, und an Provision keinen Mangel litt, nicht soleicht übergeben haben, wär er nicht durch drei Kanonenschüsse von Belgrad aus verständiget worden, daß er von dorther keine Hülfe zu erwarten, folglich nur gute Uebergabsbedingungen zu suchen hätte. Die Garnisonen von Kubin und Uipalanka unterlagen gleichem Schiksal. Orsova konnte ohne schwere Artillerie nicht aufgefordert werden; daher Mercy diese Belagerung auf andere Zeit verschieben, und sich damit begnügen muste, die Gegend umher zu besezen und zu befestigen.

Ich übergehe die übrigen Vortheile, welche die Kaiserlichen den ganzen glüklichen Feldzug von 1716. hindurch, auch ausser dem Bannat, in der Walachei und Bosnien erhielten. Meine Absicht war nur, in einem vollständigen Detail, der wirkenden Ursachen sowol als der Begebenheiten selbst, es vor augen zu legen, wie diesem Bannat, nach hundertvierundsechzig Jahren, die es unter dem schweren, türkischen Joch geseufzet, durch die siegenden Waffen des Erzhauses Oesterreich, ein neuer Tag von Hofnungen und Aussichten in die Zukunft aufgieng.

Zuseh=

Zusehr hatte das Glük den Waffen und dem Muthe unsers Helden gelächelt, daß der Hofkriegsrath zu Wien die Vorschläge der Pforte hören, oder auf die Nachrichten von ihren fürchterlichen Zurüstungen achten konnte. Vielmehr war die wiedereroberte Provinz mit dem angränzenden Ungarn zu sichern, für das künftige 1717te Jahr eine Unternehmung auf Belgrad beschlossen, und mit dem ersten Frühling auch die Armee marschfertig; nicht so zahlreich zwar und auch nicht so gut mit allem versehen, wie das vorige Jahr, aber voll vom alten Muth, und den erfochtenen Siegen. Denkwürdig sind die Worte, mit denen Karl VI. den Prinzen Eugen beurlaubte. Mein Prinz, sagt' er ihm, ich habe euch einen Generalen vorgesezet, den ihr zuratheziehn, und unter dessen Namen ihr all eure Operationen ausführen werdet. Damit drükt ihm der Kaiser ein brillantirtes Kruzifix in die Hand, dessen Fusgestell die Inschrift führte: Jesus Christus Generalissimus. Vergesset nicht, sezt' er hinzu, daß ihr die Sache desjenigen verfechtet, der sein Blut für die Menschen am Kreuz vergossen hat: unter seiner göttlichen allerhöchsten Führung greiffet an, überwindet seine und des christlichen Namens Feinde (11).

Eugen kam gegen Ende Mai 1717. zu Futak an, wo er alle Truppen zusammenzog, und über die Theiß sezte, um sie in das Bannat Temeswar zurükzuführen. Er schlug sein Lager in der weiten Ebene, die sich von Becskerek nach Pancsova erstrekt, in den ältern Zeiten Meron hies, und gegenwärtig ihrer ganzen Länge nach mit schönen, fruchtbaren Ländereien bedekt ist. Hier stellt' er den General Mercy an die Spize eines beträchtlichen Korps, mit dem er die Türken aus Orsova vertreiben solte. Der Plaz hatte starke Garnison und vortrefliche Wälle. Aus dieser Ursach hatt es dem General, wie ich bereits angemerkt, im vorigen Jahr nicht glüken wollen, und doch war es wesentlich diesen Posten zu haben, um Belgrad allen Sukkurs abzuschneiden, den es mittelst der Donau erhalten konnte. Doch die Türken entdekten dieses Vorhaben; daher sie mit ohngefähr zehntausend Mann vorrükten,

(11) Histoire de l'Empereur Charles VI. Tom. III p. 484.

rükten, um dieses Korps einzuschliessen, indem zugleicherzeit die Garnison von Orsova es auch ihrerseits angreifen solte. Mercy sah die Schlinge, und nicht stark genug, etwas entscheidendes zu wagen, zog er sich zurük. Ebendamals hatte Eugen den General Baron Petrasch mit einer Anzahl Tschaiken und Barken abgeschikt, welche Munition und Truppen führten: diese glaubten sich stark genug, und ohngeacht einer Bedekung von Kriegsschiffen, welche sie geleiten solte, hatten sie das Unglük, von den Türken angegriffen zu werden, und in ihre Gefangenschaft zu gerathen.

Bei den schlechten Ausgang dieser Unternehmung, deren Erfolg den Versuch auf Belgrad sehr hätte begünstigen müssen, lies Eugen den Muth nicht sinken. Nachdem er die Gränzen des Bannats selbst gegen die Streifereien der Türken und Tatarn gesichert hatte, sezt' er endlich, so stark auch der Feind von der Saw bis an den kleinen Fluß Kretska sich verschanzt hatte, eine halbe Meile hinter Pancsova über die Donau, und Mercy war mit der Avantgarde vorausgegangen. Die ganze Armee lagerte sich an den Anhöhen von Sviniza. Von da rükte sie in die Ebene von Belgrad, so daß der rechte Flügel sich bis an die Donau, der linke aber bis an die Saw erstrekte, mithin die Festung von einem Flusse biß zum andern eingeschlossen blieb.

Kaum waren, unter grausamen Feuer von beiden seiten, die Circumvallationslinien angefangen, als die Belagerer ein starkes Korps Türken im rüken hatten, welches über die Saw gieng, um die Arbeiten zu hindern. Sobald die Transchee eröfnet und die Kommunikation der Linien hergestellet war, fieng man an, die Stadt aus hundert Kanonen und vielen Mörsern zu beschiessen. Da die Belagerten mit gleicher Lebhaftigkeit antworteten, so schien die Stadt im beständigen Feuer zu stehn. Dieser Anfang war den 23sten Julius, und Eugen dachte schon auf einen neuen Angrif, als man den 29sten den Vortrab der türkischen Armee entdekte, die unter den Befehlen des Grosvizirs der Stadt zuhülfekam, und auch die folgende Tage an den Anhöhen diesseits Krovsa, lagerte. Ich will nur in der Kürze bemerken, daß Eugen seinerseits ununterbrochen Feuer auf die Festung geben lies, endlich aber, da die Türken immer mehr näherten, zwischen ihrer Armee und der Festung sich

wie

wie belagert fand. Grausame Seuchen wüteten im kaiserlichen Lager, und der gemeine Mann ward unter den unbeschreiblichen Strapazzen muthlos. Die Ottomanen kamen mit ihren Arbeiten immer weiter hinaus, und waren mit ihren Linien soweit, daß ihre Artillerie mit bestem Erfolg auf die Belagerer spielte. Diese erwiederten ihr Feuer mit gleicher Lebhaftigkeit. Eine Bombe, die in ein Pulvermagazin der untern Stadt fiel, ruinirte durch ihren Schlag alle Häuser dieses Quartiers, und tödtete gegen dreitausend Personen. Wenige Tage nach diesem Zufall berief **Eugen** alle seine Detaschements zurük, nur die wenigen, welche zu Bewachung der Linien zurükblieben, und ein kleines Korps jenseits der Saw ausgenommen. Es war beschlossen, den Feind anzugreifen. In der Nacht von 15. bis 16ten August wurden alle Vorkehrungen zum Angrif gemacht, inzwischen man mit dem Bombardement nicht einen Augenblik aussezte. Mit der dämmernden Morgenröthe begann das Treffen; der Anfang schien unglüklich, aber wie die Sonne hervorbrach, änderte sich das Geschik der Waffen, und die Türken musten sich völlig überwunden in die Flucht geben. Man feuerte aus ihrer eigenen Artillerie auf sie; denn diese war in die Hände der Christen gekommen. Sie verloren ihr ganzes Lager mit unendlichem Vorrath, und über achtzehntausend Mann, indem die Hussaren und Raizen, welche sie auf ihrer Flucht verfolgten, keinen verschonten, der unter ihr Schwert fiel. Die christliche Armee zählte zweitausend Todte auf dem Schlachtfelde, dreitausend ausser dem Treffen, und ohngefähr tausendachtzehnhundert Verwundete. Dagegen ergab sich auch den folgenden Tag die Festung, so daß die Kapitulation nach achtzehntägiger Belagerung unterzeichnet wurde. Die Türken musten Sabatz an der Saw, Ram, Krotska, Semendria und Kolumbacz in Servien, nichtminder auch Mehadia im Bannat verlassen, welches sie besezt hatten, um vondaher Belgrad zuhülfezukommen.

Der Grosvizir zog sich mit den Ueberbleibseln seiner Armee bis Nissa zurük. Sie mochte sich noch auf dreissigtausend Mann belaufen. Ein anderes Korps war gegen Orsova aufgebrochen, um diesen Plaz zu vertheidigen; aber **Mercy** jagte sie auseinander, und so blieben die

 Grän-

Gränzen des Bannats von dieser seite, bis über den Paß Demircapi oder das eiserne Thor, eröfnet.

Nach soviel auf einanderfolgenden Unglüksfällen, zeigte sich die Pforte zwar anfangs unerschüttert; doch hörte sie nachmals ganz gerne vom Frieden sprechen, welchen England und Holland zu vermitteln erbötig waren. Man wählte zu den Unterhandlungen die kleine Stadt Passarowiz in Servien, wo in kurzem die gevollmächtigten Minister der vermittelnden und interressirten Mächte, nichtminder auch der von Venedig zusammen eintrafen. Die Traktaten waren den 21. Julius 1718. geschlossen.

Sie enthielten einen Waffenstillstand auf fünfundzwanzig Jahr, und die Klausul: uti possidetis, versicherte dem Kaiser Temeswar mit dem übrigen Bannat, die Gebürge von Orsova und Negedin von einer, und Belgrad von der andern seite, nebst den übrigen festen Pläzen der drei Distrikte von Servien, Macsow, Semendria und Kolumbacz. Zugleich wurden die Gränzen der Moldau und Walachei, mit Polen und Siebenbürgen regulirt; wegen Kroatien und den anliegenden Ländern aber verblieb es bei dem, was der karlowizer Frieden bestimmte. Auch wurden die mehrmals getroffenen Vergleiche erneuert, welche die Sicherheit der nach Palästina wallenden Pilgrime; die Personen der Minister beider Mächte; und die ungarischen Mißvergnügten betrafen, welche mit ihren Familien sich eine Freistadt in der Türkei gesucht hatten, und unter dem Schuz der Pforte verbleiben solten. Diese waren der Fürst Rakozi, und die Grafen Berenzini, Esterhasi, Forgats, Vay, Zacky.

Und hier, hochgebohrner Graf, bin ich am Ziel, welches ich mir ausgestekt habe. Schon verlassen wir das Bannat in der glüklichen bürgerlichen Verfassung, nach der es solange nur seufzen durfte. Das Detail dieser Verfassung soll mir Stof für ein andermal geben; izt schäze ich mich glüklich, wenn ich Ew. durch den gegenwärtigen Versuch einen Beweis, wenigstens meines Gehorsams und der Verehrung gegeben habe, mit welcher ich bin ꝛc.

Fünf=

Fünfter Brief

an Sr. Excellenz, den Herrn Grafen Jakob von Durazzo, des königl. St. Steffansordens Kommandeur, J. J. K. K. und K. Apost. M. M. Gesandter bei der durchlauchten Republik Venedig.

Das Merkwürdigste, was sich im Bannat, seit der Eroberung bis zum J. 1766. zugetragen, wie diese Provinz, unter dem glorreichen österreichischen Zepter, zu der gegenwärtigen glüklicheren Verfassung, in Absicht auf das Natürliche sowol, als auf die Sitten, sich stufenweise emporschwingt.

Ich soll die Ehre haben, Eure Excellenz über den gegenwärtigen Zustand des Bannats Temeswar zu unterhalten. Ein Aufenthalt von dritthalb Jahren hätte mich in standsezen sollen, einem für mich so schmeichelhaften Befehle genugzuthun; aber ich muß auch fühlen, daß es nicht so leicht ist, für den Beifall des einsichtsvollen Ministers zu arbeiten, der die algemeine Staats- und Landeswirtschaft zum ersten Ziel seines forschenden Geistes sezt, Völker mit Völkern, Länder mit Ländern vergleicht, und so die innere vaterländische Verfassung, wie die fremden Reiche, mit vertrauten Bliken durchschaut.

Gehorsam ist jedoch meine Pflicht. Ich will suchen, meine Arbeit sowenig unvollendet zu lassen, als von mir abhängen wird: Eure Excellenz werden aus diesem Versuch einer Schilderung des Bannats, wie es zur Zeit der Wiedereroberung im J. 1716. war, und was es unter der umschaffenden Hand des Siegers geworden ist, mit Vergnügen die schnellen Schritte beobachten, die diese Provinz zu ihrem gegenwärtigen verbesserten Zustand machte.

Verhältnismässig zu seinem Umfang, den man das platte Land, und den gebirgigten Theil zusammen, auf 442 bis 43 deutsche Quadratmeilen annimmt, war das Bannat nicht allein äusserst entvölkert; es litt' auch an allen übrigen Uebeln, welche natürliche Folgen der Entvölkerung sind. Man weiß, daß zufrieden mit der Eroberung, die Türken nie darauf dachten, das besiegte Land auch in Aufnahme zu bringen.

Und unter einer so schlechten, zugleich tirannischen Regierung, hatt' es den langen Zeitraum von 164 Jahren hindurch, geseufzet. Viele Ortschaften, deren der ungarische Geschichtschreiber Olaus, aus der Hälfte des sechzehnten Jahrhunderts, gedenket, waren nicht mehr vorhanden (1); dagegen, wie die bewohnten Gegenden abnahmen, vermehrten sich die stehenden Wasser und Moräste. Es ist wahr, auch in den ältern Zeiten war der Boden zunächst an der Marosch. und an der ganzen Theiß von Szegedin bis über Tital hinaus, sumpfigt; doch breiteten sich diese Moräste nicht soweit aus, als man sie im Jahr 1717. fand. Der von Aranka reichte über Kiskanisa her, bis an Mokrin. Ueberdas waren die Wasser der Flüsse Beg, Temes, Pirda, Bersova, nebst vielen kleineren Bächen und dem Abflusse der Quellen, alle sich selbst überlassen; man wuste sich nicht der Mittel zu bedienen, welche die Hydrostatik darbietet; so durch keine Dämme aufgehalten, traten sie in allen niedrigen Lagen aus, und formirten bald ausser den alten, neue noch grössere Moräste, bald Seen, bald Schlammgruben, wo weder Menschen noch Thiere fortkommen konnten. So wie um Lugosch

(1) Apparatus ad Historiam Hungariae, sive collectio monumentorum partim ineditorum seu fugentium, a Mathia Bel. Poson. 1730. Vol. I.

dosch herum dergleichen noch übrig sind, wo der grundlose, zitternde Boden hinundwieder tiefe Gruben hat, war es damals auch um Temeswar, und diese Gruben trugen nichtwenig zur Sicherheit des Plazes bei. Es mag genug seyn, wenn ich vier von diesen ehmaligen Morästen nenne. Zween derselben breiteten sich vom Beg bis an Kikinda aus, und von dort blieben sie in einer nur geringen Entfernung von Becskerek: zween andere, der Illancer und Alibonar, erstrekten sich von dem mittägigen Ufer der Temes, durch mehrere Meilen, und verloren sich in eine sandigte Lage nah an Ujpalanka; ja der lezte hatte noch Zusammenhang mit einem Morast, der ganz nah an den Abhang des Gebirges bei Werschez reicht. Diese grossen Moräste, welche gegenwärtig, nur einen ausgenommen, grossentheils ausgetroknet sind, waren damals alle unter Wasser.

Die in dem alten und neuen Rom so berühmten pontinischen Moräste kamen mit den bannatischen in keine Vergleichung. Die beständigen Luftveränderungen, denen das Land, vermög seiner natürlichen Lage ausgesezt ist, und die anstekenden Ausdünstungen, welche von soviel stinkenden faulenden Wassern sich erheben, machten es zum traurigsten Aufenthalt. Eine zu geringe Anzahl Feueressen war nicht hinlänglich, durch ihren Rauch die Luft zu verdünnen; schwer, feucht, fast aller Elasticität beraubt, und mit sovielen Dünsten angeschwängert, wie sie über der Gegend hieng, muste sie unendlich ungesunder als gegenwärtig seyn; ja man rechnete die epidemischen Fieber aller Gattungen, nur unter die kleinern Zufälle, denen die Einwohner, selbst die Eingebornen, immer ausgesezt waren.

Soviel stehendes und faules Wasser beherbergte und entwikelte zugleich, unendliche Geschlechter und Arten von Insekten, welches den Sommer und Herbst hindurch für Menschen und Vieh äusserst beschwerlich ist. Die ersten hatten vor den Fliegen und Schnaken Tag und Nacht keine Ruhe; das Vieh aber, nicht genug daß es den gewöhnlichen Roßbremen ausgesezt war, litt noch mehr von einer andern Gattung derselben, die den Naturkündigern noch nicht bekannt genug ist, im Lande aber den Namen der Kolumbaczerbremen führet, und unter deren Stichen es in wenigen Augenbliken ohne Bewegung und Leben daniederfiel (2)

Statt der dichterischen Stimme der Nachtigal und des frohen Gesangs der Lerche, hörte man nur das Krächzen der Raben und Aelstern, von dem nächtlichen Trauerliede der Uhus und Eulen abgewechselt. Diese Vögelarten hatten hier ihren Wohnsiz aufgeschlagen, sowie eine erstaunende Zahl anderer Raubvögel, die vom Adler anzufangen, fast alle Gattungen, in den Flüssen und Morästen sowol als unter der Menge Federwildpret, ihre Nahrung fanden. Es ist nicht zu sagen, welchen Ueberfluß das Bannat noch heutzutag für diese Art von Jagd darbietet.

Zu dem Hasen, Tam, Reh, und Hirschwildpret, welches die Wälder auch izt noch häufig liefern, gesellten sich damals eine gränzenlose Zahl Wildschweine, Bären und Wölfe. Vom Jäger nicht beunruhigt, hatten sich diese Thiere ausserordentlich vermehrt.

Alles gute und nuzbare, was die Gegend anbot, bestand in einer Menge Gründe, deren einige in ihrem Umfang sich soweit hinauserstrekten, daß das schärfeste Aug sie nicht übersehen konnte. Ihre Ebenen boten das Bild eines stillen, weiten Meeres dar; sowie man sich um die Anhöhen und Hügel herum, solches vorstellen kann, wie es von Stürmen beunruhigt wird. Diese Wiesen, wenn schon allenthalben mit Buschwerk und Gesträuchen übersäet, konnten doch eine Menge zahmer Thiere versorgen; welche, wie sie es heutzutage sind, schon damals eines der beträchtlichsten Reichthümer der Provinz ausmachten. Nur waren die nahrhaftesten Futterkräuter, als z. B. die Arten von bromus, poa, pseudo-triticum, u. s. w. alle diejenigen, deren Blüten einen starken Geruch verbreiten, und das Fleisch der Thiere sonst zart und schmakhaft machen, hier sosehr mit alkalischen und nitrosen Theilchen beladen, daß sie eine völlig entgegengesezte Wirkung hervorbrachten.

Frucht-

(2, S. den lezten Brief des II. Theils.

Fruchtbäume waren selten, und auch die wenigen, die sich in ungeheuern Wäldern, mit den Eichen und anderem hochstämmigen Holz untermischt befanden, trugen nur wildes Obst. Die Kunst durch Einimpfen und Beschneiden die Bäume zu veredeln, war schlechterdings unbekannt: alles, was der Landmann, sowol in der Ebene als um die Hügel und Berge herum noch pflanzte, waren Schlehen und Zwetschken, aus welchen Früchten die Einwohner, Walachen, Raizen und Türken, sehr meisterhaft ein starkes Getränke zu ziehen wissen, das die einen Raki, die andern Sliwowiza nennen, im gebrauch aber alle noch gegenwärtig übereinkommen, daß sie sich dessen wider die ungesunde Luft bedienen.

Wo die Population gering ist, da liegt auch der Akerbau danieder und das edelste Geschenk der Vorsicht, ein fruchtbarer Boden, wird vernachlässiget. So war es im Bannat, welches an Fruchtbarkeit jedes andere Land in Europa weit übertrift. Ich kann keinen bessern Begrif von den Zeugungskräften der Natur in diesen Gegenden geben, als wenn ich sage, daß die Kunst das Land zu düngen, welche doch alle Lehrer des Akerbaues unter den Alten und Neuern, als das wesentlichste betrachten, hier noch ebenso unbekannt, als unnüz ist. Aber die Einwohner bauten nur soviel an, als für das Bedürfnis ihrer Familien hinreichte; für ihren Ueberflus an dem besten, überall unentbehrlichen Produkt, sich durch die Handlung auch Bequemlichkeiten zu verschaffen — soweit reichten ihre Sinne nicht.

Viehzucht und Jagd waren in dieser Provinz die Hauptbeschäftigungen. Daher herrschten auch unter den Einwohnern alle die Laster, deren man die Araber und andere Hirtenvölker beschuldigt: die Liebe zum herumstreifen, der Geschmak am Müssiggang, der Hang zu Raub, Verrätherei und Grausamkeit.

Das wenige ausgenommen, was die durch keine Kunst geleitete, natürliche Industrie der Walachen hervorbrachte, hatte das Land gar keine Manufakturen. Elende Hütten, welche sie aus Stroh, oder Weidendenflechten zusammenfügten, und mit einer Kütte von Thon oder Kreide bedekten, damit beschäftigten sich die Männer; sowie mit Verfertigung des nöthigen Küchengeschirres und anderer Töpferarbeiten, welche sie auch noch heutzutage liefern. Das andere Geschlecht verlegte sich, wie izt noch, auf die Bearbeitung des Hanfes, den sie zubereiten, spinnen und grobe Leinwand daraus weben, die ihnen zu Hemden dienet; ein gleiches thun sie mit der Wolle, welche sie auf verschiedene Art zu färben wissen, und in die verfertigten Zeuche sich und ihr Haus kleiden.

Aus alle dem läßt sich auf das rohe Wesen und die Unwissenheit der bannatischen Einwohner schliessen. Solange der Raub der Barbarn, sah man unter dem Joch einer willkührlichen Regierung, die Menschheit blos zu den thierischen Bedürfnissen herabgewürdiget — seelenlose Maschinen, nichts besser, als was neben ihnen in den Wäldern wohnte.

Das war der Zustand von Temeswar, in Absicht auf die natürliche Beschaffenheit — das waren die Sitten seiner Völker, damals als es dem Despotismus der Türken entrissen ward. Alle den genannten Hauptmängeln und sovielen kleineren Folgen derselben abhelfen, schien ein Werk für Jahrhunderte; ein Aug von Kenntnis geleitet, erstaunt über dem, was in weniger als sechzig Jahren zustandegebracht ist — aber der unsterbliche Karl VI. und seine glorreiche Tochter Maria Theresia wolten es, und ein Volk und ein Land waren umgeschaffen.

Der Feldmarschal Franz Mercy, damaliger Gouverneur dieser Provinz, besas alle Talente, um den grossen Plan zu entwerfen und auszuführen. Mit den Kriegstugenden verband er tiefe politische Einsichten, und hatte sie durch Erfahrungen berichtiget — ein grosses Genie und ein grosser Menschenfreund, in jeder Betrachtung wehrt, der Diener der besten Monarchen zu seyn.

Es

Es war wesentlich, anfangs eine militärische Regierung in dieser Provinz einzuführen. Nach dem auf die Eroberung von Belgrad, in den lezten Monaten des Jahrs 1718. erfolgten passarowizer Frieden, arbeitete daher **Mercy** unter dem Prinz **Eugen von Savoien**, an der Quartiers- und Posteneintheilung, für die Kavallerie sowol als Infanterie; so daß das Land von allen Seiten, vorzüglich aber von der Donau her, und den walachischen Gränzgebirgen gegen westen, sicher gestellt seyn möchte. Alle diese Truppen solten von einem zu Temeswar angestellten Generalkommando abhängen, in der Festung selbst aber kommandirte der Graf **Paull Wallis**. Man verstärkte ihre Werke, und erbaute eine grosse Kaserne für die Garnison, kurz man unterlies nichts, was Lokalumstände und Nachdenken zur Sicherheit und Vergrösserung der Stadt anbieten konnten, die damals von kleinem Umfang war, und gegen die Population der beiden Palanken, welche sie von der seite, wo der Begfluß sie nicht bespület, umgeben, wenig Einwohner hatte.

Um den Dienst des wahren Gottes wiederherzustellen, machte man damit den anfang, daß die Moscheen in christliche Kirchen verwandelt wurden. Die geräumigste wurde zur Pfarre genommen, und von Jesuiten versehen. Sie diente zugleich zur Kathedralkirche des Bischofs von Csanad, damals **Ladislaus** aus den Grafen **Nadasdy**, als worinn dieser Prälat seine bischöflichen Verrichtungen ausübte. Eine andere Moschee wurde den Franziscanern der bosnischen Provinz vom h. Johann Kapistran eingeräumet; diese lag am Arader, izt **Prinz Eugens Thor**, weil von dieser Seite der Held seinen Einzug in die eroberte Stadt hielt. Diese Mönche erlangten dadurch ein Stük Land vor dem Lugoscherthor, innerhalb der kleinern Palanka, und sie schikten Missionen nach Lugosch und Panksova, sowie ihre Ordensbrüder der bulgarischen Provinz, eine dergleichen zu Karansebes unterhielten. An dem lezten Ort hatten die Walachen und Raizen einen griechischen Bischof; zu Temeswar aber war **Vinzenz Jannovics** den Isaia **Diakowich** in gleicher Würde gefolgt. Diesen Bischöfen ward aufgegeben, daß sie zufolge der von den Kaisern, **Leopold** und **Josef I.** erhaltenen Privilegien, ihre Popen herstellen, und in jedem walachischen und raizischen Dorf, eine Kirche nach ihrer Art errichten solten.

Aber mitten unter den lebhaftesten Anstalten muste Mercy das Bannat verlassen. Neue Irrungen zwischen Karl VI. und K. Filip V. riefen ihn im J. 1719. nach Sicilien, um sich mit der Truppenverstärkung, welche er dahin abführte, den Spaniern entgegenzustellen, die unter dem Marchese di Lede auf dieser Insel gelandet waren, und bereits Messina zu belagern anfiengen. Der Krieger hatte den Eifer für seinen Souverain nicht bei den sanften Künsten des Friedens zurükgelassen. Nachdem er im Treffen, welches er dem Marchese, unweit Villafranka gab, eine gefährliche Wunde im Unterleib davongetragen, grif er die Belagerung von Melazzo an; denn diesen Plaz hatte der Feind schon weggenommen. Durch einen Vergleich zwischen den beiden kriegführenden Mächten, endigte jedoch dieser Feldzug nach 20. Monaten, und Mercy mit den kaiserlichen Instruktionen und Volmachten versehen, konnte sich dem Bannat, gleich nach anfang des J. 1722. wiederschenken.

Ich muß nur alles unter einen einzigen Gesichtspunkt vereinigen, was dieser grosse Mann bis 1733. in dem kurzen Zeitraum von eilf Jahren zustandegebracht hat.

Er vereinigte unter das Generalkommando des Bannats, auch einen Theil der Eroberungen in Servien; und um in beiden eine gute Kameralverwaltung herzustellen, theilte er dieses in drei, das Bannat selbst aber in zwölf Distrikte ein. Im Bannat waren: Temeswar, Becskerek, Csanad, oder St. Miklos, Csakova, Lugosch, Werschez, Lippa, Facset, Karansebes, Orsova oder Mehadia, Pancsova und Ujpalanka; in Servien: Semendria, Kolumbacz und Negodin. Die Gegend von Belgrad hieng noch von der Kommandantschaft dieses Plazes ab.

Jedem dieser Distrikte stand ein Verwalter vor, der in dem Hauptorte desselben seinen Siz, und nach den Unterabtheilungen des Landes,

in

zu jedem beträchtlicheren Ort oder Dorfschaft einen zugeordneten Unterverwalter hatte; sowie in jedem Dorf ein Knees, oder Schulz, und immer über eine gewisse Zahl Dörfer ein Oberknees war. Diese Verwalter hatten jeder seine Kanzlei, mit dem hinlänglichen Personal, und vor ihnen legten die gedachten Unterstellen ihre Rechnungen ab, so wie sie solche dem Generalkommando ablegten. Alles, die Beitreibung der Landesherrlichen Gefälle, die Gerichtspflege, die Sicherheit des Landes und der Wolstand der Völker, kurz, alle Staats, Wirtschafts und Rechtssachen gehörten dahin. Die Befehle, Aufträge, Briefe und was überhaupt von einem Amte zum andern, oder wie es Fall und Umstände geben mochten, auch an Privatpersonen gieng, zu bestellen, wurden Husaren und Heiduken angewendet.

Aus Mangel an Leuten, welche die nöthigen Kentnisse mit den Landesüblichen Sprachen vereinigten, muste man zuweilen einem Manne, und dieses Walachen oder Raizen, zwei oder auch drei Distrikte anvertrauen. Aus einem marmornen Denkmal zu Lugosch, vom J. 1726. erhellet, daß ein gewisser Johann Ratzde, aus Mehadia gebürtig, zugleicherzeit Verwalter über Lugosch, Lippa und Karansebes gewesen (3). Unterdes war doch die Eintheilung des Bannats in soviel Distrikte einmal getroffen, und sie finden sich in der topographischen Karte der Landes, welche der General Mercy selbst aufnehmen lies, und welche 1728. zu Wienn ausgegeben worden ist, richtig also ausgesezt.

Aus eben dieser Karte ergiebt sich, daß, wenn diese weitläuftige Provinz von der einen Seite wenige Dörfer und bewohnte Gegenden hatte, von der andern Mercy schon besorgt gewesen war neue zu erbauen, und in den alten die Population zu vermehren; indem er Kolonien von Deutschen, Italiänern und Spaniern dahinberief.

(3) Die Inschrift der durch ihn erbauten raizischen Kirche, mit den Worten: Acdificata haec Ecclesia per me Joannem Ratzdam de Meadia, supremum praefectum inclytorum districtuum Lugosch, Caransebes & Lippa. A. D. 1726.

Dergleichen neue Dörfer waren: **Weiskirchen**, im Distrikt von Ujpalanka, zugleich der Siz des Verwalters und des Obersten eines illirischen Regiments*, welches in diesen Gegenden herum zerstreuet war, ferner **St. Peter**, **Saderlak**, **Neu-Beesenova**, **Vipeco**, **Detta**, **Ruderitz**, **Brukenau**, **Gutenbrunn**, welches mit schwäbischen und andern Reichsvolk besezt wurde. **Mercidorf** erhielt vom Stifter den Namen, und Italiäner zu Einwohnern. Nach **Neu-Arad** an der Marosch und nach **Jarmata** versezt er nicht wenige Deutsche, doch so daß sie von den Walachen abgesondert wohnten; und nach Beeskerek endlich gab er Spanier aus Biscaja, die den Ort **Neu-Barcellona** nennten (4); welche Benennung er jedoch wieder verlor, da diese Fremdlinge, die mit den schädlichen Dünsten der nahen Moräste angeschwängerte Luft, weniger als die eingebornen Raizen vertragen konnten, und fast alle umkamen.

Für **Mercy's** grosse, weitaussehende Plane war alles das nur wenig. Mit der Population dachte er den Akerbau auszubreiten, und neue Zweige desselben aufblühen zu machen, die dem Lande, wo nicht grössern, doch wenigstens gleichen Nuzen bringen konnten, als es vom Ueberflusse seiner Heerden zog. Das hätte natürlich auch die Künste, nicht allein des Bedürfnisses, sondern auch der Bequemlichkeit und des Luxus, angelokt, um das Bannat in den Besiz solcher Artikel der Industrie zu sezen, mit denen es einen Aktivhandel mit den Fremden treiben, und den Passivhandel soviel möglich ausschliessen möchte, wie es seine Absicht war.

Sie zu erreichen, rief er erfahrne Akersleute und geschikte Manufakturisten, vorzüglich Italiäner ins Land, die er grosmüthig unterstüzte. Den ersteren wurden Ländereien um Mercidorf, Giroda, Jamarta, in der Gegend von Temeswar, zu Detta, um Werschez und Weiskirchen angewiesen. Man untersuchte zuerst die Natur des Bodens und der Lage, worauf die Proben im grossen es bestättigten, daß dieses Klima, hier

(4) Die angeführte Karte anzusehen.

hier mehr dort weniger, alle Produkten giebt, die nur immer unter den glüklichsten Himmelsstrichen hervorkeimen. Am eifrigsten war man auf Weid und Färberröthe. Es ist bekannt, wie nüzlich solche in der Färberei, und welcher starke Artikel sie für die niederländische und lombardische Handlung sind. Man hat gefunden, daß diese Pflanzen, die erste in der Ebenen und die zwote in den Gebirgen des Bannats, wild wachsen; daß sich die Kultur derselben ins Unendliche vermehren läßt, und daß eben der Nuzen davon zu erwarten steht, den die genannten Völker daraus ziehen. Ein gleiches versuchte man mit den Kohlrüben, um aus den Saamen dieser Pflanze ein Oel zu erhalten, welches, wenn es gereinigt wird, statt des Olivenöles, und in seinem rohen Zustande zu Wollenarbeiten, zur Seifensiederei, zur Beleuchtung und anderem ökonomischen Gebrauch dienen könnte, sowie es in einigen Reichsländern, in England, Frankreich, Holland und der Lombardei verwendet wird. Man zeigte den Eingebohrnen eine vortheilhaftere Kultur der verschiedenen Getreidarten; man lehrte sie in den Distrikten von Werschez und Lugosch, den Weinstok geschikter pflegen, und den Wein selbst besser zubereiten; man gab durch die hinundwieder angepflanzten Fruchtbäume der Industrie der Nationalisten den Fingerzeig, daß auch sie dergleichen Bäume vermehren, sie beschneiden und veredeln lernten. Der Seidenbau war eine Hauptabsicht. Man machte die ersten Versuche mit weissen Maulbeerbäumen, in einem grossen Strich Landes am Begfluß, ausserhalb der kleinern Palanka; aber man sah gleich anfangs, daß wenig davon zu erwarten war, daher gab man die ganze Pflanzung auf, ohne sie nur einzuimpfen, und legte dagegen grössere Pflanzungen bei Werschez, Weiskirchen, und mehreren Orten dieser beiden Distrikte an, desgleichen auch zu Detta, im Distrikt von Csakova, zu Guttenbrunn unweit Lippa, kurz überall, wo man in geringer Entfernung von der Hauptstadt, trokenen und leichten Boden fand. Mercy hielt nöthig, die Todesstrafe wider die Beschädiger solcher Bäume zu verhängen. Wirklich ist sie zwei oder dreimal an den Betretenen auf der stelle volzogen worden, und alle Verwalter, Unterverwalter und Richter in den Dörfern, musten mit äusserster Sorgfalt und Genauigkeit über diese Pflanzungen wachen. Ueberall aber belebten das Aug und die Gegenwart des Urhebers, die getroffenen Anstalten; es war der Q. Cincinnatus, wie ihn Plinius und Columella malen, Roms würdigster Konsul, der mit dem für das Vaterland errungenen Lorber den friedfertigen Pflug bekränzte.

Doch Merci's Aussichten giengen weiter. Um Handwerker und Manufakturisten anzuziehn, lies er vor der Stadt einen Plaz ausstecken, der sich bald mit volkreichen Häusern bedekte, und wo man unter andern eine Papiermühle mit allen nöthigen Maschinen, Eisendratzüge, alle Arten von Kleinschmieden, und holländische Oelpressen sah, um den Kohlrübensaamen zugutezumachen. Es sezten sich hier Silber, Zinn, Messing, Eisen und Holzarbeiter, Schuhmacher und Schneider an. Man verfertigte Hüte, auch goldene, silberne und seidene Borten. Eine Tuchfabrike mit aller Zugehör, stieg hervor, um die Wolle des Landes zu verarbeiten; und nicht weit von dieser, in der Gegend, wo die ersten Maulbeerbäume gepflanzt waren, sah man unter der Aufsicht eines Mantuaners, Abbate Rossi, sich ein Gebäude erheben, wo Zimmer, die Seidenwürmer aufzuziehen, Oefen, die Seide zu gewinnen, Maschinen sie abzuwinden und aufzuspulen, Weberstüle, sie zu glatten sowol als fasonnirten und schweren Zeugen zu verarbeiten, angelegt waren (5).

Die ersten Arbeiten, welche diese Fabrik lieferte, wurden zur Zierde des Altars geheiliget, und werden noch in der Kathedralkirche zu Temeswar aufbehalten. Die zwoten schenkte der Kaiser seiner Gemahlinn Elisabeth Christina, als eine neue Mode, die nur erst aus Frankreich gekommen — Früchte der Industrie eines Landes, wo kurz vorher noch tiefe Barbarei geherrscht hatte. So leicht entwikelt sich der Geist der Nationen; wenn man ihn nur durch zwekmässige Aufmunterungen zu erweken weis. Die Gegend selbst, wo sich alle diese Arbeiter ansezten, nennet man noch heutzutage die Fabriken, und sie ist noch die volkreicheste unter den Temeswarer Vorstädten.

Mit

(5) Gegenwärtig ist dieses Gebäude zu Militargebrauch gewidmet. Derjenige, so das erste Spinnrad heimlich aus Udine, im venetianischen Friaul, gebracht hat, lebt noch zu Arad.

Mit alle dem war der thätige Geist unsers **Mercy**, da wo ein anderer mit Ruhm hätte stillehalten mögen, noch weit von seinem Ziele entfernt. In einem zehn bis zwölfmeilenweiten Abstande von der Stadt waren die Gebirge und Thäler, welche die Provinz von Siebenbürgen scheiden, mit diken Wäldern bedekt, von denen man keinen weitern Gebrauch machte, als daß man sie dem Wilde zur Wohnung überlies; da doch diese Wälder der Stadt, sowol für das Bedürfnis ihrer Fabriken, als zum wirthschaftlichen Gebrauch, eine Menge Holz liefern konnten. Nur die Leichtigkeit der Zufuhr fehlte. Gleicher Fall war mit den Produkten des wachsenden Akerbaues, und den Arbeiten der nun immer mehr in Aufnahme kommenden Manufakturen: es war wesentlich den Ueberflus, den Natur und Kunst dem Lande gaben, mit leichter Mühe auf die Donau zu bringen, um nach Oesterreich, oder von diesem Flusse durch die Draw nach Steiermark und Kärnthen, sofort durch die Muhr nach Krain und Triest, oder auch nach Fiume durch die Saw eingeführt zu werden; welcher lezte Fluß bis Zalok, nicht weit von Lubiana, konnte schifbar gemacht werden.

Beiden Gegenständen genugzuthun, war nichts übrig als den Beg, aus den unendlichen Krümmungen, in denen er sich von Facset an, welches vier Meilen von Lugosch liegt, bis an das andere Ende des Bannats bei Becskerek windet, in einen Kanal zu leiten. Hier, Titul gegenüber stürzt sich dieser Flus in die Theiß, welche mit diesem lezten Tribut bereichert, nun bald die Donau erreicht. Man fieng also den Kanal unter Facset an, und kam damit über Ragita, Bulinz und Ketau, soviel möglich in geraden Linien, bis unter Temeswar, wo sich vier kleinere Kanäle mit Schleusen gegen die Vorstadt der Fabriken öfneten, deren einer das Brennholz zuführte, die übrigen das Bauholz nach dem angelegten Verwahrungsort brachten. Nach einer Krümmung, welche dieser Kanal um die Aussenwerker der Stadt macht, verlängert er sich immer mehr in gerader Linie, bis der Fluß bei Olech, nicht weit von Becskerek sein altes Bette erreicht. Und so macht er einen Durchschnitt von ohngefähr sechzehn deutschen Meilen — ein Denkmal, des alten Roms nicht unwürdig!

Witten

Mitten unter diesen Arbeiten waren die Kasernen von Temeswar, bereits im J. 1730. vollendet, und damit ein grosser Theil der In- und Aussenwerke der Festung, nämlich der ganze Strich vom Lugoscher bis zum peterwardeiner Thor hergestellt. Der Plan der Stadt wurde viel weiter ausgestekt; so daß das forforoser oder Prinz Eugenthor, innerhalb der Stadt zu stehen kam, und nichts weiter als ein Denkmal ihres Helden blieb. Die Bürger wurden eingeladen, neue Wohnhäuser zu erbauen, indem man ihnen die Pläze, wie sie solche nuzen konnten, vermas, und dadurch der Stadt beides, Regelmässigkeit und Schönheit gab; denn des hat sie. Im J. 1732. erhielten die mindern Brüder des H. Franciscus, von der bosnischen Provinz, funfzig Klafter Landes und wie man sagte, die Materialien in niederem Preis vom Aerarium, womit ihre Kirche, welche dem **H. Johann Nepomuk** gewidmet ist, in Zeit von sechzehn Monaten vollendet war. Ein anderer Plaz zu gleichem Gebrauch, wurden den Franziskanern der strengeren Observanz angewiesen, welche gleich an dem Lugoscherthor innerhalb der Palanka wohnten. Auch wurde der Plaz für die Kathedralkirche und den Palast des Bischofs bestimmt; welcher damals sich der Wohnung des Generals **Mercy**, am Lugoscherthor bediente. Es war der Baron **Adalbert von Falkstein**, der damals den bischöflichen Stul zu Csanad besas. Unterdes legten italiänische Baumeister den Grund zum Palast für das Generalkommando, nebst der Hauptwache; andere schikten sich zur Erbauung der bischöflichen sowol, als der Pfarrkirche an; eine dritte Kirche solte für die raizische Nation erbaut, und damit eine anständige Wohnung des Bischofs von der griechisch-illirischen Liturgie verbunden werden. Von den raizischen und deutschen Stadtmagistraten, welche beide im J. 1718. eingesezt worden, hatte der lezte bereits 1730. sein grosses Rathhaus auf dem Militarplaz vollendet, dessen Giebel das Stadtwapen, welches auf ihren vorigen Zustand, da sie eine blosse Palanka war, anspielet, mit der folgenden Inschrift trägt:

Olim

Olim quid fuerim, praesens insigne docebit,
Moenia quae circum Turcica structa vides.
Caesareis vicit princeps Eugenius armis,
Quae tibi nunc fulgent, Mercius arte tulit.
Dent autem Superi, postrema in saecula mundi
Optata hac semper conditione fruar:
Qua fruor augustis aquilae dum protegor alis,
Dum regit haec Sceptris Austria diva suis.

Zugleich arbeitete man an dem Militarspital und andern öffentlichen und Privatgebäuden. **Mercy** hatte keine kleinere Absicht, als Temeswar zu einer der schönsten und politesten Städte der Monarchie zu machen. Eine seiner ersten Anstalten war, daß er in der Fabrikenvorstadt eine Maschine mit Räderwerk anlegte, durch welche die Wasser der Beg gehoben, gereinigt und in unterirdischen Kanälen nach der Stadt geleitet wurden; damit erhielten die Einwohner gesundes Trinkwasser, und der Abfluß diente, die Unreinigkeiten aus den Wehrungen in ein grosses Behältnis abzuführen.

Und die Thätigkeit des wirklich grossen Mannes schränkte sich nicht etwan blos auf diese Stadt ein. Es wurden während seinem Generalkommando die Werker von Altorsova verbessert und vergrössert; Neuorsova, Mehadia, Ujpalanka, Kubin und Pancsova aber ganz neu befestiget. Auch waren schon hinlängliche Wohnungen für die Verwalter, Unterverwalter und das ihnen untergebene Personale, in den Distrikten der Provinz erbauet, und der Plan der Kasernen entworfen, die in den Hauptorten dieser Distrikte angelegt sind.

Soweit war **Mercy** mit Ausführung seiner Plane gekommen, als im J. 1733. aufs neue der Krieg, zwischen dem Haus Oesterreich und dem mit Frankreich verbundenen Spanien, ausbrach, und der Befehl des Kaisers ihn nach Italien rief, um dort das Kommando der Armeen

 statt

statt des Prinzen Ludwig von Wirtenberg zu übernehmen. Die Interimalregierung im Bannat wurde solang dem Kommandanten von Temeswar, Baron Engelshofen aufgetragen; denn dieser war den Generalen Spring und Grafen Wallis in dieser Würde gefolget. Die ganze Provinz schmeichelte sich mit der Hofnung, ihren Mercy wiederzusehn; denn so streng er über die Volziehung seiner Befehle hielt, war er doch von den Einwohnern angebetet, wegen seines vortreflichen Charakters und der gesellschaftlichen Tugenden, die er in hohem Grade besas. Sie hoften vergebens. In dem blutigen Treffen vor den Mauern von Parma, welches den Peterstag 1734. vorfiel, endigte der Held, mit dem Degen in der Faust, das ruhmvolle Leben. Die blosse Erzählung seiner Thaten macht das schönste Lob eines Mannes, der durch Anstalten die auf die Nachwelt dauern, sein eigner Geschichtschreiber ist.

Der Baron Engelshofen hatte während seinem Interimalkommando, welches bis auf das J. 1736. dauerte, nichts weiter zu thun, als nach Mercy's Planen fortzuschreiten, wiewol er nicht soweit ausgedehnte Vollmachten hatte. Im gesagten Jahr löste ihn der Graf Hamilton ab. Sein hauptsächlichster Auftrag war, den Festungsbau von Temeswar zu beschleinigen, und Neuorsova, welches Mercy schon befestiget hatte, mit einem neuen Fort zu vermehren; damit man umsomehr dieses Passes der Donau versichert seyn möchte, auf den man billig eifersüchtig war, da er die Schiffarth des Flusses beherrschte, und das Bannat vor einem unversehenen feindlichen Ueberfall schüzen konnte, dem es von der westlichen walachischen Gränze her ausgesezt blieb. In kurzem war auch dieses Fort vollendet, und zu Ehren der kaiserlichen Gemahlinn Elisabethenschanz benennet. Bei Gelegenheit daß Hamilton in diese Gegend kam, besucht' er auch eine Meile von Mehadia den Ort, welchen die Römer ad aquas nannten, und welches die berühmten Bäder des Herkules sind. Er fand dieses herrliche Denkmal des grauen Altertums in dem traurigsten Zustand, und erhielt auf den Bericht, den er davon dem Kaiser abstattete, Befehl, es herzustellen. Mehrere Inschriften und Statuen wurden ausgegraben, und nach Wien gebracht, wo sie gegen-

wär-

wärtig zur Zierde des Vorsaals der kaiserlichen königlichen Bibliothek dienen (6).

Izt wurde Hamilton zu andern Geschäften gerufen. Er hatte im J. 1737. den Grafen Neuperg zum Nachfolger, und der Baron Engelshofen blieb noch Festungskommandant. Die dringendesten Befehle des Hofkriegsraths waren damals, die Werker von Temeswar selbst zu vollenden, und die kleineren Festungen der Provinz in bessern stand zu sezen. Man hatte Ursach so eilfertig zu seyn.

Karl VI. allezeit getreu seinen Verbindungen, stund mit Rußland in einer Off- und Defensivallianz; und da diese Macht mit der Pforte in Krieg verwikelt wurde, sah er nach vergebens versuchten Vergleichsunterhandlungen, sich in der Nothwendigkeit den Frieden zu brechen. Der Monarch erklärte feierlich die Ursachen, warum er zu den Waffen greifen muste.

Schon im Frühjahr von 1737. solte sich der Schauplaz des Kriegs an der Donau eröfnen, wohin die Truppen unter den Generalen Sekendorf, Khevenhüller, Sachsen-Hildburgshausen, Schmettau, marschierten. Sie stunden unter den Befehlen des Herzogs Franz von Lothringen, Grosherzogs von Toskana, und Gemahls der kaiserlichen Erbtochter.

Die ersten Unternehmungen der Kaiserlichen waren glüklich. Sie hatten Nissa in Servien ohne Mühe weg; worauf sie zwei grosse Detaschements formirten, deren eines unter dem Grafen Khevenhüller, in die Bulgarei rükte, und Widdin blokirte, das andere aber, unter dem Prinzen Hildburgshausen, bis in Bosnien eindrang. Andere kleinere Detaschements solten die Kommunikation zwischen beiden, und der grossen Armee des Generals Sekendorf unterhalten; dadurch war diese

 schon

(6) Der neunte Brief dieses Isten, dann der dreizehnte des IIten Theils

schon genug geschwächt, und izt rissen noch Desertion und Krankheiten ein, um die österreichische Macht beträchtlich in Abnahme zu bringen. Ali Bey Pacha, geleitet von den Rathschlägen des Grafen Bonneval, nüzte den schwachen Augenblik. Hildburgshausen wurde bei Banialuka geschlagen, und die Türken trieben die Kaiserlichen über die unwegsamen Gebirge zurük, welche den Eingang in Siebenbürgen schliessen. Khevenhüller muste von Widdin abziehen. Er kam mit ohngefähr fünftausend Mann, die ihm übrig geblieben waren, nach Orsova, von daher sie der Graf Salm nach Mehadia ins Bannat zurükführte, wo die Türken schon anfiengen, in kleineren Partheien, durch die Felsenschlünde des walachischen Gränzgebirges durchzudringen. Eine kaiserliche Flottille, welche zwischen Orsova und Widdin lag, muste nichtweniger sich zurükeziehen, und nun konnten die Ottomanen Nissa angreifen. Der General Doxat lag darinn, und hatte Befehl die Festung zu behaupten; er glaubte demohngeacht sich genöthiget, sie dem Feind zu übergeben, weswegen dieser Unglükliche den Kopf verlor, und die Offiziere der Besazung ehrlos erklärt wurden. Dem einzigen General Lentulus glükte seine Unternehmung auf Usitza in Bosnien; aber zu einer Zeit, da bei der grossen Armee solche Verwirrung herrschte, daß Sekendorf nach Wien berufen, ihm das Kommando abgenommen und mittlerweile dem Grafen Filippi übergeben wurde.

Alle Umstände bestätigten nun, wieviel darangelegen gewesen, den Festungsbau von Temeswar sowol als den kleineren Pläzen der Provinz, so eifrig zu betreiben. Man sah noch nicht ganz die Absicht des Feindes, und man konnte nicht wissen, ob er seine Waffen wider Belgrad oder das Bannat kehren würde. Der Graf Neuperg hatte nichts versäumt, ihn zu empfangen.

Aus dem lezten floh izt der gröste Theil der neuen Einwohner, die der umschaffende Mercy dahinversezt hatte, Deutsche sowol als andere Nationen, und keine Sorgfalt vermochte sie aufzuhalten. Bald sah man die Fabrikenvorstadt von ihren Künstlern und Manufakturisten verlassen, die Maschinen in ruhe und die Weberstüle leer; weg waren die Hände, die

die Temeswar zum Siz der Industrie machten, aus welchen sie sich durch das ganze Land verbreiten solte. So wahr ist es, daß das Schreken des Kriegs die Künste des Friedens verscheucht, und in einem Augenblik alle die schönen Werke vernichtet, die Jahre hindurch aus dem Schoose der Sicherheit aufkeimten.

Ueberdas fieng man an, in der Hauptstadt sowol als in mehreren Orten der Provinz, Spuren der Pest zu entdeken. Sie war nicht so ausgebreitet, und das Uebel zeigte sich auch nicht seinem äussersten Grade nach; aber man weiß, daß dieses schleichende Gift, wenn es einezeitlang sich verborgen gehalten hat, immer am ende nur fürchterlicher und grausamer auflodert. Allezeit hatte man ursach zu fürchten; noch mehr aber, da der Krieg die Bewegungs und Verwahrungsmittel äusserst erschwerte.

Im April 1738. waren die Türken schon zu Felde, und bedrohten das Bannat. Unterdes ihre grosse Armee sich diesseits Widdin zusammenzog, vereinigte der Bassa dieses Plazes fünfundzwanzigtausend Mann, mit denen er Demirkapi, oder das eiserne Thor passirte, und sich den 24sten des gesagten Monats bei Alt-Orsova lagerte. Hier verschanzt' er sich, legte Magazine und ein Zeughaus an. Den 11ten Mai gieng er aus diesem Lager, und näherte sich bei nacht der Festung, wo er dreitausend Mann gegen die Elisabethenschanz detaschirte, welche sie so muthig angrifen, daß es ihnen glükte, zwo Fahnen auf den Wall zu pflanzen. Es lagen vierhundert Reuter und drei Battaillons Infanterie unter den Befehlen des Majors Miseroni darinn. Obzwar diese Garrison unversehens war überfallen worden, that die Kavallerie dennoch einen Ausfall, muste aber vor der grossen Menge Janitscharen, welche sie einzuschliessen suchten, sich zurükeziehn, und die Infanterie, welche sich mit ihr vereinigen solte, konnte nicht geschwindgenug die Insel erreichen. Sie wurden grossentheils zusammengehauen: wobei der Major Miseroni selbst umkam, nachdem er sich tapfer vertheidigt hatte. Das Fort selbst gieng nicht verloren. Die Türken musten sich blos mit Altorsova, wo die Kaiserlichen grosse Magazine hatten, begnügen; sie konnten nichts weiter als vor der Elisabethenschanz ein starkes Detaschement lassen, welches sie gleichsam blokirt hielt.

Um diesen Vortheil zu nüzen, marschirte der Bassa von Widdin sogleich gegen Mehadia. Dieses Kastell dekte das Bannat, und war von dem Grafen Piccolomini mit sechshundert Mann besezt. Er wurde von zweitausend Türken angegriffen. Der erste und zweite Versuch waren vergebens; demohngeacht wiederholten sie den Angrif mit mehr Volk und Artillerie, so daß das Kastell vom 20. bis 24. Mai beschossen wurde; allezeit mit wenigen Erfolg und Verlust vieler Mannschaft. Nun bemächtigten sie sich einer Defilee, welche von Mehadia über Karansebes und Lugosch, nach Temeswar führet, durch welche der Bassa, da sie von den Kaiserlichen nicht war besezt worden, ein Korps von sechstausend Mann tiefer ins Bannat brachte, wo es in kleineren Schaaren sich überall ausbreitete, und tausend Frevel begieng. Viele Walachen, theils genöthigt theils aus Raubgier, vereinigten sich mit dem Feind, den sie dadurch ansehnlich verstärkten, und so unter dem Turban unkennbar, scheuten sie nicht, sich der Hauptstadt zu nähern, ihr Gebiete zu durchstreifen und zu verheeren. Ein gleiches widerfuhr dem benachbarten Csakova, und endlich rükten sie zu dem raizischen Mönchskloster St. Georg bei Denta vor. Alles dieses konnte man der Langsamkeit der Kaiserlichen zuschreiben. Der Graf Neuperg, welcher Piccolomini zu Mehadia gern zuhülfekommen wolte, hatte seine Truppen noch nicht vereinigen können; der Graf Königsegg befand sich zwar in Ungarn, aber krank, und erwartete den Grosherzog Franz, sowie die Vollmachten, mit denen er noch nicht versehen war.

Unterdes muste Piccolomini, der von keiner seite hülfe erhielt, und Mangel an allem litt, den 27. Mai von Mehadia abziehn; nach einer ehrenvollen Kapitulation, welche ihm die Türken zugestanden. Diese fiengen nun die förmliche Belagerung von Neuorsova an, welches sie, wie bereits gesagt worden, seit der Einnahme von Altorsova blokirt hielten.

Neu-

Neuorsova liegt auf einer Donauinsel. Die Festung, welche den Mittelpunkt derselben machte, war ein Parallelogramm, dessen Winkel jeder ein Bollwerk trug, und mit einem tüchtigen Graben, verdekten Weg, Kontreskarpen und andern Werken umgeben waren. Eine Kette von Bergen schüzte den Plaz; überdas fanden sich gegen abend überall Kasamaten, und von der Morgenseite noch ein Bollwerk angebracht, welches mittelst zwoer Brustwehren mit der Festung verbunden war, und die beiden Seiten der Insel dekte. Die Entfernung von Neu- und Altorsova beträgt nur eine halbe Meile, und etwas über der Elisabethenschanz war ein vierekigter Thurm, der mit der Festung Zusammenhang hatte.

Die Türken feuerten mit sechzehn Kanonen auf die Elisabethenschanze und auf die Festung Orsova. Der Bassa, welcher die Belagerung kommandirte, lies die Garnison auffordern, sich zu ergeben, oder er würde alles niedersäbeln lassen; worauf der Kommandant Obrist **Kronberg** antwortete: er wolle seinen Kopf nicht wie der General **Doxat** verlieren und lieber lebendig unter die Ruinen des Plazes begraben werden, als einen fusbreit weichen. Seine Ordre war, sich bis auf den lezten Augenblik zu halten, indem er auf schleinigen Sukkurs zu rechnen hätte.

Wirklich vereinigten sich viele Truppen zu Temeswar mit dem General **Königsegg**, und den 20. Junius kam auch der Grosherzog mit dem Prinzen **Karl** von Lothringen an. Sie brachen zween Tage nachher mit der Armee auf, so daß sie den 24. zu Lugosch, und in andern zween Tagen zu Karansebes waren, wo sie den Weg nach Mehadia oder Orsova nehmen konnten. Der Grosherzog beschlos, erst die Belagerung von Mehadia anzufangen. Er lies sechs Regimenter Kavallerie zur Sicherheit des Bannats zurük; dagegen führte der Fürst **Lobkowiz** General der Kavallerie, der Armee ein Korps Truppen aus Siebenbürgen zu. Ihr Marsch gieng durch das Gebirge, und konnte nicht anders als sehr langsam seyn, besonders in der Gegend um Slatina, wo der ganze Weg auf der einen seite von der Temes, die hier am Fusse striler Felsen sich fortreißt, und auf der andern von einem diken Wald eingeschlossen ist Dem Grosherzog, der sich auf dem langweiligen Marsche

zu

zu zerstreuen, mit dem Prinzen seinem Bruder und wenigem Gefolge, eine kleine Jagdparthie machte, sties ein sonderbarer Zufall auf.

In dem diken Gebüsche von ihrem Weg verloren, hatten sie auf einmal einen Trupp bewafneter Leute vor sich. Es waren Walachen, die auf Rechnung der Türken und als solche verkleidet, sich Raub und Mord erlaubten, deren Anführer izt dem Grosherzog sich zu füssen warf, Pardon bat, und sich erbot, ihn auf den rechten Weg zu bringen, indem noch andere Räuberpartheien sowol als zahlreiche Rotten Türken, sich im Walde verstekt hielten. Franz hatte Entschlossenheit genug, sich dem Harambassa (so nennt man im Bannat die Anführer der Räuberbanden) anzuvertrauen, der ihn auch glüklich zur Armee brachte, dafür beschenkt und mit einem Jahrgehalt zum Haupt der Plaias ernennt wurde; welches eine Gattung berittener Leute ist, die gebraucht werden die Räuber, besonders in den Gränzen zu verfolgen. Dieser Mann nennet sich Peter Vancsa und lebt noch im Bannat (7).

Daß wirklich in diesem und den benachbarten Gebüschen Türken im hinterhalte lagen, zeigte sich, als die Armee bei dem nächsten Dorf Kornia, den 3. Julius haltemachte. Eine Menge derselben sammelte sich auf den Gebürgen, wo sie sich herabzogen, um die kaiserlichen Vorposten zu beunruhigen. Den folgenden Tag postirten sich diese auf einem Hügel, sozwar daß ihr linker Flügel den platten Gipfel desselben bedekte. Beide Armeen waren nur durch ein enges Thal abgesondert; denn auch die Türken stunden auf einer Anhöhe, die sich in eine Ebene ausbreitete.

Um zwei Uhr nachmittags sezte sich der Feind in Bewegung, kam von seiner Anhöhe durch das Thal herüber, bis an den linken Flügel und grif seine erste Linie an, welche anfangs in etwas beugte. Das gab den Türken einigen Vortheil. Ein starkes Korps drang in den Mittelpunkt der

(7) Einige Jahre darauf lies die Kaiserinn Elisabeth zu Ehren U. L. F. eine Kapelle bauen, deren Inschrift das Gedächtnis dieses Zufalls enthielt.

der Kaiserlichen, so daß einige derselben bis in das Hauptquartier kamen, da ihren Tod zu finden. Izt griffen sie auch den rechten Flügel an, wurden aber so gut empfangen, daß sie sich um fünf Uhr schnell in die Flucht stürzten, und fünf Kanonen mit einiger Munition hinter sich liessen; nur konnten die Kaiserlichen sie nicht verfolgen, da der Regen ihre Gewehre und Patronen völlig unbrauchbar gemacht hatte.

Hierauf sezte sich die Armee den 8ten Julius wieder in Marsch, und lies alles Gepäke im Lager, mit einer Bedekung von zwei Husarenregimentern zurük. Sie marschirte in zwo Kolonnen, die eine zur rechten, die andere zur linken. So kam man den folgenden Tag vor Mehadia, und es lief die Nachricht ein, daß die Türken ihr Lager mit Zelten und andern Effekten verlassen hätten. Der Grosherzog lies die Besazung auffordern. Sie bestund aus zweitausend Janitscharen und dreihundert Artilleristen, welche kapitulirten; worauf sie mit ihrem Kommandanten, Aga Ibrahim, zu ihrer nächsten Armee geleitet wurden.

Den 10ten wuste man schon, daß der Feind von Orsova abgezogen war, wo er sein Lager mit Zelten, Gepäke, Munition und Artillerie zurüklies. Izt stund der Grosvizir mit seiner Armee vor Gladowa.

Auf diese Nachrichten zogen sich die Kaiserlichen hinter das Kastell von Mehadia, wo sie den 15ten hörten, daß die türkische Armee sich nähere, sie anzugreifen. Wirklich sah man die Ottomanen bald auf die untere Schanze des Kastells herfallen, welche sie zwar wegnahmen und die Garnison niedermachten, von den Kaiserlichen aber wieder daraus vertrieben wurden. Die ganze feindliche Armee kam nun näher, dreimal schlugen sie Sturm an der obern Schanze an, und dreimal wurden sie mit Verlust zurükgeschlagen; das hinderte sie nicht auch den vierten Versuch zu wagen, wo sie zugleicherzeit sechs Kavallerieregimenter angrifen, welche unter dem Grafen Filippi ihren Angrif solang aushielten, bis der General Neuperg mit einigen Grenadierkompagnien und zwo Brigaden sich näherte. Der Graf Preissing und der Herr von St. Ignon, beide Generalmajors der Kavallerie, eilten gleichfalls mit ihren Brigaden herbei, und die Türken musten sich mit grossem Verlust zurükziehn. Zugleich stieg die kaiserliche Infanterie das Gebirge herab, welche die Fliehenden in den Defileen verfolgte, und eine grosse Anzahl tödtete. Sie liessen dreitausend Mann zurük; dagegen die Kaiserlichen nur tausend zweihundert verloren, und beträchtliche Beute machten, dreiunddreissig Fahnen, eine grosse Trommel, wie sie die Janitscharen führen, und zwei paar Pauken eroberten. Der Grosherzog hatte dieser Aktion von anfang bis zu ende beigewohnet, und begab sich nun nach Ofen und folgends nach Wien, um sich von einem heftigen Fieber herzustellen.

Bis izt waren die Erfolge so erwünscht gewesen, daß das Bannat sich schon vor aller weitern Belästigung der Ottomanen sicher hielt. Möchte man doch nie vergessen, wie unbeständig das Glük der Waffen ist!

Wie die kaiserliche Armee, unter den Befehlen des Grafen Königsegg, den 18. August über die Donau gesezt, und bei Semendria haltegemacht hatte, kehrten auch die Türken auf Neuorsova zurük. Der Graf schikte zwar Proviant und Munition dahin; aber der Grosvizir wuste seine Janitscharen durch beträchtliche Geschenke, die er ihnen versprach, aufzumuntern: nach mehreren Versuchen machten sie endlich einen so lebhaften Angrif, den ihre Artillerie und das Musketenfeuer so kräftig unterstüzten, daß sie sich der äussern Werker bemächtigten, und nun den Plaz selbst angreifen konnten, wo das Kanonenfeuer bereits mehrere Breschen gemacht hatte. Die von zweitausend auf achthundert Mann herabgeschmolzene Garnison kapitulirte auf ehrenvolle Bedingungen, indem sie bewafnet, mit Gepäke, Munition und auch einigen Kanonen abzog. Die ganze zahlreiche und schöne Artillerie der Festung abzuführen, wolten die Türken nicht zugestehn.

Mit der Eroberung von Orsova hatte die türkische Armee ihrer Flotte, welche zu Widdin lag, die Schiffarth auf der Donau eröfnet; und nun sezte der Vizir die Belagerung von Belgrad zum Ziel seiner Unternehmungen. Die Kaiserlichen sezten sich in Marsch, um sich unter den Kanonen der Festung zu lagern. Izt benachrichtigte der Graf Königsegg den Monarchen von der nähernden Gefahr; worauf der Grosherzog eiligst in Servien ankam. Es wurde nach einem mit den Generalen der Armee gepflogenen Kriegsrath beschlossen, daß die ganze Infanterie sich in die Festung werfen, die Kavallerie aber über die Saw nach Semlin sich ziehen solte. Das geschah nicht ohne Widersezung der Türken, die nach starken Tagreisen die Anhohen um Belgrad gewonnen hatten.

Alle Umstände kündigten eine Belagerung an; doch da man schon tief im Herbste war und häufige Regen fielen, waren die Türken die ersten, welche abzogen. Ihre grosse Armee gieng nach Widdin in die Winterquartiere. Auf ihrem Rükzug grif ein Detaschement derselben Semendria an, wo die Besazung, tausend Mann stark, sich ergeben muste; ein anderes Detaschement gieng bei der Insel Ostrova über die Donau, und hatte in der Eile Uipalanka im Bannat erobert.

Von hier aus breiteten sich die Türken sowol in den Distrikt von Uipalanka selbst, als in den nächsten Werschezer und Pancsova'er Distrikten aus, wo sie die grausamsten Verwüstungen anrichteten. Die Raubbegierde gesellt' ihnen bald auch die Walachen zu, die sich für Truppen des Fürsten Franz Rakozi ausgaben; welchen die Türken wieder auf den Schauplaz brachten, und welcher wirklich sich zu Widdin aufhielt. Der durch sie verursachte Schaden war unendlich grösser, als der, den die Türken selbst anrichteten, indem sie alle Deutsche, die ihnen in die Hände fallen mochten, um geringes Geld in die Sklaverei verkauften. Meistens betraf solches diejenigen, welche die Gebirge um Orsova und Mehadia, an den Gränzen der eigentlichen Walachei, bewohnten. Bei sovielen Unglüksfällen, welche das Bannat heimsuchten, grif die Pest im=

immer weiter um, und das Uebel zeigte sich durch seine tödtlichen Wirkungen von der giftigsten Art.

Da die Bestimmung des Grafen **Neuperg** war, mit denen im Bannat befindlichen Truppen bei der Armee zu seyn; so wurde mit dem eingehenden 1739sten Jahre, die Interimallandesregierung aufsneue dem Baron **Engelshofen** anvertrauet — ein Mann, der die Thätigkeit und jede Eigenschaft hatte, welche die gegenwärtigen Umstände forderten.

Unterdes kam man mit den Friedensunterhandlungen, welche Frankreich durch seinen Minister bei der Pforte zu eröfnen suchte, um nichts weiter; vielmehr sezten sich die Armeen der kriegenden Mächte in bereitschaft, ins Feld zu rüken. Der Sammelplaz der Türken war bei Nissa und dem Fluß Morava, wo der Grosvizir mit dem Grafen **Bonneval**, damals schon Bassa von zween Roßschweifen, in kurzem eintraf. Ihre Flotte ankerte zwischen dem Paß Mala Golumbina und der Insel Porec; von daher sie die Kaiserliche observirte.

Den 27sten Junius sezte die kaiserliche Armee über den Sawstrom. Sie kampirte bei Mirowa, ganz nah an Belgrad. Geschäfte von Wichtigkeit musten den Grosherzog am Hofe zu Wien zurükhalten; denn der Feldmarschal **Olivier Wallis** erhielt nun das Oberkommando. Er blieb im Lager von Mirowa bis zum 17. Julius; wo er den Grafen **Neuperg** erwartete, der sich mit dreizehntausend Mann aus Temeswar gezogen hatte. Der Feind marschirte gegen Semendria, und **Wallis** gedachte ihn anzugreifen. Beide Armeen stiessen bei Krotska aufeinander: das Gefecht begann den 22. Julius, um zwei Uhr morgens, dauerte über zwei Uhr in die Nacht, und war eines der blutigsten. **Neuperg** traf auch mit seinen Truppen ein; aber sie vermochten die Sachen nicht herzustellen. Kurz die Kaiserlichen musten sich unter Belgrad zurükziehn, und aller Vortheil blieb auf seite der Ottomanen.

Nun

Nun rükte der Grosvizir, nachdem er ein starkes Korps über die Donau vor Pancsova geschikt hatte, mit der grossen Armee soweit vor, daß man ihn den 25sten des gesagten Monats vor den Linien von Belgrad sah. Der Feldmarschal, welcher glaubte, er würde ihn angreifen, stellte sich in Schlachtordnung, und erwartete vergebens den Feind den ganzen Tag unter den Waffen. Er sah nicht, daß die List der Türken ihn nur aus seinen Linien loken wolte. Um besser ihre Absicht zu deken, lies sich ein Korps an den bannatischen Donauufern sehn. Getäuscht von dieser Bewegung, sezte **Wallis**, nach einem gehaltenen Kriegsrath, seine Armee in der Nacht vom 28 bis 29sten über den Fluß, und grif das feindliche Korps an; welches nach einer schönen Vertheidigung sich gegen Uipalanka zurükzog. Unterdes hatte sich die grosse ottomanische Armee in die Linien von Belgrad gezogen. Die Kaiserlichen, wie sie ihren Irtum einsahen, kehrten über die Donau zurük. Zuspät — die Türken hatten sich schon in den Linien verschanzt; schon fiengen sie das Bombardement an, und schon stürmte ein Detaschement, mit der Fakel in der einen und dem Säbel in der andern Hand, das Thor von Sabatz. Doch hier wurden sie zurükgeschlagen. Izt schlugen sie an dem Bolwerk **St. Elisabeth** und dem **Thor Wirtenberg** an; der Grosvizir lies von allen seiten Leitern herbeischaffen, um einen Hauptsturm zu wagen — er feuerte seine Kommandirten an, und sie kannten seine Freigebigkeit. Die Bomben, Kanonenkugeln und Steine, welche eine ganze Nacht hindurch in die Stadt flogen, ruinirten drei Strassen, mehrere Kirchen und Klöster; aber der General **Succow**, der in der Festung kommandirte, und eine Garnison von vierundzwanzig Battaillons und zweiundzwanzig Grenadierkompagnien unter sich hatte, vertheidigte sich, wie man es erwarten konnte.

In dieser Lage fiengen die Unterhandlungen an, durch welche Belgrad den Türken überlassen wurde — Unterhandlungen, welche bekannt genug sind, und eine Folge der wechselseitigen Volmachten waren, welche der Grosvizir, der die Armee begleitende französische Botschafter, und der Graf **Neuperg** hatten. Diese Uebergabe verwunderte Europa sosehr, als sie die grosse Seele des Kaisers mit Schmerz erfüllte, wie man ihm die den 1. September 1739. im türkischen Lager vor Belgrad unterzeichneten Friedenspräliminarien vorlegte (8). Diese Präliminarien wurden noch denselben Monat bestättiget, somit ein förmlicher Waffenstillstand auf siebenundzwanzig Jahre geschlossen.

Die Hauptartikel waren: die Abtretung von Belgrad, nach seinem alten Umfang, so nemlich daß die Werker des Kastells sowol als der Stadt, binnen sechs Monaten geschleift seyn müsten, ebenso die Festung Sabatz an der Saw, und solte in dieser sowol als zu Belgrad, alles was beweglich, Artillerie, Munition und Proviant, den Kommissarien ausgeliefert werden; ferner überlies man der Pforte Servien, den ganzen gebirgigten Theil der Walachei, welcher vorher die österreichische hies, desgleichen die Insel und Festung Orsova, samt der Elisabethenschanze. Dagegen verblieb dem Hause Oesterreich das ganze Bannat Temeswar, nur den schmalen Strich Landes ausgenommen, wo der Fluß Cserna, wie er sich in die Donau ergiesset, Orsova gegenüber eine Art von Erdzunge machte: diese solten die Türken behalten, jedoch nur auf den Fall, daß sie die Cserna abgraben und dadurch diese Erdzunge in ihr Territorium ziehen könnten, und würden sie, wenn man in Jahresfrist mit der Arbeit nicht zustandekäme, alles Rechtes darauf verlustig seyn. In den übrigen Artikeln waren die Abtragung der Werker von Mehadia, Uipalanka, Kubin, Pancsova, und andere Gegenstände von minderer Wichtigkeit, bedungen.

Nach einem für das Haus Oesterreich so beträchtlichen Verlust, kehrte der menschensegnende Friede wieder ins Bannat zurük: Euer Excellenz erlauben, daß ich mich weitläuftiger bei den Wirkungen und neuen Anstalten aufhalte, die aus dem Ruhestande der Provinz hervorkeimten.

Dem Grafen Neuperg folgte der Baron Succow im Generalkommando. Seine erste Sorgfalt war, Ordnung im Innern des Landes herzustellen; indem es durch den Krieg in seiner ökonomischen, bürger-

(8) Die Circularbriefe, welche bei dieser Gelegenheit an die fremde Höfe ausgefertigt wurden. Histoire de l'Empereur Charles VI. Tom. V. p. 140.

gerlichen und politischen Verfassung zerrüttet war, sowie seine Population, durch die noch daurende anstekende Seuche sehr abnahm. Succow war ein Mann von alter Art und Redlichkeit, äusserst strenge, wenn seine Befehle nicht pünktlich beobachtet wurden. Auch segnete die göttliche Vorsicht seine Anstalten; denn in kurzem sah sich durch sie und die Fürbitte des h. Johann von Nepomuk, den die katholischen Einwohner der Provinz eifrig anriefen, die Hauptstadt von dieser todtenden Landplage befreiet.

Mittlerweile war der Baron Engelshofen zu Orsova, um die Gränzen des Bannats an der Czerna, zufolge des angeführten Friedensartikels zu berichtigen. Die türkischen Kommissarien, welche vom Bassa zu Belgrad dahingeschikt waren, hatten zween französische Ingenieurs bei sich.

Es begrif die gedachte Erdzunge sieben Dörfer, nämlich Peschinesska, Persa, Toplez, Karabinik, Surfura, Schupanek und die warmen Bäder von Mehadia; denn diese lezteren zu erhalten, war die Absicht der Türken bei den Traktaten gewesen. Die Kommissarien und Ingenieurs beider Theile stellten die sorgfältigsten Messungen an, und man kam überein, daß den Fluß aus seinem alten Bette zu leiten, kein anderes Mittel sey, als seine Wasser in einen Kanal zu sammeln, und solchen zur linken von Altorsova in die Donau zu führen. Die Unternehmung war gros, und nichtweniger schwer; denn dieser Kanal muste über drei Meilen am Fusse der Gebirge fortgeführet werden, welche diese Erdzunge umgeben. Das benahm den Türken den Muth nicht. Sogleich liessen sie die Arbeit anfangen, und wirklich verdienet das Stük, welches am Weg von Schupanek ins Bad davon noch übrig ist, Bewunderung. Der Kanal, wie er sich an einem Berg vorbeischlinget, ist mit Bogen unterbauet, welche spizige Winkel machen und mit Ziegelsteinen zu einer höhe von ohngefähr dreissig Fus aufgemauert sind. Undankbare Arbeit! Die Wasser des Flusses liefen in ihrem alten Bette niedriger weg, als daß man sie in das neue hätte bringen mögen; man kam also, in der gesezten Jahresfrist nicht zustande damit, und der strittige Distrikt, mit alle den Dörfern, die er in seinem Umfange begrif, blieb unter österreichischer Herrschaft. Man sagt, der Baron Engelshofen habe

habe durch seine Klugheit das ganze Geschäft auf solche Art einzuleiten gewust; soviel ist gewis, daß er sich bei dem kaiserlichen Hofe mit dieser Kommission nichtwenig Verdienst machte.

Der Baron Succow hatte das Ende derselben nicht erlebt. Seinem Tode folgte bald eine algemeinere, schmerzhaftere Trauer, indem Karl VI. in der Nacht von 18. zum 19. Oktober des J. 1740. seine glorreiche Laufbahn beschlos. Was die Thränen der Völker noch unendlich minderte, war, daß die Erbinn seines Blutes und seiner grossen Eigenschaften, Maria Theresia, auf dem Thron seiner Erbkönigreiche und Staaten folgte. Gleiche Grösse der Seele, herablassende Gnade und Eifer die Völker glüklich zu machen, welche den erhabenen Vater zeichneten, liessen in ihr den Völkern des Bannats die schmeichelhaftesten Hofnungen; und wirklich sahen sie sich darinn nicht getäuscht, indem die grosse, unüberwindliche Monarchinn, unter schweren, langwierigen Kriegen, das Bannat nie aus dem Gesichtskreis verlor, vielmehr die glänzendesten Beweise gab, wie angelegen ihr die Verbesserung dieses Landes, und seiner bürgerlichen Verfassung war.

Nach Ernennung des Grafen Scotti zum Kommandanten der Festung, wurde dem Baron Engelshofen bereits im J. 1742. die Landesregierung übergeben. Die vom Hof anbefohlene Vollendung der Festungswerker, war die erste, und die Verschönerung der Stadt die zweite Sorgfalt. Ausser der grossen Kaserne, welche Mercy bereits errichtet hatte, baute man izt noch eine andere, welche den Ingenieurs zur Wohnung dienen solte; das Bürgerspital kam vollends zustande; und der Bau der Kathedralkirche zum h. Georg, wurde lebhaft betrieben. Nikolaus Stanislovics, aus der Bulgarei gebürtig, war damals Bischof zu Csanad.

Alle Kasernen, für die Infanterie sowol als Kavallerie, welche man zu Csakova, Lugosch, Karansebes, Uipecs, Werschez, Neuarad, Pancsova, Weiskirchen, Mehadia, Grosbecskerek und anderwärts im Lande findet, sind Engelshofens Werk; sowie auch unter ihm im J. 1745.

der

der Anfang zu einem Kanal gemacht wurde, durch welchen man die stehenden Wasser vom obern Theile des Illancer Morastes abzuziehen suchte, wo dieser Morast von Mitternacht durch den Fluß Pirda und gegen Mittag durch die Bersova eingeschlossen wird. Der Kanal solte vom Dorf Denta im Csakowa'er Distrikt, bis an den Ausfluß der Bersova in die Temes, über Manak hinaus gezogen werden. Ich werde nicht vergessen, in der Folge von den Verbesserungen und Zusäzen zu reden, welche dieser Plan bis zu seiner Vollendung noch erhalten hat; izt einen Seitenblik auf den Oekonomie und den Populationsstand.

Unter soviel schönen Anstalten, durch welche **Mercy** der Industrie neue Bahnen zu eröfnen bemüht gewesen, hatte sich nur die Kultur der Maulbeerbäume mit dem Seidenbau erhalten, dessen Fortgang jedoch sehr langsam war. Abt **Rossi**, der damals schon ein Kanonikat an der Kathedralkirche hatte, führte noch die Aufsicht.

Für die Population zeigten sich günstigere Aussichten. Eine Menge Raizen, Servier und macedonische Griechen, müde unter der ottomanischen Herrschaft zu leben, kamen aus eigenem Trieb ins Bannat, sich neue Wohnsize zu bauen. Auch zog der Bischof **Stanislovics** viele Familien seiner katholischen Landsleute aus der Bulgarei, welche nicht wenig Reichtum ins Land brachten, und sich in zwo Kolonien vertheilten, deren eine zu Vinca im Distrikt von Lippa, die andere in dem von Csanad, zu Beschenova sich niederlies. Da ihre Industrie sich auf den Korn- und Viehhandel heftete, so wies man ihnen Grundstüke und Akerland an. Für ihre geistlichen Bedürfnisse, wurde denen zu Beschenova ein Pfarrer ihrer Nation zugelassen, der zu Rom in der Propaganda erzogen war; die zu Vinca aber besorgten einige Franziskaner der bulgarischen Provinz. Diese Religiosen erhielten Erlaubnis, auch zu Karaschova ein Konvent zum Unterricht und geistlichen Beistande der katholischen Einwohner dieser Gegenden, zu errichten.

Schon zu **Mercy's** Zeiten hatte man die bannatischen Gebirge erzhaltig gefunden, und wie man der ersten Entdekung immer weiter nach-

nachgieng, so wurden unter Engelshofens Regierung mehrere Eisengruben, Kupfer und Bleigänge belegt, welche beide leztere sich zugleich silberhältig zeigten. Der Hof gab Berggesäze, und traf Anstalten, welche die Gewerken einladen konnten. David von Hübner war einer der unternehmendesten; seine Standhaftigkeit ist es, welcher man die Entdekung der bekannten Simonis und Judägrube zu danken hat. Es wurden immer mehrere Gänge erschürft, so daß ein eigenes Montanisticum angeordnet, und das Land in vier Bergämter Oraviza, Dognacska, Saska und Moldava eingetheilet werden konnte, die unter dem Oberbergmeister zu Oraviza stunden, sowie dieser von einem zu Temeswar, aus zween Räthen und übrigen Personal bestehenden Departement abhieng. David von Hübner bekleidete, einen langen Zeitraum hindurch, eine dieser Rathsstellen, und Johann Michel von Brandenburg genos in gleicher Eigenschaft, einen Antheil des Ueberschusses der Eisengruben von Moraviza und Reschiza. Auch ist es der lezte, welcher den Hochofen zu Bogschan angegeben hat (9).

Besonders merkwürdig für das Bannat ist das Jahr 1751. geworden. Nach dem Auftrag, welchen der Baron Kämpf vom Hof erhalten hatte, die volständigste und genaueste Kenntnis von der gegenwärtigen, ökonomischen sowol als politischen Verfassung des Landes einzuziehen, gefiel es der Monarchinn mit Zuziehung ihres Staatsrathes, das Sistem zu verändern, und die durchaus militarische Regierung, grösten theils in die kameralische überzusezen. Das ganze Bannat war damals in die Distrikte von Temeswar, Becskerek, Csanad, Werschez, Lippa, Lugosch, Karansebes, Mehadia, Ujpalanka und Pancsova eingetheilet. Von diesen blieben nur diejenigen unter dem Militar, wo eine grössere Anzahl Truppen ihre Standquartiere halten müssen, wie an den Ufern der Donau, Servien gegenüber, und an den Gränzgebirgen der Provinz an der türkischen Walachei: d. i. die Distrikte von Pancsova, Ujpalanka, Mehadia, und ein Stük von Karansebes, welches über

(9) Der fünfte, sechste, siebente und achte Brief des 2ten Bandes.

über zwanzig Dörfer begreift, ferner einige wenige Dörfer von Becskerek zunächst an der Theiß und von der Gemeinde zu Kikinda abhängig. Alle übrigen Distrikte wurden kameralisch, und der unmittelbaren Obsorge einer hohen Landesstelle untergeben, welche man die k. k. Landesadministration nennet. Sie bestund aus einem Präsidenten und sechs Räthen, mit einer verhältnismässigen Anzahl, Sekretarien, Koncipisten und dem übrigen bei der Kanzlei, Expeditur, Registratur, Buchhalterei, königl. Kassa, nicht minder bei dem Banko, Forst und Bauwesen und der Justizpflege nöthigen Personal. Die Ober und Unterbeamte der zum Kamerale gezogenen Distrikte, die Einnehmer der königl. Gelder sowol als Getreid- und Heuzehenden, Zölle und Mauthen, selbst in den Militardistrikten, endlich die Kontumazanstalten zu Pancsova, Kubin, Ujpalanka und Schupanek, hiengen von dieser Stelle ab. Das Bergwesen war der Landesadministration nicht unterworfen; es trug sich nur zufälliger Weise zu, daß der Präsident derselben es zugleich auch vom Montanistikum, nicht allein des Bannats, sondern auch von Rosbania in Ungarn, gewesen ist.

Nun kam der erste, welcher mit der neuen Würde bekleidet war, der Graf Perlas, im J. 1752. im Land an. Er behielt solche sechzehn ganzer Jahre ununterbrochen, und diesen langen Zeitraum hindurch, gedieh diese Landesstelle, in allen ihren Untertheilungen zur Vollkommenheit; es wurde das Personale derselben vermehret, damit jeder seiner Schuldigkeit desto ungehinderter und eifriger genugthun könnte.

Izt fieng man an, auf dem Plaz der Domkirche, die sozusagen vollendet war, einen Palast zur Wohnung des jedesmaligen Präsidenten zu bauen, dessen unterstes Stokwerk zugleich für die Kanzlei und Expeditur bestimmt seyn solte. Die übrigen Aemter, als Buchhalterei, k. Kassa, Banko, Forst- Bau- Proviantdirektion u. a. waren schon anderwärts verlegt.

Das höchstnüzliche, menschenfreundliche Institut der barmherzigen Brüder, welche seit 1732. ein Haus zu Temeswar hatten, erhielt im J. 1753. Erlaubnis eine Kirche mit ihrem Spital zu verbinden, und die allerhöchste Milde stiftete eine gewisse Anzahl Betten für arme Kameralbediente. In eben demselben Jahr wurde die mit der Jesuitenkirche verbundene Pfarr, mit neuen Einkünften dotirt, und in stand gesezt ihren Bau fortzuführen. Man vergrösserte auch die Wohnungen der Ober und Unterbeamten in den Kameraldistrikten, und verbesserte mehrere, theils öffentliche theils Privatgebäude.

Bei alle diesen Arbeiten versäumte man nicht neue Dörfer anzulegen, die sich mit Raizen und Walachen bevölkerten. Eines derselben, welches Titul gegenüber, wo die Theiß den Veg aufnimmt, in die höhe stieg, wurde Perlaswaros benennet.

Zugleicherzeit vermehrten sich in den Vorstädten von Temeswar, zu Mihala und bei den Fabriken, die Einwohner, durch mehrere Familien der obgedachten Nationen, welche hier sich sammelten; auch die Zigeuner kehrten zur menschlichen Geselschaft zurük; eine andere Vorstadt, welche zwar nur arme Hütten für Gärtner hatte, und daher von den Deutschen Meierhof genennet wurde, breitete sich immer weiter aus, bis durch die gesunde Luft und schöne Lage eingeladen, mehrere wolhabende Bürger, in der Gegend, wo der Kanal, wie er seinen Weg um die Stadt gemacht hat, sich in einer geraden Linie fortziehet, Vorwerke und Gärten anlegten.

Währendem lezten Krieg hatten die neue Pflanzer gröstentheils das Land verlassen. Die Landesregierung machte im Jahr 1763. einen wesentlichen Gegenstand daraus, die leerstehenden Wohnungen zu ersezen, und ausgebige Mittel zu finden, wie neben den hergestellten alten, noch neue Kolonien anzuziehen seyn möchten. Knoll, Verwalter des temeswarer Distrikts, Laff, Kontrolor von Csanad, der Herr von Neumann, der damals bei dem siebenbürgischen Salzdepot zu Lippa angestellt war, und der Administrationsrath Hildebrand waren es, die einer nach dem andern dazu befehliget waren, Dörfer und Wohnungen für die neuen Ankömmlinge zu errichten. Jeder Familie wurde Haus

und

und Feld angewiesen: man versah sie mit dem nöthigen Zugvieh, Fütterung und Getreide auf ein Jahr, nebst dem nöthigen Aker und Wirtschaftsgeräthe, oder man gab ihnen auch baares Geld zu diesen Ausgaben, welches sie nach drei Jahren in kleineren Posten abzahlten. Während diesem Termin, hatten diese Familien Gelegenheit genug, sich ihrer Hände zu bedienen, und ihr Gewerbe in solchen stand zu bringen, daß ihnen die gemeinen Landesabgaben nicht lästig fallen konnten.

Im J. 1764. vermehrte **Knoll** die Anzahl der Häuser mit deutschen Einwohnern zu **St. Peter, Brukenau, Jarmata, Freidorf** und **Rekasch**, welcher lezte Ort sonst von katholischen Raizen bewohnt ist; ein gleiches geschah 1765. zu **Mercidorf**, italiänischen Ursprungs; und 1766. erbaute er **Billeset** mit 254. Wohnhäusern.

Gleichergestalt vermehrte **Laff**, in den J. 1764 und 65. die Dörfer **Csanad, Periamos** und **St. Miklos** mit Deutschen.

Der Administrationsrath **Hildebrand** baute von Grund auf, in den Jahren 1765. **Szakelhaz** mit 300, 1767 **Hazfeld**, für lothringische Familien, mit 40; **Gros-Jecsa** mit 200 und **Csadat** mit 202 Häusern.

Neumann versezte 1764. vierundachzig Familien nach Lippa, grössentheils deutsche Handwerker und unter andern auch Strumpfweber, die in Seide arbeiteten. Er vollendete noch in demselben Jahr das Dorf **Guttenbrunn**, mit 142; baute 1765. **Neudorf** mit 150; 1766. **Schöndorf** mit 200, und **Engelbrunn** mit 106 Wohnungen; ausserdem daß er **Neuarad** mit 82 Häusern und ebensoviel Familien, aus verschiedenen Reichsländern, vermehret hatte.

Bei solchen Maasregeln wuchs die Population des Bannates zusehends. Auch mußt' es für die Pflanzer anlokend seyn, da izt die Einwohner von Vinca Stadtrechte mit andern anhängigen Privilegien erhielten. **Theresienstadt**, dies war der Name, den der Ort annahm,

konnte

konnte sich einen Magistrat aus Nationalen erwählen, dessen Gerichtsbarkeit sich auf bürgerliche und peinliche Fälle erstrekt; mit der Einschränkung nur, daß Todesurtheile von der k. k. Landesadministration bestätiget werden, und bei allen Sizungen ein Komissär und königlicher Sindikus gegenwärtig seyn müssen. Diese haben zugleich die Aufsicht, in Beitreibung der landesherrlichen Gefälle, mögen sie in Geld oder Naturalien, als Zehenden, zu entrichten seyn (10).

Und so war denn das Land, durch all diese vereinigten Anstalten, schon sehr in Aufnahme gekommen. Um nichts unvollendet zu lassen, solten noch die Luft soviel möglich gereiniget und weite Gegenden gewonnen werden, die in ihrem gegenwärtigen Zustand für Akerbau und Viehzucht verloren waren; in welcher Absicht der allerhöchste Hof den berühmten Ingenieur Fremaut, einen Niederländer, ins Bannat schikte. Einen flüchtigen Blik auf seine beiden vorzüglichsten Unternehmungen.

Sein erstes war dem mercischen Kanal, in welchen der Beg eingeleitet ist, zu grösserer Vollkommenheit zu bringen. Er schlug vor zu Kustil im lugoscher Distrikt, eine Schleuse anzulegen, durch welche mittelst eines bis an die Temes gezogenen tiefen und weiten Grabens, das Wasser dieses Flusses nach Bedürfnis in den Kanal gebracht, mithin dieser zu aller Zeit schifbar erhalten würde: sowie im Gegentheil, wenn für die Schiffarth sowol als die angelegten Mühlenwerke, sich zuviel Wasser im Kanal sammeln möchte, solches gleichfalls in die Temes abzuleiten, auf eine andere Schleuse bei Topolowiz fürgedacht war. Der lezte Fluß muste eine lange Streke hin, aus seinen Krümmungen in ein gerades Bette gebracht; es musten zwei kleinere Seitenkanäle gegraben und an den gesagten Orten zwo Schleusen erbauet werden — man fieng im J. 1759. mit dieser schönen und nüzlichen Arbeit an, und 1760. war alles zustandegebracht.

Das

(10) Die beträchtlichen Summen, welche diese bulgarischen Kolonisten durch die eingerissenen Viehseuchen verloren, sezten ihren ersten Reichtum sehr herab, und Theresienstadt hat nun vor einem gemeinen walachischen Dorfe nur den Namen bevor.

Das zweite Projekt war, den untern Theil des grossen Morasts Illancer, im Distrikt von Becskerek, und auch den Alibonar bei Werschez, auszutroknen. Nach Fremauts Idee, solte ein grosser Kanal von der Temes zwischen Potosch und Marianoiella gegraben, die erste Linie bis Pirinka hinaus verlängert, mit der andern bis an den Illancer fortgegangen, und von diesem eine Diagonallinie über den Fluß Bersova hinaus, etwas über Manach gezogen werden; so daß diese lezte Linie diejenige kreuzen muste, welche 1745. angefangen worden und bis Denta lief.

Dieser weitläuftige Plan konnte erst 1768. nach seinem ganzen Umfang ausgeführet werden. Man hatte die lezte Linie zwischen den Flüssen Bersova und Pirda vollendet, und von dieser einen querlaufenden Durchschnitt bis an das deutsche Dorf Detta, gegen die Soka angebracht, um in diesen die Wasser der Pirda zu sammeln. Fremaut selbst war, durch andere Aufträge der Monarchinn, aus dem Bannat nach Triest und Aquileja gerufen worden, und muste die lezte Ausführung seiner Plane den Ingenieurs Steinlein und Rostka überlassen. Der lezte war mit der Linie zwischen Marianoiella und Pirinka in den Jahren 1767, 68 und einem Theil des 69sten, soweit gekommen, daß sie den ganzen untern Theil des Morastes Illancer durchschnitt, und mittelst starker Dämme über St. Mihaj hinaus, tief in den Alibonar verlängert war. Und auf solche Art finden sich nun diese beiden, durch die Ausdünstungen ihres weiten Umfanges vorher so schädlichen Moräste ausgetroknet.

Zur Zeit da der Hof Schäze verwendete, dem Land gesunde Luft zu geben, hielt sich der Präsident Perlas verbunden, alles zu entfernen, was solche, auch im geringsten Grade nur, verunreinigen konnte. Daher begünstigt' er die Reisfelder nicht, welche einige Mailänder im Bezirk des Dorfes Giroda, unweit Temeswar, angelegt hatten; mit solchem Erfolge zwar, das dieses nüzliche Produkt in geringerem Preis verkauft wurde, als man es in Italien hat. Diese Pflanzer zogen von Giroda nach Omor, im Distrikt von Csakowa, wo sie so-

soviele Schwierigkeit fanden, daß sie den ganzen Reisbau ausliessen. Nichtmehr wurden die übrigen Zweige der Landwirtschaft aufgemuntert, deren Einführung Mercy soviel Mühe, und dem Hof sogrosse Summen gekostet hatte. Man konnte damals auf das Bannat anwenden, was der weise Kolumella (11) seiner Zeit von Rom sagte: daß wie der Luxus und die Schönheit der Stadt wuchsen, in den Feldern Latiens die Agrikultur, die Mutter aller Künste und die Stüze des Aktivhandels daniederlag — vorbei war die Zeit, wo der grosse Kato und soviel andere Staatsmänner und Helden, sich nicht schämten, zur Aufnahme des nüzlichen Gewerbes beizutragen.

Perlas Aussichten hefteten sich mehr auf eine, zum Verschleis der Landesprodukten errichtete Handlungskompagnie. Ihre Gegenstände waren, Vieh, Talg, Hasenfelle, Honig, Wachs, Tabak in Blättern und zubereitet, Korn und Getreide aller Gattungen. Es fehlte nicht an Interessenten; nur war niemand der Kenntnis und Einsicht genug gehabt hätte, das Werk einzuleiten: und so war bald die Bilanz weg, und die Geselschaft gieng mit nicht geringem Verlust auseinander. Ein anderer, der diesen Handel auf Rechnung eines reichen Wechslers zu Wienn unternahm, hatte gleichen Erfolg. Unter solchen Ereignissen endigte der Graf Perlas im J. 1768. seine Präsidentschaft, nachdem er bereits gegen fünf Jahre sich zu Wien aufgehalten, und der Hof eine Kommission niedergesezt hatte, sein Verhalten zu untersuchen, und Kenntnis von dem gegenwärtigen Zustand des Landes einzuziehn. Zuerst war der Graf Karl Clary und nachher der Herr von Kempele dazu beordert worden.

Damals besuchte Kaiser Josef II. die Stadt Temeswar, und durchreiste von daraus den grösten Theil des Bannats. Kein Gegenstand entgieng dem alldurchforschenden Blik des Monarchen; aber die Militarverfassung heftete ihn.

Es

(11) Rei rusticae, Lib. I.

Es waren den Zeitraum von sechzehn Jahren hindurch, welche Perlas die Präsidentenstelle bekleidete, im Generalkommando, dem Baron Engelshofen 1757. der Graf Puebla, und diesem 1765. der Baron Lutzen gefolgt. Kommandanten der Festung waren nach dem Tode des Grafen Scotti, der Baron Fochtern, der Graf von Thierheimb, Josef Graf von Soro, der Graf Villars und der Graf Johann von Soro, ein Sohn des vorhergenannten, der zu Anfang des Jahrs 1761. mit Tode abgegangen.

Gegen Ende des J. 1768. wurde der Graf Clary zum Präsidenten der k. k. Landesadministration ernennet. Seine erste Beschäftigung waren die Entwürfe, welche der Herr von Kempele mit seiner Relation über den Zustand des Landes, dem k. k. Staatsrath übergeben hatte, und welche nun gemeinschaftlich mit dem neuen Präsidenten auszuführen, und seinem Plan die lezte Volkommenheit zu geben, er aufs neue ins Bannat geschikt wurde. Dieser Plan bestund in einer Repartition der Ländereien, nach den kultivirenden Familien aller Nationen. Man rechnete auf jedes Haus zweiunddreissig Joch; so doch daß der Besizer auch mehr erhalten konnte, wenn er sich solches urbar zu machen in stande fand, und die Bürger zu Temeswar, sowie die Einwohner aller Stände in den Städten, nicht ausgeschlossen waren, wenn sie Bauergüter und Akerland besizen wolten. Dieser Plan zielte auf zween Gegenstände ab. Erstlich, das Glük der Bauerfamilien selbst, deren Industrie man eine bestimmte Laufbahn gab, und dem Unfleis jede Entschuldigung benahm: zweitens, ein gleiches Steuerkatastrum; so daß nach den verliehenen Gründen, die jährlichen Einkünfte des k. k. Aerariums sicher berechnet werden können. Ausserdem blieben nach dieser Repartition, mehrere Gründe übrig, welche in Höfe eingetheilet, und von der k. k. Landesadministration an die Meistbietenden verpachtet wurden — neuer Zweig für die Staatseinkünfte.

Der erste Schritt zur Einleitung des ganzen Geschäftes, war eine algemeine Landesmappirung. Es wurde zuerst eine Hauptkarte aufgenommen, welche die Distrikte der Provinz mit ihren Untertheilungen, die genaue Lage der Ortschaften, den Zug der Strassen, und was sonst beitragen konnte eine volständige Idee vom Ganzen zu geben, richtig darstellte. Verhältnismässig zu dieser entwarf man nun soviel Partikularkarten, von jedem Dorf mit den zugehörigen Gründen, so vertheilt, daß jeder Familie Antheil ein Ganzes ausmachte, ohne von den Besizungen der Anstösser durchkreuzt zu werden, woraus sich der Stand der bereits vertheilten Güter und des noch zu vertheilen übrigen Landes, mit einem Blik übersehen lies. Diese noch unvertheilten Gründe hatte der Hof zum Erbtheil der Fremdlinge bestimmt, durch welche man die Population des Bannats zu vermehren hofte.

Wirklich stiegen im J. 1769. die Dörfer Grabatz und Bogaros, beide zu 200 Häusern in die höhe, bei dem ersten hatte Hildebrand, bei dem zweiten Neumann, der nun auch zur Landesadministration gezogen war, die Aufsicht geführet. Durch die Verwendung des leztern, waren zwischen den Jahren 1770 und 71. klein Jecsa zu 100, Mastort und Heyfeld, jedes zu 78, Charleville und Secultura, wo Deutsche und Lothringer untermischt wohnten, beide zu 62. Häusern, vollendet worden. Diese Dörfer lagen in einer Nachbarschaft, und gehörten unter die Pfarrkirche zu St. Hubert. Zugleicherzeit war ebenderselbe Herr von Neumann mit Albrechtsflur zu 80, Marienfeld zu 124, Blumenthal zu 93, und Greifenthal zu 32 Häusern fertig geworden, und hatte im Thal Perexova unter einer Pfarre, Charlottenburg, für 32 Tirolerfamilien von Trient, Aldingena, Neuhof, Buchberg, zugleicher Anzahl Wohnungen, und Lichtenwald zu 42. Häusern erbauet. Im J. 1772. legte er Krelizstädena zu 63, Wiesentheita zu 100, Königshofen zu 41. Häusern an, und vermehrte das Dorf St. Andrasch, welches der Siz des Verwalters vom temeswarer Distrikt ist, mit 42 Familien. Der Rath Hildebrand war in ebendemselben Jahr mit Ostern zu 50, Gottlob und Trübswetter beide zu 200 Häusern, fertig geworden.

Einen Begrif von der Bauart dieser Dörfer geben beiliegende drei Plans (Kupfertafel I.) welche nach dem Hrn. von Neumann sind, und

und aus welchen sich das Ganze, wie die innern Theile der Häuser, übersehen läßt, die wirklich den Pflanzern eine gesunde und bequeme Wohnung abgeben. Die Anlage von Charlottenburg, welches einen Kreis um eine, im Mittelpunkte befindliche Maulbeerpflanzung macht, will mir besonders gefallen. Uebrigens bestehen die Wände der Häuser aus Flechten, welche mit einer zähen Thonerde überkleidet sind, und dem festesten Mauerwerk an Härte gleich werden; oder sie sind auch ganz aus dieser Erde, mit Streu gemengt, aufgebauet. Ihre Dächer sind theils aus Stroh, theils aus dem Röhricht des türkischen Korns (Zea mays, in der Landessprache Kukuruz) zusammengefügt. Ein Schlafzimmer und eine Küche machen die Theile des Hauses; einige haben auch drei Abtheilungen. Jedes Haus hat seinen Garten, nebst einem Dach für das Akergeräthe, und den nöthigen Viehställen.

Ausser den genannten Pflanzungen wurden noch andere Dörfer für Raizen und Wälachen angelegt, deren eines den Namen Clary, nach dem zeitigen k. k. Landesadministrationspräsidenten, erhielt.

Mittlerweile hatten die Ingenieurs eine Generalkarte des Landes aufgenommen, und man konnte nun die Arbeit im kleinen, mit der wirklichen Vermessung der Ländereien und Bestimmung der jährlichen Abgaben, welche jede Familie nach Verhältnis ihrer Besizungen zu entrichten hat, vornehmen. Der Anfang wurde mit den Distrikten von Temeswar, Csanad, Becskerek und Csakowa gemacht.

Die Landwirtschaft hatte man noch immer auf den alten Fus betrieben. Es kamen verschiedene Projektanten mit Vorschlägen, den Anbau des Hanf- und Leinsaamens weiter auszubreiten; sie hatten aber weder Einsicht noch Erfahrung genug, und so blieben auch ihre Versuche fruchtlos, ob sie schon durch die Freigebigkeit des Hofs unterstüzt wurden. Dagegen sah man zu Ujpécs die Reisfelder wieder hergestellt; zum abermaligen Beweis, daß dieses Produkt sich mit dem Klima der Provinz vollkommen verträgt, und ein ganz beträchtlicher Artikel für die Handlung derselben werden könnte. Mit dem Seidenbau gieng eine Veränderung

 vor.

vor. Der Plaz hinter der Fabrikenvorstadt, wo er bisher angelegt gewesen, wurde in ein Militarquartier verwandelt; damit jedoch dieser schöne Zweig der Landesindustrie nicht verloren gehn möchte, lies die grosmüthige Monarchinn ein Gebäude zu Werschez errichten, welches mit sechs Oefen, mehreren Zimmern und den Geräthschaften versehen war, welche die rohe Seide, wie sie aus den Händen der Natur kommt, zu gewinnen und in Kaufmannsgut zu verwandeln, nöthig sind. Der Hof hatte sich verbunden, diese rohe Seide abzulösen, und zahlte das Pfund eingesponnener Würmer zu einem halben Gulden. Er unterhielt besoldete Abwinderinnen, mit ihrer Aufseherinn; überhaupt das ganze bei dem Geschäft verwendete Personal, bis auf den Direktor der Maulbeerpflanzungen, mit seinen Zugeordneten in den übrigen Pflanzungen, die größtentheils durch die Kameraldistrikte der Provinz zerstreuet waren.

Ich darf nicht vergessen, daß währender Administration des Grafen Clary, die Raizen zu Becskerek im J. 1772. das Privilegium erhielten, sich einen Nationalmagistrat zu erwählen; doch so daß dieser der Einsicht eines Kommissärs und Kameralsyndikus, von seiten der k. k. Landesadministration, unterlag. Ein gleiches erhielt gegen Ende des J. 1774. die Gemeinde zu Kikinda, für alle Dörfer, welche solche ausmachen, nemlich Gros-Kikinda an sich, Kerestur, Josepova, Nevelin, Mokrin, Franjova, Karlova, Kleinkikinda, welche theils zu dem Csanader theils zum Becskereker Distrikt gehören, und schon größtentheils unter dem Kamerale stehen.

Zu Temeswar wurde der Palast des Präsidenten über die Hälfte des Umfanges, den man ihm zurzeit des Grafen Perlas gegeben, vergrössert. Ueberhaupt fehlte der Stadt nun nichts, um unter die schönsten und regelmässigsten der Monarchie gezählt zu werden. Ein gleiches läßt sich von den beträchtlicheren Orten in der Provinz, Lugosch, Karansebes, Werschez, Csakova, St. Miklos, Becskerek, Neuarad, Lippa, Kikinda, Panksova, Weiskirchen, Mehadia und andern sagen. Einige derselben, wie Lugosch und Werschez, zählen gegen 900 Häuser.

Unter

Unter dem Militar gieng weiter nichts merkwürdiges vor, als daß dem Baron Lietzen der Graf Mittrowsky im Generalkommando folgte, und ausser dem Kommandanten der Festung, welches der Graf Johann von Soro blieb, nacheinander drei Brigadiers, nämlich der Prinz von Nassau-Usingen, der Graf Lanius und der Baron Zettwiz, angestellt gewesen.

Der erhabenste Kaiser beglükte nun zum zweitenmal das Bannat, und seine Unterthanen aller Nationen, mit der segnenden Gegenwart, indem Er überall denkwürdige Proben der Ihn zeichnenden stillen, menschenfreundlichen Grösse hinterlies. Die Einwohner einer neuen Vorstadt von Temeswar, die an dem mercischen Kanal angelegt ist, erhielten Erlaubnis solche Josefstadt zu nennen.

Nach Anfang des J. 1774. legte Graf Clary seine Präsidentenstelle nieder, und hatte den Freiherrn Josef von Brigido zum Nachfolger — einen Minister von ausgebreiteten Einsichten, voll Eifer und Redlichkeit. Seine erste Verwendung war: von grund aus das Land zu kennen, welches er regieren solte; den Geist seiner Einwohner, der alten sowol als der dahin verpflanzten Fremdlinge, zu studieren: die Gerichtsprocedur, nebst der Art, wie die ökonomischen sowol als politischen Gegenstände behandelt wurden, zu untersuchen, den Populationsstand, und aus diesem die Kräften des Staates im Ganzen, sowie der einzelnen Familien, in Absicht auf ihren Steueranschlag zu berechnen. Nach reiflich durchdachten, all diesen Gegenständen, arbeitete er seinen Plan aus, mit dem er in den ersten Monaten des J. 1775. nach Wien reiste, solchen der höchsten Einsicht zu unterlegen.

Dieser angenommen und bestättigte Plan, theilte den ganzen, unter das Kamerale gehörigen Landesantheil, in vier Kreise, die wieder in verschiedene Herrschaften mit soviel Dörfern untertheilet wurden, daß dadurch die Summe des Populationsstandes in eine Art Verhältnis mit dem Lokal, der Industrie, den Akerbausprodukten und den zu tragenden Abgaben, gebracht werden konnte.

Der erste Beamte eines jeden Kreises, welcher den Titel Kreishauptmann führet, hat unter sich einen Adjunkt, zween Kommissär, einen Aktuar, Protokollisten, Kanzlisten und Praktikanten. Jede Herrschaft hat einen Wirtschaftsbeamten, der seine Rechnung über die beigetriebenen landesfürstlichen Einkünfte, vor dem Kreishauptmann abzulegen, und die Gelder an das Aerarium einzuliefern, übrigens über die Aufnahme des Akerbaues überhaupt zu wachen, halsstarrige, unruhige Personen und Verbrecher aber, an das Kreisamt auszuliefern, angewiesen ist; als bei welchem zugleich ein Kriminalrichter, mit dem untergeordneten Personal, sich befindet. Auf solche Art wird die kais. kön. Landesadministration, bei der Manichfaltigkeit ihrer Geschäfte in vielem erleichtert, überhaupt aber sind die ökonomischen sowol als politischen Vorfälle mit mehrerer Ordnung und Genauigkeit eingeleitet. Durch diese vier Kreise, stellten sich die alten vier Komitate des Bannats wiederher, in welche das Land in seinen glüklichsten Zeiten, unter dem ungarischen König Bela IV. und Kaiser Sigismunden, eingetheilet war. Man braucht nur die Gegenstände zu nennen, welche den Kreisämtern aufgegeben sind; so fällt der Nuzen auf, welchen sie sowol dem Lande überhaupt, als jedem Einwohner insbesondere verschaffen.

Nun konnte man richtige Rechnungen über die Volkszahl führen; Kenntnis vom Innern der Familien nehmen, das Vieh und die arbeitende Hände zählen, welche Akerbau und Industrie hatten, und daraus die Steuerfähigkeit bestimmen. Diese war nach der höchsten Billigkeit angegeben, die gute Unterthanen von dem weisen Minister der gnädigsten, besten Regenten erwarten durften.

Die Kreise benennten sich von Csadat, Temeswar, Werschez, und Lugosch, deren ersterer im J. 1776. bereits völlig eingerichtet war. Nachmals wie der Freiherr Brigido in noch wichtigeren Geschäften des Hofes, nach den Reichen Galizien und Lodomerien gerufen wurde, und ihn sein Bruder Pompeo Brigido ersezte, vollendete dieser mit gleichem Geist und gleicher Thätigkeit ein Werk, das

ebenso

ebenso schwer im Detail auszuführen, als es nüzlich und gros im ersten Entwurf war.

Unterdes hatte Josef Brigido damit seinen fruchtbaren Geist nicht erschöpfet — mitten unter den gerühmten Arbeiten konnt' er sich auch auf andere Gegenstände verwenden. So wurde, in der kurzen Zeit seines Präsidiums, die zu Merci's Zeiten errichtete hydraulische Maschine, durch welche in der Fabrikenvorstadt, das Wasser des Flusses nach der Stadt geleitet und trinkbar gemacht wird, unendlich künstlicher wiederhergestellet. In den lezten Monaten des J. 1774. war diese Arbeit vollendet. Eine Inschrift, die über der Thüre des Gebäudes, wo das Wasser gehoben wird, angebracht ist, und die ich hersezen will, erhält das Gedächtnis derselben.

ANNO. REP. SALVT.
MDCCLXXIV.
MARIAE. THERESIAE. A. V. O. MATRIS
XXXIV.
IOSEPHI. II. A. C. O. FILII
VIIII.
IOSEPHI BRIGIDO. PRESIDIS
I.
VRBIS. POTVM. SALVBRIOREM REDDIDIT
CAROLVS ALEXANDER STEINLENIVS

Mit Anfang des J. 1776. waren auch diejenigen Dörfer, welche die Gemeinde von Kikinda ausmachen, gröstentheils zum Kamerale gezogen; ihr Magistrat, zufolge der erhaltenen Privilegien eingesezt, und den Gliedern der Eid der Treue abgenommen. Der raizische Bischof zu Temeswar war bei der Ceremonie gegenwärtig.

Noch

Noch ein Plan, den J. Brigido, gemeinschaftlich mit der k. k. Landesadministration, dem Hof einreichte, ist zu merkwürdig, daß ich solchen übergehen dürfte. Er betraf die Errichtung eines k. k. Bauamtes, welches die Aufsicht über alle neue Gebäude sowol als Reparaturen; über den Wasserbau und was dem anhängig; Leitung und Schifbarmachung der Flüsse, Mahl- und Sägmühlen; anderes Maschinenwerk; Austroknung der noch übrigen Moräste; Dämme wider die Ueberschwemmungen, u. dergl. führen solte. Auch dieser Plan wurde genehmiget, und vom Aerarium jährlich sechzigtausend Gulden, auf dergleichen Gegenstände zu verwenden, ausgesezt. Ein Professor der Architektur und Hydraulik führte die Direktion, an den die Kameralingenieurs und Praktikanten angewiesen waren, wodurch dieses Institut eine wahre Pflanzschule für diese Wissenschaften wurde.

Zwei von grund aus, volkommen regelmässig erbaute Dörfer, **Woitech**, an der Csakovaer und **Moraviza**, an der Werschezerstrasse, sind nichtweniger das Werk dieses thätigen Präsidenten, dessen Gedächtnis dem Bannat noch durch eine andere Inschrift, über der Hauptthüre der Kirche zu Moraviza, aufbehalten wird.

A. A.

MARIA. THERES. ROM. IMP. VID. REG. HVNG. BOHE

IOSEPHO II. ROMAN. IMPERATORE

REGNANTIBVS

HIS. VERAE. SALVTIS. SVBDITORVM. SOLLICITIS

ERECTVM

TVNC. ADMINIST. PRAES

IOS. BAR. A. BRIGIDO. CAME. ET. CONS. INT. CAES. REG.

METROP. G. R. N. V. DE VIDAR

CARANSCH. VERO. EPISC. DE POPOVITCS

CVRA. BLESSING. DE BLESSE. GEOMETRA

Sh

Ich darf die Plans von beiden Dörfern umsoweniger weglassen, (Kupfertafel II.) da sie nicht allein hier, sondern in jedem andern Lande zum Muster, bei ähnlichen Anstalten dienen können.

Damit es den Präsidenten nicht an der Bequemlichkeit fehlen möchte, die Sommerluft in der Nähe der Stadt zu geniessen, hatte die Monarchinn das Vorwerk Bassabrunn, mit dem zugehörigen weitläuftigen Garten, dem raizischen Bischof abgelöset, und eine Summe Geldes angewiesen, um die Gebäude von grund auf herzustellen. Man war mit diesem Bau in Jahrsfrist zustandegekommen, und schmükte das Innere desselben mit schönen Malereien aus, so daß es nicht das geringste unter den Denkmälern ist, welche er hinter sich lies.

Seine, in jeder Betrachtung denkwürdige Administration, endigte mit anfang des J. 1777, und hatte nur zwei Jahr und sechs Monate gedauert. Pompeo Brigido folgte, wie ich bereits angemerkt habe, dem Bruder in der Würde nach.

Das von dem Grafen Mittrowsky niedergelegte Generalkommando, wurde einstweilen dem Brigadier Graf Anton von Zettwiz anvertrauet, unterdes der Graf Johann von Soro Festungskommandant blieb. In dem katholischen Bistum der Provinz war nach dem im J. 1752. verstorbenen Stanislovics, der Graf Engel von Wagrein gefolgt, der nunmehr im J. 1777. ebenfalls mit tod abgegangen ist. Die raizischen Bischöfe, Mose Butnik, von Temeswar und Johann Poppovics, von Karansebes, welcher lezte zu Werschez residiret, sind beide seit dem J. 1774. eingeführet.

Dieses, gnädiger Herr, ist der gegenwärtige Zustand des Bannats Temeswar — die Glükseligkeit, welche ihm die besten und wachsamsten unter den Monarchen gönnen. Betrachten Euer Excellenz, daß alles, was ich ihnen hier zu erzählen die Ehre habe, in dem kurzen Zeitraum von sechzig Jahren gewirket worden ist; so werden Dieselben mit mir und jedem andern übereinkommen müssen, daß die Aufnahme der Provinz bis zum Grad, auf dem sie sich gegenwärtig befindet, für den Kameralisten, Staatsmann und Weltweisen das schönste Phänomen ist, welches unser Jahrhundert aus diesem Fache hat — das Jahrhundert, wo Vernunft und Menschenliebe so algemein ihr Reich ausbreiten, und es die Könige für ihren glorreichesten Titel halten, Väter ihrer Völker zu heissen.

Ich bin in tiefester Ehrfurcht, u. s. w.

Sechster Brief.

An den Hochwolgebornen Freiherrn, Josef von Sperges, des St. Steffansordens Ritter, II. KK. KK. MM. Hofrath und im Departement der italiänischen Angelegenheiten Referendar.

Population des Bannats; Zahl seiner Dörfer, wie sie sich aus der beigefügten topografischen Karte zeigen; Nationen, welche im Land ansässig sind. Hier wird der Anfang mit den Zigeunern, oder sogenannten Neubanyatern gemacht; ihre Beschäftigungen, Sitten und Ursprung.

Ich weis es, wie genau der gegebene Populationsstand einer Provinz, der wahre Maasstab ihrer innern Kräfte ist; mag man bei Untersuchung derselben, die algemeinen Landesabgaben, welche sie zu entrichten hat, oder die Summe der Produkten, welche sie liefern kann, zur Absicht haben

ben. Es würde sich daraus das Verhältnis des Akerbaues der fruchtbaren bannatischen Ländereien, zu den verzehrenden Lebensarten und der Ausfuhr der Produkten bestimmen; durch die Zahl der arbeitenden Hände, welche die Manufakturen in Bewegung sezen, die Bilanz des Aktiv und Passivhandels ziehen lassen — Gegenstände, deren Wichtigkeit ich fühle; nur mus ich Euer Hochwolgebornen gestehn, daß ich zuviele Schwierigkeit finde, einen solchen Populationsstand des Bannats mit einiger Genauigkeit anzugeben.

Da man den Flächeninhalt auf etwas mehr als 442 1/2 deutsche Quadratmeilen annimmt, so wäre nicht so schwer, nach den Regeln der vortreflichen Werke eines Samuel Petit, Davenants und anderer, die sich mit der politischen Rechnung beschäftigt haben, beiläufig zu bestimmen, wie stark die Bevölkerung der Provinz seyn könnte. Aber niemals würde man sich hier, durch diese Regeln, der Wahrheit nur nähern. Die Menschheit hatte nicht immer gleichglükliche Perioden in diesen Ländern, um sich nach dem Verhältnis zu vermehren, wie sie sich in Staaten vermehret, wo aus dem Schoose des Friedens Ueberflus aller Gattung, jede geselschaftliche Glükseligkeit aufkeimet. Ich darf mich hierinn auf die Geschichte berufen.

Gehörig angestellte Seelenbeschreibungen hat man gar nicht. Aus den Militardistrikten war es mir ganz unmöglich, einige gute Urkunden aufzubringen — nichts als unsichere, ganz unzuverlässige Rechnungen. Auch die Popen der Walachen und Raizen, welche beide Nationen doch die gröste Volksmasse im Bannat ausmachen, wissen niemals, wieviele Seelen sie in ihren Pfarrbezirken haben; sie halten weder Tauf noch Sterbregister.

Ich habe blos aus der Buchhalterei zu Temeswar, einen Bevölkerungsstand der Kameraldistrikte, erhalten können, wie solcher aus denen, während daß Graf Clary die Präsidentenstelle bekleidete, unternommenen Seelenbeschreibungen gezogen ist. Ich will ihn hier einrüken.

Becskerek	16319
Karansebes	29828
Csakova	38110
Csanad	29733
Lippa	31402
Lugosch	34034
Temeswar	46868
Werschez	75108
Stadt Temeswar	6718
Theresienstadt	1128
Kikinda, mit neun zugehörigen Dörfern	10491
	317928

Walachen	181639
Raizen	78780
Bulgaren	8683
Zigeuner	5272
Deutsche, italiänische und französische Pflanzer	43201
Juden	353
	317928

Man rechnet, daß, wenn für die Population der Distrikte von Pancsova, Ujpalanka, Mehadia und der 23 Dörfer von dem karansebeser, welche unter dem Militar verblieben sind, die wahrscheinlichste Zahl angenommen wird, die ganze Summe ohngefähr auf vierhundert funfzigtausend sich belaufen könnte. Ich brauche nicht zu sagen, wieviel willkührliches in dergleichen Rechnungen ist. Haben wir doch die Erfahrung, daß bei Gelegenheit der neuen Eintheilung des Kameralbezirks in vier Kreise, in dem von Csadat, wo der Anfang gemacht wurde, sich eine viel grössere Summe ergab, als man sie bei der lezten Konskription gefunden hatte.

Die

Die Zahl der Dörfer in den Kameraldistrikten steigt auf 511, unter denen vierundvierzig neue Pflanzungen sind. Doch alles dieses sehn Eu. ꝛc. aus der beiliegenden topografischen Karte; von der ich sagen darf, daß sie die genaueste ist, welche ich kenne, da sie schon die neue Eintheilung in Kreise, mit den angegebenen Kameral und Militargränzen hat. Die Arbeit im grossen ist ein Werk der k. k. Militaringenieurs; reduzirt hab' ich sie selbst, und die Grade der Länge und Breite, nach dem über Szegedin in Niederungarn gezogenen Meridian beigefügt. Diese Stadt liegt am Zusammenflus der Marosch und Theiß.

Mir thut es leid, daß ich Eu. ꝛc. über diesen grossen Gegenstand nicht so genugthun kan, als ich wol wünschen möchte. Sie erlauben, daß ich zu einem zweiten Vorwurf übergehe, bei dem ich mir mehr Erfolg verspreche, da ich die Ehre haben darf, Dieselben von einem Volk zu unterhalten, welches sich izt hauptsächlich auf das Bannat einschränkt — ein ganz merkwürdiger Zweig der Menschheit, der den Untersuchungsgeist mehrerer, nicht unberühmten Gelehrten, beschäftigt hat.

Zigeuner, oder Faraonen, sind die gleichbedeutende Namen, mit denen man die Völkerschaft in diesen Gegenden unterscheidet. Da die Gesäze ihnen den Eingang in die Städte, und überhaupt alle mit Mauern versehene Pläze verwehrten; so blieben sie zu dem irrenden, verfassungslosen Leben ebendadurch solange verurtheilet, bis die glorwürdige Kaiserinn Königinn, um kein Mittel zur Population des Bannats unversucht zu lassen, auch ihnen erlaubte ansässig zu werden, sich standhafte Wohnungen, zwar ausser dem Umfang der Dörfer der übrigen Nationen, aber doch in der Nähe derselben, anzulegen, und Ländereien zu besizen. Sie haben nichtsweiter als die gewöhnliche Kontribution zu tragen, und heissen nun **Neubannater**, um von ihrem vorigen Zustand, auch nichteinmal den verhaßten Namen übrig zu lassen.

Camerarius (1) schreibt nach dem P. Vallerianus (2) eos ab avi cinclo, quae paupertatis symbolum sit, Zingaros dictos. Polidorus

(1) Hor. subseciv. Centur. I. cap. XVII.
(2) in Hieroglyphicis.

Virgilius (3) will sie aus Assirien und Cilicien herleiten; Volateranus hält sie für Persianer vom Stamme der Usbeken, und Peyssonnel läßt sie von den Manichäern in Armenien abstammen (4). Noch weniger kann man denen beipflichten, welche in den Zigeunern Ueberbleibsel der alten Einwohner von Böhmen finden, derjenigen nämlich, die vor der Ankunft der Slaven das Land bewohnet haben; denn daß die Franzosen die ersten Zigeunerhorden, welche, nachdem sie Böhmen, Deutschland und den Elsas durchstreift hatten, nach Frankreich und Spanien kamen, Bohemiens nennten, ist noch sehr weit von einem Beweis entfernt. Dem P. Pray (5) scheint es wahrscheinlich, daß sie aus Kleinasien nach Europa gekommen sind. Ipsi enim se lingua vernacula Romae appellant: hujus nominis provincia ad flumium Akaram, intra ambitum Galatiae, Amasiae, Paphlagoniae ac Ponti, quinquaginta circiter milliaribus a Byzantio remota olim fuit. Gens, quae eam provinciam coluit, passim auctoribus Cinncari, & Cigiani dicuntur. Si quid igitur similitudo nominis valet, inde ortos suspicor. Postea autem quam Tamerlanes, occupata Asia minore, Bajazetem cepit, credibile est gentem in varia loca sparsam fuisse post annum Christi 1403, atque in Europam etiam pervenisse. Certe primum omnium in Moldavia, Valachia ac Hungaria circiter ann. 1417. visi sunt, isthincque in alias Europae ditiones propagati. Auch diese Vermuthung will nicht allen genugthun. Nichtwenige Schriftsteller behaupten mit ganz guten Gründen, daß dieses Volk ägiptischen Ursprunges ist, und auch die Zigeuner selbst geben sich für Aegiptier aus. Noch andere machen Aethiopier, und wieder andere Trogloditen aus ihnen; wenigstens kommen sie mit diesen Völkern in der Liebe zum unstäten Leben und in dem natürlichen Hang zu Raub, Dieberei und Betrug überein, woraus sie soviel Künste gemacht und sie aufs höchste verfeinert haben.

So verschieden sind die Meinungen über den Ursprung dieser Völkerschaft — so ungewis und schwankend die Muthmassungen der Schriftstel-

(3) De rerum inventoribus.

(4) Sur les differens peuples, qui ont habité les bords du Danube.

(5) Annal. Regum Hung. p. IV, Lib. IV. ad ann. 1496. p. 273.

steller, auch einen Bayle nicht ausgenommen (6). Ich kann nichts mehr, als damit die Beobachtungen vergleichen, die ich Gelegenheit gehabt habe über die bannatischen Zigeuner, wie ich sie in der Nähe gesehn habe, anzustellen: meine daraus hergeleitete Schlüsse, werden Eu. rc. nach Dero tiefen Einsicht prüfen, mit dem Ihnen eigenen durchdringenden Geist, über die Richtigkeit derselben entscheiden.

Beide Geschlechter dieser bannatischen Zigeuner kleiden sich nach Art der Walachen und reden auch ihre Sprache, ob sie schon unter sich eine eigene Mundart haben, die weder die ungarische, illyrische, griechische, türkische, armenische, noch die Sprache irgend einer andern benachbarten europäischen oder asiatischen Nation ist.

Ihr äusserliches Ansehen ist in allem gleichförmig. Glänzendschwarze Augen, welches auch ihre langen krausen Haare sind; olivenbraune Farbe, rothe Lippen, sehr weisse Zähne; das Gesicht mehr oval, die Wangen etwas aufgeschwollen, spizes Kinn und schmale Stirne; von Statur wolgemacht, keine Dikbäuche. Sie sind von Natur zur Traurigkeit geneigt, und gehen in den ersten Bewegungen ihres Zorns bis zur Ausschweifung. So ohngefähr malt uns Ammianus Marcellinus die Aegyptier seiner Zeit ab (7). Schweiger, ein neuerer Reisebeschreiber (8) sagt von den heutigen: daß, wenn auch die Aegiptier nicht mehr ihre Schwestern heirathen, so wären sie doch ein sehr ungesittetes Volk, ganz genau denjenigen ähnlich, welches unter dem Namen der Zigeuner Europa durchstreift. Durch die angeführten Züge unterscheidet man einen Zigeuner leicht unter tausend Walachen, Ungarn, Raizen u. s. w. wenn er auch ihre Kleidung trägt, und mitten unter ihnen wohnt.

Die Zigeunerinnen haben noch die besondere Eigenschaft, daß ihre Brüste zur Zeit, da sie säugen, so anschwellen, daß ihre herabhangende Masse

(6) Dictionnaire critique Art. *Bohemiens*.

(7) Homines Aegyptii plerique subfusculi sunt & atrati, magisque moestiores, gracilenti & iracundi, ad singulos motus excandescentes. Lib. XXII. sub fin.

(8) Reisebeschreibung III. Buch. 18. Kap.

Masse grösser als das säugende Kind selbst wird. Hierinn haben die alten Aegiptierinnen ihre gröste Schönheit gesezt. So sagt auch Juvenal von den Frauen von Meroe, einem Lande, welches zwar von Aethiopien abhieng, aber doch mit Aegipten gränzte:

In Meroe crassa majorem infante mamillam.

In Absicht auf die Religion, halten sich die bannatischen Zigeuner immer zu derjenigen Kirche, welche in ihrem Dorfe die herrschende ist, mag es die katholische, oder die griechisch-illyrische seyn. Von der einen wie von der andern Lehre, haben sie wenig begrif, in ihrer Unwissenheit volkommen den Walachen ähnlich, und mit ihnen gleichen Vorurtheilen, gleichem Aberglauben und gleichen Gebräuchen ergeben. Nur beobachten sie die strenge Fasten der griechischen Kirche mit viel mehrerer Genauigkeit. Die Walachen entziehen sich ihren Weibern nur die lezten Tage der grossen Fasten; die Zigeuner hingegen von anfang bis zum ende, nichtweniger an U. L. F. Himmelfahrt, im Advent, und überhaupt alle Vorabende.

Unter mehreren Schriftstellern des Alterthums, gedenket besonders Apulejus (9) der ägyptischen Fasten, deren Strenge sich hauptsächlich darinn äusserte, daß der Mann bis auf das Bette seiner Gattinn zu meiden verbunden war, welches in Italien viele Misvergnügte machte, da die Priester der eroberten Provinz nach Rom kamen, und den Dienst der Göttinn Isis einführten, soviele Vorsichten auch der Senat gebrauchte, solchen auszuschliessen. Wir haben hierüber eine denkwürdige Elegie des Properz — der Dichter durfte, was die Gesäzgebung nicht wagte, der Göttinn drohen, daß er sie aus Rom jagen will (10).

Aber

(9) Metamorph. Lib. X.

(10) *Tristia jam redeunt iterum solennia nobis:*
Cynthia jam noctes est operata decem.
— — — — — — —
Quae dea tam cupidos toties divisit amantes:
Quaecunque illa fuit, semper amara fuit.

Aber auch ausser dieser strengen Fasten, beobachten die bannatischen Zigeuner, an den Tagen, da alles erlaubt ist, eine gewisse Mässigkeit und Auswahl in den Nahrungsmitteln. Sie enthalten sich der Frösche und Schildkröten; worinn sie mit den Walachen, Raizen und übrigen griechischen Christen übereinkommen. Noch mehr scheuen sie, unter den Flußfischen, die rothschuppichten Sparen, Perschen und Lampreten, von denen bekannt ist, daß auch die Aegiptier der Stämme von Likopolis und Tagarorioplis sie nicht geniessen wolten. Auch haben die Zigeuner Abscheu vor allem Federwildpret, besonders was Raubvögel sind. Der Storch wird von ihnen sehr in Ehren gehalten, wenn er zu Sommerszeit sein Nest über ihren elenden Hütten baut — einer von den Vögeln, der wie der mit ihm verwandte Ibis, ein Gegenstand des simbolischen Dienstes der ägyptischen Gottheiten war.

Von vierfüssigen Thieren, liebt der Zigeuner am meisten Schweinefleisch, wenn es eingesalzen ist. Auch Aegipten verzehrte viele dieser Thiere, ob man schon ihre Hirten und Wärter für unreine Leute hielt.

Die Zigeuner hängen in ihren Wohnungen grosse Zwiebeln auf, aber essen sie nicht. Ausserdem daß die Aegiptier solche nebst andern Vegetabilien verehrten (11), wissen wir aus dem Diodorus Siculus, daß in Absicht auf die Lebensordnung, welche man in den verschiedenen ägiptischen Provinzen beobachtete, die Zwiebeln in einigen zu speisen verboten, in andern erlaubt waren. Den Geruch der Bohnen können die Zigeuner sowenig als die alten Aegiptier vertragen, da doch die neben ihnen wohnenden Walachen, solche mit vergnügen speisen, und sogar die Grabstätte ihrer Verstorbenen damit bestreuen.

Mich hatte, als ich mich zu Denta, im csakova'er Distrikt befand, einestages die Neugier in eine Zigeunerhütte gelokt. Das erste, was mir aufstieß, war ein junger Mensch voller Kräze, dem die Mutter auf

 einem

(11) Schmid Dissert. de cepis & alliis apud Aegyptios.

einem schmuzigen irdenen Teller, das gekochte Fleisch einer kleinen Schlange vorsezte. Da die Haut des Thieres schon weggeschaft war, so konnt' ich von der Zigeunerinn nicht erfahren, zu welcher Gattung solches eigentlich gehörte; nur soviel bracht' ich nach vielen Fragen heraus, daß es nicht von den giftigen Vipern war. Ebenso gebrauchten sich die Aegiptier des Schlangenfleisches, als des sanftesten und sichersten Heilmittels wider die Elefantiasis, welches nach den Beschreibungen der alten Aerzte, die fürchterlichste unter allen Hautkrankheiten war. Galen (12) und Aretäus (13) schlagen dieses Mittel in ähnlichen Uebeln vor; der gelehrte Hasselquist (14) aber macht die Beobachtung, daß Aegipten eine unglaubliche Menge Schlangen nähret, die folglich in einem Lande, wo die Hautkrankheiten zu allen Zeiten herrschend waren, von der Natur nicht ohne Absicht hervorgebracht scheinen.

Jedermann weis, daß in Aegipten noch heutzutage Hüner und anderes Geflügel, durch die Kunst ausgebrütet werden, indem man den Eiern durch das Feuer, in gewissen besonders dazu vorbereiteten Oefen den gehörigen Grad der Brutwärme giebt. Man findet das ganze Verfahren, von dem berühmten Reaumür (15), nach den Nachrichten, welche er von dorther erhielt, in einem bekannten Werke beschrieben, wo dieser Vertraute der Natur zugleich eine Methode vorschlägt, wie man die nämliche Absicht, blos durch die wachsende Wärme des gährenden Pferdemistes, erreichen könnte. Ich mus gestehn, ich war nicht wenig verwundert, als ich im Julius 1775. in einem Zigeunerhause vor Karansebes, ein altes Weib sah, die ohngefähr vierzig Gänse und Aendteneier im Pferdemist ausbreitete. Der Mist war in einem grossen Gefässe von getrokneter Thonerde nach Art einer Kufe; die Eier lagen einzeln

(12) De simplic. facult. Lib. I. cap. I.
(13) Curat. diutur. Lib. II. cap. 3. desgleichen Paulus Aegmetas Lib. IV.
(14) Reise nach Palästina und Aegipten. II. Theil.
(15) De la maniere de faire éclorre les poulets. Man findet einen weitläuftigen Auszug, davon in der Encyclopedie, Article Oeuf, und im ersten Band der Kupferstiche, die hiehergehörigen Figuren.

zeln in geflochtenen Körbchen, mit zartem Heu umgeben; jedes Körbchen hieng an einer Schnur vom obern Rande des Gefässes herab, welches mit einem grossen Bokfell bedekt war. Ich fragte die Frau auf walachisch, wer ihr diese Vorfahrungsart gelehret hätte? „ Meine Mutter, war die Antwort; mit dem Zusaz, daß in der Moldau, woher sie gebürtig war, solches der algemeine Gebrauch unter ihrer Nation sey. Mus der Naturkündiger, sagt ich zu mir selbst, sich abarbeiten, nachdenken und Versuche anstellen, um unter gesitteten Nationen mit einer neuen Erfindung aufzutreten, die unter der rohesten Menschengattung von langer Zeit her nichts als Volksgebrauch ist? Ich kam nachher über das Werk: Recherches philosophiques sur les Egyptiens & les Chinois, wodurch ich mich überführte, daß die Methode mit Pferdemist die Hüner auszubrüten, eigentlich die älteste ist, deren man sich in Aegipten bedienet hat (16). Wir haben das Zeugnis des Aristoteles (17), vom Antigonus (18), der ziemliche Zeit nach diesem Weltweisen gelebt hat, ferner vom ältern Plinius (19), und endlich noch vom Kaiser Adrian bestätiget, welcher, nachdem er das ganze Land bereiset und alle Merkwürdigkeiten desselben beobachtet hatte, in einem Brief an den Servian (20) sich folgendergestalt ausdrükt: „ ich habe an den Aegiptiern nichts auszusezen, als daß sie noch immer ihre Hüner speisen, welche sie auf eine Art ausbrüten, die ich mit Wolstand nicht sagen kann — pudet dicere. „ Der Verfasser der angeführten Recherches philosophiques, zieht aus alle diesen Zeugnissen den Schluß, daß die Methode der Oefen bis auf das J. 133. unserer Zeitrechnung, und vielleicht noch viel später den Aegiptiern mus unbekannt gewesen seyn — gewis hätten sie nicht versäumt dem K. Adrian diese Maschinen zu zeigen, da dieser Prinz so grossen Abscheu vor denen im Mist ausgebrüteten Hünern bliken lies.

(16) Sect. II p. 170.
(17) Hist animalium Lib. IV. cap. 2. ab init.
(18 Hist. mirabil. collectan. cap. 404. p. 80.
(19) Histor Natur. Lib. X cap. 64.
(20) Apud Vopiscum in Saturnalibus.

Aus allem, was bisher angeführt worden, sowol als daß die bannatischen und im übrigen Europa zerstreuten Zigeuner, sich selbst für Aegiptier ausgeben, scheinet es höchst wahrscheinlich, daß dieses wirklich ihr Ursprung ist. Ich habe bereits bemerkt, wie sehr ihr äusserliches Ansehen, ihre melancholische Gemüthsart und der Hang zum Zorn sie dem Gemälde nähert, welches uns Ammianus Marcellinus, von ihren angeblichen Vorfahren aufbehalten hat. Aber noch eine genauere Aehnlichkeit. Noch zu den Zeiten Aelians waren die Aegiptier im Rufe, daß sie mit äusserster Geduld jede Peinen aushielten, und lieber auf der Folterbank die Seele aushauchten, als sich zum Geständnis bringen liessen; (21) welches einer von den zeichnenden Zügen der Zigeuner ist. Zwar hat die menschenfreundliche Monarchinn die Tortur in allen ihren Staaten abgeschaft; aber man erinnert sich aus den Zeiten, da dieses zweideutige Mittel, die Wahrheit zu erforschen noch üblich war, mehrerer Fälle, wo der Zigeuner sich eher zerreissen lies, als Verbrechen bekannte, von denen die Gerechtigkeit doch offenbare Beweise hatte. Dergleichen Fälle sind bei dem Landgericht zu Temeswar oft genug vorgekommen.

Und dieses wären die Aehnlichkeiten beider Nationen. Erlauben mir Eu. 2c. mich nichtweniger bei den Eigenschaften aufzuhalten, in welchen eine von der andern ganz genau das Gegenbild ist.

Nach den zuverlässigsten Schriftstellern, waren die Aegiptier sehr besorgt, sich bequeme Wohnungen zu bauen; sie lebten mit Anstand, und der Geschmak an der Reinlichkeit war, wie die Beobachtung gewisser Gesundheitsregeln, so algemein, daß auch das Bauervolk und die ärmsten der Nation hierinn keine Ausnahme machten. Ganz ein anderes Bild stellt uns im Bannat der Aufenthalt der Zigeunerfamilien auf. Elende Hütten, theils aus Gesträuch und Stroh zusammengefügt, theils Gru-

(21) Aegyptios ajunt patientissime ferre tormenta, & citius mori hominem Aegyptium in quaestionibus tortum exanimatumque. Variar. Histor. Lib. VII. Ammianus Marcellinus am angef. Ort. sagt beinah ebendas.

Gruben zu zehn bis zwölf Schuh in die Erde, mit langen Pfälen, Flechten und Stroh, oder dem Röhricht des türkischen Korns bedekt. Der Graus einer solchen Hütte läßt sich nicht beschreiben. Der Luft und dem Tageslicht verschlossen, schwärzer als ihre Einwohner, feucht und stinkend, scheinen sie mehr Hölen wilder Thiere als der Aufenthalt vernunftfähiger Wesen zu seyn. Ein Rauchfang, der sich etwas über das Dach erhebt, kündigt sie dem Reisenden an. Inwendig findet man in der Mitte den Feuerheerd, mit einer irdenen Röhre, die sich in den Rauchfang endigt, und den Zigeunern ihre Speisen zu kochen oder sich zu wärmen dient; da denn Männer, Weiber und Kinder, die einen halb die andern ganz nakt, herumstehn, zu Winterszeit auf der blossen Erde, höchstens auf schmuzigen Schaffellen schlafen. Wo sie kein Holz haben, brennen sie auch den Mist der Thiere, welches mit dem Dampf der Fichtenspäne, deren sie sich zur Beleuchtung bedienen, einen unerträglichen, tödtenden Gestank giebt. Von dieser seite scheinen die Zigeuner mehr mit den Horden der Aethiopier und Troglodyten verwandt.

Bei den alten Aegiptiern war der Akerbau in Ehre, sowie er es noch bei den heutigen Kopten, ihren wahren Abkömmlingen ist. Man betrachtete diese Beschäftigung als eine Kunst, die eine ihrer Gottheiten, Osiris (22) selbst getrieben; umso eifriger musten Sterbliche seyn zur Aufnahme derselben beizutragen, welches sie auf die astronomischen Kenntnisse leitete, und die jährlichen Beobachtungen über das Steigen und Fallen der ausgetretenen Wasser des Nils veranlaßte; denn aus diesen pflegte man die Fruchtbarkeit des Landes zu berechnen. Der Zigeuner hingegen ist der schlechteste und nachlässigste Akersmann. Er wird lieber bei geringerem Verdienst, ungleich härtere selbst mit Gefahren verknüpfte Arbeit wählen, als der dankbaren Erde einen besseren Unterhalt abgewinnen. Schon wieder die Troglodyten und Aethiopier. Diese und mehrere afrikanische Horden, beschäftigten sich das Gold aus dem hälti-

 gen

(22) *Primus aratra manu sollerti fecit Osiris,*
Et teneram ferro sollicitavit humum. Tibull. Lib. I.

gen Sand ihrer Flüsse auszulesen (23); und ebenso haben die Marosch, an der mitternächtlichen Gränze des Bannats, die Nera, welche von einem Berg in der Klissura entspringt und den Distrikt von Uipalanka grossentheils durchströmet, nebst andern kleineren Flüssen und Bächen der Gebirgsgegenden Moldova, Saska, Oraviza, Dognacska, die Zigeuner zu den Goldwäschereien gerufen. Die Zeit der Regen und Ueberschwemmungen, ist für diese armselige Kunst die günstigste, bei der der Zigeuner höchstens zwei bis drei Groschen des Tages gewinnt.

Das unstete Leben und der Wanderungsgeist, den die Aegiptier so sehr hassen, ist die Leidenschaft der Zigeuner überhaupt, und die bannatischen sind nicht frei davon. Bei der Schwierigkeit der Auswanderung, wählen sie doch immer solche Gattungen Industrie, bei denen sie gleich ihren auswärtigen Brüdern, das Land durchstreifen können; grause, ungebahnte Wege, die rauheste Witterung im Winter und die äusserste Hize im Sommer — nichts wird sie zurükhalten.

P. Pray (24) hat uns ein Dekret K. Uladislaus II. vom J. 1496. aufbehalten, welches einem gewissen Thomas Bolgar, Woiwoden oder Anführer einer in Ungarn herumstreifenden Zigeunerhorde von fünfundzwanzig Zelten, ertheilet ist, damit niemand ihn und seine Leute beunruhigen noch beeinträchtigen möchte, die damals zu diensten Sigismunds, Bischofs zu Fünfkirchen, Musketen und Kanonenkugeln nebst anderem Kriegsgeräthe verfertigten. Man sieht hieraus, daß dieses Volk von langer zeit her das Schmiedehandwerk getrieben hat, und damit im Land umhergezogen ist. Wirklich reisen sie noch mit ihrer beweglichen Werkstatt, die sie überall aufschlagen, wo man ihnen Arbeit geben will. Nebst einem geringen Vorrath an Eisen, in Platten und Stangen, auch etwas Kohlen, besteht ihr ganzes Geräthe in eini-

(23) Recherches philosophiques sur les Egiptiens & les Chinois, Tom. II. Sect. IX. p. 313.

(24) Part. IV. lib. 4. p. 273.

einigen Zangen, Hämmern, Feilen und kleineren Werkzeugen, einem Schraubstok, kleinen Ambos und doppelten Blasebalg. Beides wird auf der Erde aufgestellt, und unter derselben eine bedekte Feueresse vorgerichtet. Mit sowenig Bequemlichkeit arbeiten sie doch ganz fertig; ich selbst habe einen Zigeuner zwei Hufeisen in wenigen Minuten schmieden gesehn. Auch ihre Kohlen pflegen sie nicht in der Ferne zu suchen. Wenn sie das gehörige Holz gefunden und aufgescheitet haben, bauen sie damit kleine konische Meiler ganz regelmässig auf, und bedeken solche mit Erde; wo denn durch ein Luftloch, in welches sich die Spize des Meilers endiget, der Rauch abgeführet, durch eine andere am boden angebrachte Oefnung aber, Feuer gegeben und mittelst des vorgesezten Blasbalges angefacht wird, bis der aufhörende Rauch die völlige Verkohlung verräth, und der Meiler abgedekt werden kann.

Andere verfertigen in ihren Hütten Ringe, Ohrgehänge, Haken, Halsketten und andere Kleinwaaren aus Zinn oder versilberten Messingblech, mit denen die armen Walachinnen ihre Schönheit nicht wenig zu erheben glauben. Die Zigeuner verkaufen sie ihnen für baares Geld, oder tauschen auch auf den Jahrmärkten andere Nothwendigkeiten dafür ein.

Auch die Musik wird von dieser rohen Nation doch sehr getrieben. Sie lernen einer vom andern verschiedene blasende sowol als besaitete Instrumente spielen; und damit ziehen sie, in deutscher oder ungarischer Kleidung nach Temeswar, und den übrigen volkreichern Orten der Provinz, wo sie in den Wirtshäusern sowol als anderwärts ihr Brod gewinnen.

Noch andere suchen ihr Glük auf den Messen und Jahrmärkten, wo sie denn immer auf Meisterstreiche bedacht sind, hier einem sorglosen Reisenden die lästige Börse abnehmen, dort ein Rind, Pferd, Schaf, Schwein erbeuten, wie es die Gelegenheit giebt. Die feinern Köpfe, besonders vom andern Geschlecht, gehn von haus zu haus, wo sie wahrsagen, Nativitätstellen, verborgene Diebstäle entdeken und

Arz-

Arzneimittel besizen wollen, denen sie Wunderkräfte und sichere Wirkung zuschreiben. Diese Arzneimittel bestehen gröstentheils in Wurzeln; Amuleten aus ungesäuerten Teig, der an der Luft getroknet und mit willkürlichen Figuren gezeichnet ist; und in gewissen kleinen Steinen, meist schlakenartig. Auch unter den Aegiptiern liefen ähnliche Betrüger herum, Aethiopier von Abkunft, die ohngefähr ebendieses Gewerbe trieben. Die Amuleten, welche sie austheilten, sind jene eingewindelte Figuren aus Thon, welche die Altertumsforscher in ihren Samlungen aufbehalten; die Steine aber, wurden nach Tasilo, den Stobäus anführet (25), an den Ufern des Nil gefunden. Der Verfasser der bereits angeführten Recherches philosophiques (26) behauptet, daß es Klappersteine (Aetites) gewesen. Ebendieselben schlakenartigen Steine, welche die Zigeuner im Bannat verkaufen und von denen sie rühmen, daß, wer sie bei sich trägt, glüklich in der Liebe, im Spiel u. s. w. ist, gehören unter das nämliche Geschlecht. Ich habe deren mehrere gefunden, wie ich die Eisengruben zu Moraviza besuchte.

Aus den lezten Beobachtungen, verglichen mit den vorhergehenden, solte man den Ursprung der Zigeuner lieber von den Aethiopiern und Trogloditen, als von den wahren Aegiptiern herleiten. Nur wird, was ich gleich izt anführen werde, es wahrscheinlicher machen, daß sie vielmehr eine Vermischung aus allen drei Nationen sind.

Es ist bekannt, daß Personen beiderlei Geschlechts, die sich für ägiptische Priester und Priesterinnen ausgaben, in alten Zeiten durch Italien, Griechenland und alle Provinzen des römischen Reichs zerstreut waren; wo sie nicht allein den Dienst der Göttinn Isis einführten, sondern ohngefähr ebenso von einem Orte zum andern irrten, herumschweiften, bettelten und all die Künste trieben, in denen die Zigeuner des Bannats, sowie ihre im übrigen Europa zerstreuten Brüder, so meisterhaft unterrichtet sind.

Die

(25) Sermo de morbis XCIII.
(26) Tom. I. Sect. II. p. 140.

Die gesagten Priester und Priesterinnen, welche Apulejus (27) spottweise magnae religionis terrena sidera nennet, pochten zu Rom nicht nur mit ihren Sistris an den Hausthüren; sie wusten es dem Pöbel beizubringen; daß ihnen das Almosen abschlagen und einen Gottesraub begehn kein Unterschied sey (28); ja sie bedrohten sogar, daß sie im Namen der Göttinn Isis, ihre Verächter mit Blindheit oder der Trommelsucht (hydrops tympanites) strafen würden: incutere deos inflantes corpora. Von den Zigeunern sagt Aventin (29) daß sie mit ähnlichen Drohungen das Volk in Baiern so zu schreken wusten, daß es sich ungestraft von ihnen berauben lies. Auch im Bannat hört man besonders die Weiber, wenn sie beschimpft, oder für ihr Nativitätstellen, singen und wahrsagen nicht bezahlt werden, die grausamsten Flüche und Verwünschungen ausstossen.

Ueberhaupt geht die Zügellosigkeit und Sittenverderbnis der Zigeunerweiber aufs äusserste. Im blühenden Alter von einem rohen, jeder Begierde überlassenen Herz geführt; und als kleine Mädchen von den Müttern zu allen Ausgelassenheiten unterrichtet, zeigen sie sich mit ihren Tänzen vor jedermann, von dem sie einiges Geschenk zu erhaschen hoffen, und diese Tänze endigen sich immer in die ekelhaftesten Grimassen, die wollüstigsten Stellungen und schändlichsten Gebärden, mit Entblössung der Theile, die eine, auch den rohesten und ungesittetsten Völkern noch übriggebliebene natürliche Schamhaftigkeit, zu bedeken pflegt. So tanzten in Aegipten die gemeinen Weibspersonen in den Orgien, besonders beim Fest des Bubostes, und bei der Prozession des Kanopus. Und solche Auftritte sah man auch zu Rom von den Weibern, Töchtern und Gefährtinnen der Isispriester, nach den Geheimnissen dieser Göttinn, die immer mit der unreinen Umarmung der Eingeweiheten und dieser Frauens-

D d per-

(27) Metamorph. Lib. XI.

(28) *Ecquis ita est audax, ut limine cogat abire*
Jactantem Pharia tinnula sistra manu? Ovid. ex Ponto I.

(29) Adeo tamen vana superstitio hominum invasit, vt eos nefas violari putent, atque grassari, furari, imponere passim, impune sinant.

personen beschlossen wurden. Rom theilte sich über sie in zwo Partheien: der Senat verabscheute den Dienst der Isis, lies nach und nach die Tempel abbrechen und ihre Priester und Priesterinnen aus der Stadt verweisen; eine Volkspartheи aber, die an diesem Dienst und an diesen Geheimnissen Geschmak fand, bracht' es durch ihre Kabalen soweit, daß sie zurükgerufen und geduldet wurden (30). Apulejus nennet einen gewißen Lucius, der durch öfteres Einweihen zu diesen Geheimnissen so arm wurde, daß ihm ein einziges, elendes Kleid noch übrig war, und auch dieses riethen ihm die isiarischen Priester zu verkaufen, um aufs neue zugelassen zu werden (31).

Nach diesen Thatsachen solte nun untersucht werden, zu welcher Nation eigentlich diese Priester und Priesterinnen gehörten. Es war nach den Zeiten Augustus, daß sie anfiengen, die verschiedenen Gegenden Europens zu durchwandern, wo sie überall den Dienst der Isis auszubreiten suchten, die Astrologie, allen andern Aberglauben und überhaupt die Landstreicherkünste ausübten, ohngefähr wie sich heutzutage die Zigeuner damit benehmen.

Nun weis man, daß die ägiptischen Priester ihre sichern Einkünften von liegenden Gründen, und ebendaher viel Anhänglichkeit an das väterliche Land hatten. Sie haßten ein unstätes Leben. Auch verachteten sie keine Proselyten zu machen, so daß Fremde, die zu den Gebräuchen und Geheimnißen der Isis eingeweihet werden wolten, sich der Beschneidung unterwerfen musten, wie man das Beispiel vom Pythagoras und andern Weltweisen hat, welche die Weisheit Aegiptens bis unter dem Schauder der heiligen Labirinthe, wo diese Geheimnisse begangen wurden, hervorsuchten. Diese Ceremonie war bei ihnen unnachsehlich; dahingegen die

(30) Die gegründete Meinung des Verfassers der Recherches philosophiques, wider den Warburton, der das Buch des Apulejus als eine Schuzschrift für diese Geheimnisse ansieht.

(31) Postremo jussus, veste ipsa mea quamvis parvula distracta, sufficientem corravi summulam, & idipsum praeceptum fuerat specialiter.

die vorgegebenen, in den römischen Provinzen umherziehenden Isispriester, ihren Neubekehrten kein Wort von der Beschneidung sagten. Man will daher behaupten, (32) daß diese ein Geschlecht asiatischer Griechen, der lasterhafteste, betrügerischeste, wegen todeswürdiger Verbrechen vertriebene, Abschaum ihrer Nation gewesen; nur haben aufgeklärte Kritikverständige den offenbaren Beweis geführt, daß sie Aethiopier und Troglodyten waren (33) die sich umso leichter für Aegiptier ausgeben konnten, da sie ähnliche Gesichtszüge, Statur, Gebräuche und Religion mit ihnen hatten, auch, da sie dem Raub und allen den bösen Künsten, welche Töchter des Aberglaubens und der Unarbeitsamkeit sind, ergeben waren, das Land ihrer Nachbarn zu aller Zeit durchstreiften.

Ich will mich unter andern alten Schriftstellern, die dieser Auswanderungen aus Aegipten, nach Italien, Griechenland und alle Theile des zu den Zeiten der Römer bekannten Erdbodens, gedenken, blos auf den Heliodor beziehen. Es ist leicht möglich, daß zuweilen auch wahre Aegiptier sich unter diese Flüchtlinge mischten, die entweder durch Unglücksfälle aus ihrem Vaterland vertrieben worden, oder als der niedrigste Pöbel nichts zu verlieren haben konnten. Aus dieser Vermischung von Aethiopiern, Trogloditen und Aegiptiern, entstund denn ein eigenes, irrendes Volk, welches von allen drei Nationen etwas hat, und von dem man nach den angeführten Beobachtungen annehmen kann, daß die heutigen Zigeuner seine Abkömmlinge sind, da wir doch in allen — Gesichtsbildung, Farbe, Statur und Leibesbeschaffenheit, Gemüthsart, Volksgebrauch, Lebensart und Beschäftigung, bald den Trogloditen, bald den Aethiopiet und Aegiptier finden.

Die gleich anfangs berührte Muthmassung des P. Pray hat weder Beweis noch Beobachtung für sich, und ist also nichts wahrscheinlicher, als soviele andere über dieses sonderbare Volk hingewagte Meinungen.

 Daß

(32) Recherches philosophiques sur les Egiptiens. Tom. II. p. 152. 192 & 193.
(33) Ebendaselbst. p. 111 und 112.

Daß die ungarischen Jahrbücher desselben nicht vor dem J. 1417. gedenken, ist noch kein Beweis, daß es nicht lange vorher in diesem Königreich und im Bannat anzutreffen war. Nehmen wir die ausgegrabenen römischen Münzen, ohne daß es das Zeugnis eines Schriftstellers bedürfte, zum Beweis an, daß Römer da gewohnet haben; so mögen die kleinen ägiptischen Gözen von Bronze, die neben diesen Münzen im Bannat gefunden werden, ebensoviel für die Zigeuner beweisen: durch alle römische Eroberungen zerstreut, warum hätten sie, da Dacien zur Provinz gemacht war, nicht auch dahinkommen und den Dienst der Isis, des Anubis und anderer ägiptischen Gottheiten, wie in Italien ausbreiten sollen?

Die besondere Gelegenheit die bannatischen Zigeuner zu beobachten, hat mich auf diese Untersuchungen geleitet. Ich unterziehe sie Eu. Hochwolgebornen gereinigteren Einsichten, alzuglüklich, wenn ich Dieselben von dem tiefen Respekt versichern darf, mit welchem 2c. 2c.

Sie=

Siebenter Brief

an Sr. Excellenz, den Hochwolgebornen Freiherrn Pompejus von Brigido, Herrn zu Bresolwiza und Marenfels, J. J. K. K. K. K. M. M. Kämmerer, Geheimerrath, und im Bannat Temeswar Landesadministrationspräsidenten.

Ueber die Walachen, die im Bannat wohnen.

Bei erfüllten algemeinen Wünschen, darf ich um so lauter Eu. Excellenz glüklichen Ankunft in dieser Provinz mich erfreuen. Der würdige Bruder, welchen Dieselben in dem so rühmlich verwalteten Posten ersezen, war mein Beförderer und Wohlthäter — mit inniger Theilnehmung seh ich, was getröstete Völker von dem Nachfolger erwarten — gleichen Geist, gleiche Anstalten, gleiche Billigkeitsliebe, gleichen Eifer, die menschenfreundlichen Absichten der Monarchen zu befördern.

Die erste der Künste, der Akerbau, schmeichelt sich Dero vorzüglichen Schuzes so gewisser, als wahr es ist, daß von ihr der Wohlstand der Völker immer seinen ersten Anfang nimmt, und daß durch sie iede Gattung Industrie vonselbst aufkeimet.

Unter den kultivirenden Nationen des Bannats, sind die Walachen, die zahlreicheste. Nachkömmlinge des berühmtesten, dem Pflug und Degen gleich ergebenen Volkes, sind sie heutzutag zur tiefen Barbarei herabgesunken — roh und unwissend, voll physischer und moralischer Fehler. Ich bitte um Erlaubnis Eu. Excellenz das getreue Gemälde derselben zu entwerfen; Dero durchdringendem Geist wird es leicht seyn, die Maasregeln abzusehn, nach denen dieses Volk mus geleitet werden, wenn es dem Nutzen des Staats, nach der Absicht des thätigen Ministers und Freundes der Menschheit entsprechen soll.

Nach dem ungarischen Geschichtschreiber Szentivany, kommt der Name Walachen, vor dem vierzehnten Jahrhundert in keinem griechischen noch lateinischen Schriftsteller vor (1). Man nennte sie blos Romani oder Blachi, und Blachia die Gegend, wo sie, dem grösten theile nach, ansässig waren, d. h. die Moldau und was man in der Folge Walachei hies. Cinamus, ein griechischer Schriftsteller, der um das Jahr 1568. gelebt und die Kriege des Kaisers Emmanuel mit den Ungarn beschrieben hat, sagt, daß die Blachen, welche in der Nähe des schwarzen Meeres gewohnt, selbst gegen die Ungarn aufgestanden (2). Rabbi Benjamin, in einer hebräischen Reisebeschreibung vom Jahr 1588. nennet beide Landschaften Blachia; ebenso Pabst Innocenz III. bei dem Rinaldus im J. 1203; auch gedenket König Andreas II. der Blachen in einer, den nach Siebenbürgen geflüchteten Sachsen verliehene Urkunde. Unter der Regierung Karls I. fieng man an, sie Olachj, von dem ungarischen Wort Oláh oder Olacz, zu nennen; andere hiessen sie Walachj, von dem slavischen Worte Wlach, welches in dieser Sprache einen Italiäner bezeichnet, und so ist endlich diese Benennung der ganzen Nation, wo immer sie wohnen mag, gemeingeworden.

Ich weis nicht aus welcher Quelle Aeneas Sylvius, nachmaliger P. Pius II. geschöpft haben mus, und kann nichts als aus seinen Werken

(1) Dissertat. paralipomen. rerum memorab. Hung. p. 39.
(2) P. Timon Imago novae Hung. cap. XV. p. 38.

ken die Stelle, wie sie dasteht, anführen (3): Colonia Romana eo deducta, duce quodam *Flacco* quo *Flaccia* nuncupata, exin longo temporis tractu corrupto, ut fit, vocabulo *Valachia* dicta, & pro *Flaccis Vlachi* appellati. Kein einziger unter den alten Schriftstellern und Erdbeschreibern, redet von diesen Flaccis. Nur der Dichter Ovidius (4) gedenket eines gewissen Flaccus, Präfekts in Mösien, der die Geten und Dacier aus den römischen Provinzen über der Donau verjagt; daß er aber lateinische Kolonien in das Land geführt hätte — davon sagt er kein Wort, und man weis übrigens, daß diese erst nach Trajans Eroberung, länger als ein Jahrhundert nach des Dichters Tode, dahingekommen. Noch unwahrscheinlicher ist, was Bonfinius sagt, daß die Walachen von den Griechen, wegen der Figur ihrer Pfeile, so benennet worden. Ich will unter Muthmassungen nicht entscheiden. Soviel ist gewis, daß die Nation selbst sich nie diesen Namen giebt: sie nennen sich Rummmj oder Rumagnesch, d. h. Romuli oder Romani, und beweisen es genug durch ihre Sprache, das sie römischer Abkunft sind.

Die Walachen des Bannats, denn von andern Gegenden rede ich nicht, sind vom Leibe stark und wolgemacht, meistens von einem pittoresken, männlichen Ansehn. Sie tragen langes Haar, über der Stirne gescheitelt, und von den Schläfen so tief herabhangend, daß es nicht selten eine halbe Spanne unter das Kinn reicht; in einigen Gegenden ist es sogar eine Schönheit mehr, wenn sie solches an den Spizen zusammenknüpfen. Alle lassen den Bart über der Oberlippe wachsen, am Kinn aber bis an das funfzigste Jahr scheren, und denn fängt die Epoche der langen Bärte an.

Im Gegentheil ist das andere Geschlecht, der grössern Zahl nach, weder schön noch wolgebildet — äusserst wenige, denen sich die Natur gütiger erzeigt hat. Buklichte und Lahme findet man unter den Walachen

(3) Europae cap. II.
(4) Ex Ponto lib. IV. Eleg. IX.

chen beiderlei Geschlechts höchstselten; auch sieht man keine Pokennarbigte unter ihnen, nochweniger solche, die durch diese Krankheit die Augen verloren hätten. Ihre kunstlose Erziehung schüzt ihre Kinder vor alle diesen Gebrechen.

Die Kleidung der Walachen besteht in einem Hemde mit weiten, kurzen Ermeln, welches nicht viel über die Lenden reicht, und in langen Beinkleidern, die sie im Sommer von Leinwand, im Winter aber von grobem, weissen Tuch haben. In der lezten Jahrszeit tragen sie über das Hemd noch einen Kittel von Tuch, zuweilen auch mit weissen Lammsfellen gefüttert und mit schwarzen Fäden ausgenähet. Die Füsse wikeln sie in eine Gattung Wollenzeuch, der schwarz, roth, oder auch blau gestreift ist, und statt der Schuhe haben sie Solen, die mit zarten ledernen Riemen befestiget sind. Ganz genau, wie man sie in den römischen Antiken sieht. Ein breiter Gürtel, ebenfalls von Leder, hält ihr kurzes Hemde um den Leib zusammen, und dient ihnen zugleich ein kleines Messer einzustreken, von einer Seite den Geldbeutel, von der andern Stahl, Zunder und Rauchtabak anzuhängen; denn diesem sind sie überhaupt sehr ergeben. Den Kopf deken sie mit einer Müze von groben, schwarzen Filz, oder auch von Lammsfellen, weisser und schwarzer Farbe. Bei stärkerer Kälte bedienen sie sich eines langen Mantels von dem erwähnten Tuch, oder auch aus blossen weissen Boksfellen zusammengefügt; welcher Mantel rükwärts einen breiten und langen Ueberschlag hat, um solchen über den Kopf zu ziehen, wenn es regnet, oder wenn sie in freier Luft auf die blosse Erde ausgestrekt, schlafen wollen.

Nichtweniger einfach ist die Kleidung der Frauenspersonen. Ueber ein Hemd, welches bis auf die Füsse herabfliesset, hängen sie ohne weiteres Oberkleid, vor und rükwärts zwei Stüke Wollenzeuch herab, verschieden fasonirt, aber immer von rother, blauer oder gelber Farbe, und mit einer breiten Einfassung von vielfarbigten Wollenfäden ausgenäht. Ein breites, wollenes Band, gleichfalls von verschiedenen Farben, wird um den Leib getragen. Ausserdem haben sie ein kurzes Korset ohne Ermel, und über diesem zu Winterszeit einen Pelz von

Lamms-

Lamms- oder Schaffellen. Die Walachinnen sind zuhause meistens barfus, nur wenn sie ausgehn, und an Festtägen tragen sie Stiffeletten von rothem oder gelben Leder. Solange sie unverehligt sind, gehn sie mit blossem Kopf und geflochtenen Haaren; die Verheiratheten aber bedeken sich an einigen Orten der Provinz mit zarter weisser Leinwand, und ziehn sie bis unter das Kinn herab; anderwärts auch mit einem länglichten Stük gestreiften Mussellin, welches sie so in Falten schlagen, daß es eine Art Haube macht. Erwachsene Mädchen sowol als verheirathete Frauen suchen ihre Reize durch den Puz zu erheben. Die Sorgfalt der ersten geht auf ihre geflochtene Zöpfe, die andern behängen ihre Kopftücher mit Schnüren ringhaltiger Münzen; denn nur selten sieht man welche von Gold an ihnen, und diejenigen, welche gegen die Donau wohnen, bedienen sich sogar der türkischen silbernen Aspers hiezu. Auch der Busen wird mit dergleichen Münzen, mit Korallen und Glasperlen behangen, sowie der Fleis der Zigeuner die Ohrgehänge liefern mus. Hiezu kommt noch ein mit Seide oder falschen Gold gestriktes Hemd; womit sie an den Hauptfesten, auf ihren Bälen, Jahrmärkten und Kirchmessen brilliren.

In der Religion bekennen sich die Walachen zum Christentum, und hangen der griechischen Liturgie mit alle den Irrlehren an, welche die morgenländische Kirche von der abendländischen trennen. Zwar findet man im Bannat auch katholische Walachen, die man vereinigte Griechen nennt; nur sind deren, ohngeacht des unermüdeten Eifers der Missionarien und der kräftigen Mitwirkung der Monarchinn, nochsowenige, daß sie gegen die unvereinigten in keine Betrachtung kommen.

Ihre Priester oder Popen, unterscheiden sich von dem Volk durch eine reinlichere Kleidung. Sie tragen über das Hemd und die weissen Unterkleider, einen langen, schwarzen Rok, den sie über der Brust kreuzweise gegeneinanderschlagen, und mit einem Gürtel, oder auch einer ungarischen Binde zusammenhalten, zur Winterszeit aber noch einen dunkelvioletten oder blauen Pelz überwerfen. Sie lassen Bart und Haare wachsen, deken den Kopf mit einem weiten, runden Hut, und tragen statt der walachischen Art die Füsse zu kleiden, gewöhnliche Schuhe oder Stiefeln.

Die Walachen verheirathen sich sehr jung, so daß ein Mädchen, wenn sie nur zwölf Jahre vorüber hat, schon zur Ehe begehret wird. Der Jüngling macht immer seine Eltern zu den Vertrauten seiner Liebe, die, wenn sie ihm noch keine Braut gewählet haben, mit den Eltern der Geliebten schliessen, denen sie nach Verhältnis ihrer Mittel eine Summe Geldes anbieten. Nach geschlossenem Kontrakt, wird eine Zeit von vierzehn Tagen zur Beilegung anberaumet; die dann auf andere vierzehn Tage verlängert werden kann, wenn aber nach verflossener dieser Zeit der Bräutigam seinen Entschlus nicht ändert, mus die Ceremonie volzogen werden.

Zuweilen geschieht es, daß die Eltern ihre Tochter versagen, entweder weil sie solche schon an einen andern versprochen haben, oder weil ihnen der Liebhaber sonst nicht ansteht, oder weil es ihm an Gelde fehlt. In diesem Fall entführt er das Mädchen, auch wol mit Hülfe seiner Kameraden; ein naher Wald oder sonst ein abgelegener Ort, mus ihnen zur Freistadt dienen, und denn läßt er durch einen Freund die Eltern und Brüder der Geraubten besprechen. Gewöhnlich ist dieses das Geschäfte des Popen, der durch ein Geschenke dazu gewonnen wird. Meistens gelingt es mit der Vermittlung; wird sie aber nicht erhalten, so mus der Entführer, um die Geschwächte zu ehligen und der Rache der Eltern auszuweichen, sich mit ihr in einem entfernten Dorf ansezen.

Wo die Liebe keine Hindernisse findet, erscheint der Bräutigam an dem bestimmten Trauungstag, mit dem Hochzeitvater, seinen Anverwandten und Freunden, vor dem Haus der Verlobten, trit aber nicht ein, unterdes der Hochzeitvater sie mit dem Gefolge ihrer Gespielinnen abholet. Die Braut kommt mit verschleiertem Gesicht heraus, und beurlaubet sich unter häufigen Thränen von ihren Eltern und Anverwandten, welche sie zärtlich küsset, sowie alle Anwesende, und alle, die ihr auf dem Wege zur Beselika oder Kirche begegnen. Dort knien beide Verlobte

lobte vor den Altar, den man Ἁγίων Βῆμα nennet, und halten jedes, während der ganzen Ceremonie, eine brennende Kerze in der Hand. Die Ceremonie selbst besteht in verschiedenen Gebeten und Einsegnungen, in Darreichung des Eheringes an die Braut, und Kränzen von wolriechenden Kräutern und Blumen, welche der Pope den Neuverlobten auf das Haupt sezt. Die Eltern werfen Kreuzer und andere kleinere Silbermünzen oder auch, wenn es Aermere sind, Nüsse und dürres Obst in der Kirche aus, welche von den Umstehenden aufgelesen werden.

Aus der Kirche wird die Braut nach dem Hause des angetrauten Gatten geführet, wo unterdes der Tisch zubereitet worden ist. Sie kommt jedoch nicht zur Mahlzeit, sondern bleibt in einem abgesonderten Zimmer, verschleiert, blos in weiblicher Geselschaft. Jeder Gast beurlaubet sich bei ihr im Weggehen, indem er ihr Glük, Gesundheit und Nachkommenschaft wünscht; welches sie mit einem Kus erwiedert, und mit etwas Geld beschenkt wird. Wenn alle weg sind, hält der Mann eh er sich der ehelichen Rechte bedient, erst eine ganz pathetische Anrede an die Frau, über die volkommene Abhängigkeit von ihm, in welcher sie zu leben hat, über den Gehorsam, welchen er erwartet, über die Sorge, welche sie für das Hauswesen und ihre künftigen Kinder tragen soll.

Den folgenden Tag wird ein zweites Gastmal gegeben, zu welchem vorzüglich der Hochzeitvater, der Pope, der Knese, oder Dorfrichter, und die vertrautesten Freunde eingeladen sind. Dasmal sizt die Frau auch mit zu Tische. Zu Ende der Mahlzeit kommen aus dem väterlichen Haus ihre Kleider, und alles, was sie zur Mitgift erhält. Im Bannat besteht solches immer in Rindvieh, Schafen und Schweinen, einigen Hemden, eisernen und kupfernen Küchengeräthe, öfters auch einem Spulrade und Weberstul, auf welchem Hanf, Baum und Thierwolle verarbeitet werden. Und so endigt das Fest mit der Danksagung gegen den Schwiegervater, Hochzeitvater, Popen, Knesen und übrige Gäste.

Es ist bekannt genug, daß die walachischen Priester, als der alten griechischen Kirche zugethan, sich verheirathen. Doch mus es geschehn, eh sie die h. Weihe erhalten; und auch da können sie nicht zu höhern geistlichen Aemtern befördert werden; diese sind nur solchen vorbehalten, die im Cälibat leben, und das Mönchsgelübde abgelegt haben.

Die Walachinnen sizen nicht mit ihren Männern zu tische, sondern speisen, wenn diese geendigt haben, fast immer stehend und zugleich mit irgend einer Hausarbeit beschäftigt. Auch währender Schwangerschaft, und wenige Tage vor und nach der Geburt, machen sie davon keine Ausnahme.

Sie gebären leicht, ohne Geburtshelferinn; denn diesen Dienst verrichten immer ihre Mütter oder Schwiegermütter. In drei oder vier Tagen, finden sie sich in stande ihren Hausgeschäften wiedervorzustehn. Ihre Kinder werden auch nicht verzärtelt. Sobald diese zur Welt sind, werden sie, wenn es Winter ist in lauem, zur Sommerszeit aber in kaltem Wasser gebadet, und damit, bis sie grösser werden, zwei bis dreimal des Tages fortgefahren. Von Windeln, oder irgend einer Gattung Fätschen, wird kein Gebrauch gemacht. Die Wiege, deren sie sich anfangs bedienen, besteht in einem Stük groben Tuch, in eine Art Ramen gefaßt und von den vier Enden mit Schnüren, die in der höhe zusammenlaufen, an einem grossen Nagel in der Deke des Schlafzimmers aufgehangen; so daß die Mutter diese Maschine immer in Bewegung bringen, und das Kind einschläfern kann, wenn es erwachen will. Den Tag über wird es auf einem Federkissen in einen Trog aus Lindenholz gelegt, der sonst noch dienet, den Teig zum Brode zu bereiten und die schmuzige Wäsche zu waschen. Ich habe mehrmals Walachinnen daher gehn gesehn, die dergleichen Wiegen mit sämt dem Kind auf dem Kopf trugen, und zugleich die Hände mit der Spindel beschäftigten. An andern beobachtete ich, daß sie das Kind, in einen Sak von Wollenzeuch gestekt, an zwei starken Bändern so auf dem Rüken hängen hatten, daß sie es unter den Achseln durchziehn und unterdes sie am Fluße wuschen, ihm die Brust reichen konnten.

Sie lassen die Kinder nakt auf dem Boden herumkriechen, bis sie von selbst gehn, welches sie gemeiniglich vor dem neunten, höchstens zehnten Monat lernen. Auf solche Art erzogen, sind sie gegen Hiz und Kälte abgehärtet, sie werden selten krank und ihre Gliedmassen, die sich ungehindert entwikeln, kommen früher zur Vollkommenheit. Wenn sie etwas grösser werden, pflegt man sie in ein blosses Hemd von grober Leinwand zu kleiden, welches sie nicht wechseln, sondern immer fort tragen bis es schwarz und schmuzig, ihnen in stüken vom Leibe fällt. Unter der türkischen Regierung lies man die jungen Leute im Hemde gehn bis sie heiratheten, weil der Knabe sobald er Hosen trug, der Kopfsteuer unterworfen war. Das wurde besonders um die Ufer der Donau herum so gehalten.

Um solche Zeit werden ihnen auch die Poken eingeimpfet, um den Zufällen auszuweichen, die mit den natürlichen nicht selten verbunden sind. Und zwar pflegen sie sich auf folgende Art damit zu benehmen. Wo man weis, daß in dem Dorf selbst oder in der Nachbarschaft, ein Kind gutartige Poken hat, welche sie *Rubat al mare* oder den grossen Ausschlag nennen, so kauft man von der Mutter die Pokenmaterie, und zwar nach altem Herkommen um einen Kreuzer, soviel als nöthig ist wenn nur eines, um zwei oder drei Kreuzer wenn mehrere Kinder inokulirt werden sollen. Zuerst wird untersucht, ob die Poken gut oder bösartig sind, welches sie *Rubat al mica*, der kleine Ausschlag heissen. Werden sie gutartig befunden, so öfnet man mit der Nadel eine solche Blatter, drükt die Materie in ein aus hartem Holz eigends dazu bereitetes Schächtelchen, und eilet damit nach Hause, wo solche auf verschiedene Art beigebracht wird. Entweder sie giessen die Pokenmaterie auf den fleischigten theil am Arme des Kindes, welches inokulirt werden soll, und reiben mit grober Leinwand solange bis der Theil roth und entzündet ist; oder sie machen an ebendemselben Theil eine leichte Wunde, in welche sie einen Tropfen des Pokengiftes fallen lassen, die Wunde mit einem Stük alter Leinwand verbinden, und damit ist alles gethan. Dabei laufen die Kinder herum, und folgen in den Nahrungsmitteln der gewöhnlichen Lebensordnung. Selbst wenn sich schon das Fieber zeigt, wel-

welches in ihrer Sprache *Frigo* heißt, schlafen sie noch immer in freier Luft; demohngeacht brechen die Poken zeitig aus, und die Patienten finden sich ohne die Mittel der Kunst wiederhergestellt. Die Krankheit ist niemals tödtlich. Auch wird keine grössere Sorgfalt angewendet, wenn die natürlichen Poken, wie es oft geschieht, der Inokulation zuvorkommen.

Die erste Beschäftigung der walachischen Jugend, ist das Vieh zu weiden, bis sie stark und abgehärtet genug wird, beim Pflug, Fuhrwesen und anderer Handarbeit gebraucht zu werden. Wirklich sind die Walachen im Bannat die einzige Nation, welche sich auf alle Gattungen Arbeit, ohne Unterschied verlegt. Sie lassen sich zu Ausgrabung der Kanäle; bei den k. k. Gebäuden, wo ihnen die Arbeit als Roboth abgerechnet wird; zum Bergbau — kurz zu allem gebrauchen, wo sie nur immer etwas gewinnen mögen.

Aber das sorglose, müss'ge Hirtenleben, womit sie ihre ersten Jahre hinbringen, entwikelt in ihnen den Hang zu den Lastern, welche nach den Beobachtungen der Alten und nach der Erfahrung der Neuern, dem Hirtenstand eigen sind; daher es nie an Dieben und Strassenräubern unter ihnen fehlet.

Pferde, Rind und Schafvieh, Bienenstöke, Brandweinfässer u. dergl. sind immer ihre ersten Angriffe, bis sie kek genug werden einem Reisenden das Felleisen abzubinden; und dann mag sich der Beraubte noch glüklich schäzen, wenn sie mit dem Gelde zufrieden, ihm nur das Leben lassen. Dergleichen entschlossene Räuber ziehn sich meistens in die gebirgigten Gegenden. Sie haben ihren Siz besonders in der Gebirgskette genommen, welche das Bannat von der westlichen Walachei scheidet, ich will sagen in den Distrikten von Mehadia und Karansebes; von daher sie ihre Streifereien bis Moldova, Saska, Oraviza, Dognecska, und Bogscian fortsezen. Zwar sind die Dörfer dieser Gegenden mit Kordonsposten versehen. Demohngeacht sind die Strassen sehr unsicher, besonders wenn das Gebüsche mit Laub bedekt wird, dahinter

sie

sie sich verstecken, und den Reisenden unvermuthet in den Rüken fallen können: in grössern Rotten, wagen sie sich wol öfters in die Dörfer selbst, welche sie in Kontribution sezen, Geld und Lebensmittel wegnehmen, die Häuser plündern auch wol gar in Brand steken. Diese Räuberbanden haben jede ihren Anführer, den sie Harambassa nennen, und dem die übrigen Gehorsam leisten. Sie sind mit Säbel, Karabiner, Pistolen, türkischem Messer, und nicht selten auch mit einem Ciacan bewafnet; welches lezte Mordeisen eine Gattung Hammer ist, der von der Rükseite in eine krumme scharfe Spize auslauft, und an einem starken hölzernen Grif befestigt ist.

Das Reissen mit glühenden Zangen, Rad und Galgen, sind die gewöhnliche Strafe der Räuber, wenn sie der Justiz in die Hände fallen; nur wirket das Beispiel so wenig, daß kein Jahr vergeht, da man nicht von Angriffen und Plünderungen hören solte.

Auf dem platten Lande ist mehrere Sicherheit, desto häufiger aber die Viehdiebstäle, welche die Walachen unter sich selbst begehn. Ein Pferd, Rindvieh, oder was immer es seyn mag, das über fünf und zwanzig Gulden wehrt ist, zieht die Todesstrafe nach sich; wider geringere Diebstäle ist wenigstens dreijährige Stokarbeit, auf der Festung Temeswar verhängt. Die Walachen gewöhnen sich an diese Lebensart so leicht, daß sie, wenn die Strafzeit vorüber ist, immer aufs neue stehlen, wenig besorgt, ob sie damit wieder in ihre alte Fesseln zurükkehren; und in dieser Absicht stehlen sie immer in Geselschaft, damit wenn sie den Raub unter sich theilen, die Summe geringer ausfält, als daß sie der Todesstrafe unterliegen könnten.

Wenn sie jedoch, mag es nun Diebstals oder anderer Verbrechen halber seyn, in den Fall kommen; so leiden sie den Tod mit Gleichgültigkeit, ohne zu klagen, oder die mindeste Furcht zu verrathen. Die meisten denken gar auf keine Beichte. Gott wisse alles, sagen sie, und die Lossprechung von ihren Sünden sey vergeblich, da ihnen die Gerech-

tig-

tigkeit nichtsweniger das Leben absprechen — in solcher Ruchlosigkeit, der Folge des vernachlässigten Religionsunterrichts, gehn sie dahin.

Diese tiefe Unwissenheit, in welcher der gemeine Mann unter den Walachen steckt, ist leicht zu begreifen, da ihre Popen selbst nicht viel besser unterrichtet sind. Lesen und singen, darauf schränkt sich meistens ihre ganze Wissenschaft ein. Sie sind nur bedacht von ihrem h. Amte Gewinn zu ziehen; daher sie sich denn auch bisher oft solcher Mittel bedient haben dazu zugelangen, die nur der Unwürdigste ergreifen kann. Ich sage bisher; denn die weise Monarchinn hat Vorsehung getroffen, daß in Zukunft, keiner ihrer walachischen und raizischen Unterthanen zum Priester geweihet werden darf, der nicht in dem zu Neusaz bei Peterwardein errichteten Kollegium seine Studien vollendet, und auch die lateinische Sprache erlernet hätte. Der berühmte Kantemir, ehemaliger Fürst von der Moldau, findet die Ursachen der Unwissenheit, zu welcher der walachische Klerus herabgesunken ist, in der Veränderung der lateinischen Buchstaben, deren sich die Nation vorherbediente, in die illyrischen, cirillianischen, und in der Einführung der illyrischen und russischen Sprache in der Liturgie. Damit vernachlässigten diese Geistliche die Lektur der griechischen, und lateinischen Väter, verlernten nach und nach ihre Sprache, und blieben bei dem Mangel neuer Quellen, aus denen sie die ächte Glaubens und Sittenlehre hätten schöpfen mögen, an einer blos gedächtnismässigen Kenntnis des traurigen Sistems hangen, welches sie von der katholischen Kirche trennet.

Diese Priester sind angewöhnet, ihre Erzbischöfe, Bischöfe, und Archimandriten, wie Gottheiten zu verehren, sie werfen sich vor ihnen mit dem Gesicht auf die Erde nieder, küssen ihnen die Füsse, und wissen nichts bessers zu thun, als daß sie dem Volk gleiche Unterwerfung und Ehrfurcht gegen sie einschärfen: es von den vielen Vorurtheilen und Aberglauben losmachen, ist um so weniger von ihnen zu erwarten, da sie selbst nicht frei davon sind. Auch sind sie nicht sehr bemüht, es von solchen Gewohnheiten abzuziehn, die offenbar wider die Gebote Gottes und den Geist der wahren Religion sind. So glauben diese Betrotrogenen, daß sie alles erfüllt haben, wenn sie die viermalige Fasten das Jahr über beobachten, einmal beichten und die h. Kommunion nehmen, wobei im Bannat noch der Misbrauch ist, daß der Pope, als förmliche Schuldigkeit, eine bestimmte Bezahlung nach Verhältnis der Länge der Beichte, oder auch der gebeichteten Sünden selbst annimmt.

Unterdes findet man viele bejahrte Walachen, die in ihrem Leben nie gebeichtet haben; sie besuchen zwar die Kirche, es ist aber meist nur um singen zu hören.

Die Walachen fasten Mittwochs und Freitags; die Sonnabende, sowie alle übrige Tage der Woche essen sie Fleisch, wenn es ausser der Fastenzeit ist. Sie halten die grosse Fasten sehr strenge. Nicht genug, daß sie sich blos mit Brod, Zugemüs und Hülsenfrüchten behelfen; einige treiben die Enthaltsamkeit soweit, daß sie sich von ihren Gattinnen entfernen, ja sogar, was immer für eine Krankheit sie befallen solte, nichteinmal aderlassen. Doch trinken sie Wein, Bier und Aquavit zuweilen bis zur Ausschweifung; welches so stark auf ihr Nervensistem wirket, daß es ihnen bei Nacht Dünste, Träume und allerhand traurige Erscheinungen verursachet, die bei den schwächern Temperamenten endlich eine Abzehrung, von der schlimmsten Gattung, nachsichziehet.

Sowie unter dem Pöbel der Ungarn und übrigen Nationen dieser Gegenden, hat sich die Sage der Vampirs auch unter die Walachen verbreitet; von jugend auf in dem Vorurtheil genährt und die Einbildungskraft durch die gesagte Krankheit erhizt, sehen sie den Leichnam eines Verstorbenen, den sie im Leben gekannt oder zum Feinde gehabt haben, aus dem Grabe hervorgehn, fühlen es, wie er ihnen das Blut aussaugt und sie auf andere Arten peinigt. Nach ihrer Meinung können sie nur dann gesund werden, wenn der angebliche Vampir ausgegraben, und ihm die Brust bis an den Rüken mit einem Messer durchstochen wird. Viele sterben so dahin — traurige Opfer ihrer Unwissenheit.

Ich hätte viel zu sagen, wenn ich alle Vorurtheile anführen wollte, mit denen die banatischen Walachen angestekt sind. Ueberhaupt hat ihre Denkungsart sehr schiefe Wendungen genommen, und sie erlauben sich Handlungen, die nur den wildesten und rohesten Nationen eigen sind. Am meisten zeichnet sich die gränzenlose Grausamkeit aus, wo es ihnen glükt, das Blut eines Feindes zu vergiessen. Oft wüten sie noch wider den todten Leichnam des Ermordeten, dem sie eine Menge von Messerstichen versezen, ihm die Augen ausstechen, Nase und Ohren abschneiden. Der Fall ist noch neu, daß ein eifersüchtiger Ehmann, da die Frau sich vor seiner Wut in ein Nachbarhaus gerettet hatte, Feuer anlegte, und sie so nebst den übrigen Weibspersonen, die mit ihr waren, verbrannte.

Der Walach hat seines gleichen nicht in der Hartnäkigkeit. Aber ebenso muthlos ist er, wenn er sich seiner natürlichen Trägheit überläßt. Er ist herzhaft bis zur Verwegenheit, und doch braucht es wenig ihn zu schreken, wenn schon die Stokschläge wenig Eindruk auf ihn machen.

Ich habe dieses Volk von der fehlerhaften Seite geschildert: ich darf Eu. rc. nicht verschweigen, welches seine geselschaftlichen Tugenden sind.

Die erste ist ohnstreitig die Gastfreiheit, welche sie gegen die Reisenden und Fremden üben, wenn sie sich genöthiget sehn, in ihren armen Wohnungen Aufenthalt zu suchen. Das Beste, was sie haben, wird dem Gaste vorgesezt; wenn auch nichts mehr als ein Brod vorhanden ist, so theilen sie solches willig mit ihm; gehn in allem auf das freundschaftlichste mit ihm um, und weisen ihm die beste Gelegenheit des Hauses zur Schlafstätte an. Ich selbst habe diese Erfahrung gemacht.

Zur Bequemlichkeit der Reisenden, damit diese sowol für sich als für ihr Vieh überall Wasser finden, machen sie sich ein besonderes Geschäfte daraus, an den Landstrassen Brunnen zu graben; sie richten Kreuze auf, welche dem Wanderer den Weg zeigen, eilen willig herbei

wo

wo sie zuhülfe gerufen werden, und begleiten auch wol lange Streken, bis man in Sicherheit ist.

Ihr Grus ist sehr einfach, und sagt doch unendlich mehr als all das leere Wortgepränge, das bei gesitteteren Nationen üblich ist. Sanatos & pace: Gesundheit und Friede — das ist es alles. Gegen Vornehmere sind sie sehr ehrerbietig, küssen ihnen die Hand und bringen solche an die Stirne, halten sich immer stehend mit entblößtem Haupt und in demüthiger Stellung. Ihre Reden behalten den gleichen Charakter. Sie geben den Männern allezeit den Titel Domno, oder Herr, dem schönen Geschlecht aber Szupughnaza, oder Frau. Den Popen, Mönchen und besonders den Bischöfen, bezeigen sie ihre Ehrfurcht durch die Kniebeugung, küssen ihnen in dieser Stellung die Hand, und auch das Kleid, wenn sie ihnen auf dem Wege begegnen.

Die Kinder fürchten den Fluch der Eltern äusserst, und sehn solchen nicht anders als eine Verurtheilung zu gewissen Unglük und unvermeidlichen Elend an. Dergleichen sind besonders die Ausdrüke: Cupilla della Draco, santa Cruce ti affecte, Kind des Teufels, das h. Kreuz soll dich treffen u. d. Von dem zärtlichen Andenken, in welchem sie ihre verstorbenen Verwandten und Freunde erhalten, werd ich in der Folge zu reden haben.

Einer der schönsten Züge der Nation ist wol dieser, daß sie nicht so leichtsinnig den Namen Gottes aussprechen. So wahr ich die Fasten gehalten, so wahr ich gebeichtet, die h. Kommunion genommen habe, sind die höchsten Betheurungen, mit denen sie die Wahrheit ihrer Aussagen bestättigen.

Das waren ihre gesellschaftlichen Tugenden: izt ein Wort von der Industrie der Walachen.

Es ist wahr, daß die Häuser in ihren Dörfern nur aus Erde, Stroh und Röhricht zusammengefügt sind, allein sie beobachten in ihrer

Bauart doch gewisse Regeln, die dem Einwohner einige Bequemlichkeit geben. Die gemächlichsten flechten ihre Wände aus Weidenzweigen und jungen Aesten auf, und überkleiden sie nachher mit Thon, welches ihnen eine Stärke gibt, die den Ziegelmauern gleichkommt. Die Küche ist von der Stube abgesondert, wo beide Geschlechter, Väter, Mütter, jüngere und ältere Kinder, alle untereinander schlafen, essen, trinken, und der Küchenheerd hat durch eine Oefnung in der Wand, Zusammenhang mit einem Ofen, der zu Winterszeit die Stube heizet. Die Produkten welche ihnen der Akerbau giebt, zu verwahren, legen sie gewisse Behältnisse an, die aus blossen Flechten vier bis fünf Schuh von der Erde aufgeführet sind, und von oben mit Stroh bedekt werden. Diese Behältnisse, den Viehstall mit den übrigen Wirtschaftsgebäuden, dem Ort für den Weberstul, dem Distillirofen zum Raki und dergl. umgeben sie mit einer starken Zaunheke, welche zugleich den Hof und einen kleinen Garten, wo sie Bienenstöke halten, in sich fasset.

In den Distrikten von Ujpalanka, Mehadia und Karansebes, sind auch die Dörfer mit dergleichen Zäunen umgeben. Wo nahe Wälder sind, haben sie statt derselben Palisaden von gespalteten Bäumen in Mannshöhe, um sich selbst und ihr Vieh vor den Angriffen der Räuber zu sichern.

Auf dem fruchtbaresten Boden, der auch die mindeste Arbeit belohnt, treiben die Walachen diejenigen Zweige der Landwirtschaft, die sie sich zum Gegenstand genommen haben, noch sehr roh und ohne Einsicht. Sie bauen Weizen, türkisches Korn (Kukuruz) verschiedene andere Getreidarten, Hanf, allerhand Wurzeln und Pflanzen an, besonders Tabak, welchen sie Doan nennen. Allein sie pflügen den Aker wenig oder fast gar nicht, denken nicht darauf, den Mist der Thiere als Dünger zu verwenden, nochweniger von andern Materialien Gebrauch zu machen, mit denen man sonst den Boden verbessert und seine Produkten vervielfältigt. Ebenso nachlässig sind sie in Anpflanzung der Fruchtbäume. Und doch würden diese in den meisten Gegenden leicht fortkommen; die Familien, die in den ihnen angewiesenen Bezirken sol-

che

die kultivirten, würden davon in ihrer Haus und Feldwirtschaft mancherlei Erleichterung haben; es würde beitragen, die tiefen und sumpfigten Lagen auszutroknen, und der Provinz gesündere Luft zu geben. Und die Ursach aller dieser Vernachlässigungen? — Nichtsosehr Mangel an Industrie, als an Kenntnis, Beispiel und Aneiferung.

Der Zwetschkenbaum wird nicht so vernachlässigt. Dagegen sind auch die Walachen dem Raki, einer Gattung Aquavit die aus dieser Frucht gebrannt wird, äusserst ergeben; so moralisch gewis, daß sie, was ihnen vom eigenen Gebrauch übrig bleibt, allezeit leicht absezen, pflegen sie diesen Baum mit äusserster Sorgfalt, und breiten ihre Zwetschkenpflanzungen im Distrikt von Werschez, soviel nur möglich ist, aus. Ich habe auf den Strassen von Oraviza nach Dognacska, Bogscian, u. a. durch lange Streken von Dörfern hindurch, diese Pflanzungen sehr schön, alle nach der Schnur angelegt gesehen, daß es die Arbeit des erfahrensten Gärtners schien. Ebendas würden sie leisten, wenn man durch Unterricht und Aufmunterung sie vermögen könnte, es mit dem Reisbau zu versuchen; den in jeder Betrachtung so nüzlichen Maulbeerbaum zu pflanzen, und statt der gewöhnlichen Zaunheken einzuführen; Seidenwürmer aufzuziehen; die Bienenzucht zu mehrerer Volkommenheit zu bringen — alles solche Zweige der Landwirtschaft, die das glükliche Klima des Bannats begünstigt, und die verbunden mit der Viehzucht, den Nahrungsstand des Walachen, wie die Aufnahme des Landes überhaupt sehr erheben müsten. Ich bin der Meinung, und es würde mir nicht schwer fallen solches zu beweisen, daß diese Leute, wenn sie sich auf Pflegung der Maulbeerbäume und Erziehung der Seidenwürmer verlegen wolten, durch diesen einzigen Artikel sich in stande sehen würden, die Landesabgaben zu entrichten. Und welche geringe Mühe, welche sie dafür angewendet hätten!

Denn, daß es ihnen nicht an Industrie fehlet, beweiset genug das Haus und Wirtschaftsgeräthe, welches man bei ihnen antrift, und welches alles das Werk ihrer Hände ist. Der Hanf, welchen der Mann im Feld anbauet, wird von dem Weibsvolk zubereitet, gesponnen und zu Leinwand für das Bedürfnis der Familie verwebet; gleichergestalt wissen sie mit der Wolle umzugehen, welche sie reinigen, kartetschen, kämmen, ihr verschiedene, aus Vegetabilien gezogene Farben (6) geben, alle Arten Zeuche, Bänder und Tücher daraus bereiten, die zu Frauen- und Mannskleidung und anderem Gebrauche dienen. Die Stikereien von Garn, Seide, zuweilen auch mit falschem Gold untermischt, nichtweniger die Spizen, mit denen die Walachinnen ihre Hemden verzieren, sind alles ihre eigene Arbeit, mit der sie sich ganz geschikt benehmen. Sie geben für diese und ähnliche Artikel nicht einen Kreuzer aus. Fast jedes Bauerhaus, wie ich schon erinnert habe, hat einen eigenen Ort, wo die Maschinen zu Verfertigung der genannten Arbeiten aufbehalten sind; unter denen ich ein gewisses grobes Wollengewebe noch nennen mus, welches Getreidsäke und grosse Taschen hergeben mus, in denen der Walach, wenn er auf die Reise oder zur Arbeit geht, seine Mundprovision und andere Nothwendigkeiten zu tragen pflegt.

Einen zweiten Beweis nehme ich aus den bereits gemachten Erfahrungen her. Man hat zur Zeit, da Graf Clary Präsident war, zu Slatina im Distrikt von Karansebes eine Glashütte errichtet; gleich waren Walachen da, die unter der Aufsicht eines Glasmeisters die Arbeit

---

(6) Die Frau eines Popen, die in der Färbekunst sehr erfahren war, zeigte mir die verschiedenen Pflanzen, welche sie anzuwenden pflegte. Ich habe soviel herausgebracht: daß sie mit dem gedörrten, und mit der Vitriolauflösung gemischten Wolfskraut (Lycopus) schwarz; mit Grapp (rubia sylvatica) Sternkraut (Asperula) Wegerkraut (Galium) roth färben; daß sie aus der Rinde des Weichdorns (Rhamnus catharticus) eine rothe, aus den Beeren aber eine grüne Farbe bereiten; daß sie ein anderes Roth aus den gedörrten, pulverisirten Wurzeln des Sauerdorns (Berberis), gleichwie aus den Beeren ein schönes Gelb erhalten; nichtweniger diese leztere Farbe aus Ginster (Genista) Streichkraut (Reseda) Habichtkraut (Hieracium) Ringelblumen (Calendula) Birkenblättern (Betula) und Leberkraut (Lichen) zu ziehen wissen; daß ihnen Waid (Isatis, Glastum) und Schartenkraut (Serratula) zweierlei Blau; Wasserdost (Bidens) Wolfsklau (Lycopodium) und die Blätter des Nußbaums (Nux vomica) die braunen Farben hergeben müssen.

heit lernten, Flaschen, Trinkgläser u. dergl. verfertigten, mit denen nun das Land sich selbst versieht. Bei der Bergwerksmanipulation in den vier Bergämtern des Bannats, nichtminder zu Ciklova und Bogscian, findet man neben den deutschen Arbeitern Walachen genug, denen es nicht an Geschiklichkeit und Erfahrung fehlet. Auch sind sie es, die in den Reisfeldern, welche der gegenwärtige Unternehmer zu Omor angelegt hat, noch am besten gebraucht werden.

Als einen dritten Beweis für die Fähigkeit der Walachen, darf ich wol anführen, daß in Siebenbürgen und nochmehr in der Walachei selbst, deren mehrere sind, die nicht allein die mechanischen, sondern auch die bildenden Künste treiben. Sie malen, nach ihrer griechischen Manier zwar, schnizen in Holz und bilden in Stein. Nichtweniger treiben sie die Buchdrukerei, seitdem zu Anfang dieses Jahrhunderts ihr Fürst Serbano Canteczeno, von dem berühmten Metropoliten Antimo angeeifert, sich vorgenommen, verschiedene Werke zum Landesgebrauch, in griechischer, lateinischer und illirischer Schrift druken, und eine gute Anzahl Nationalisten, in dieser Kunst, durch Ausländer unterrichten zu lassen. Ich kenne Walachen, die durch Erziehung, Umgang mit der Welt und Studien, die angenehmsten und brauchbarsten Männer geworden sind. Und habe ich endlich nicht alles damit gesagt, daß der grosse Huniades, K. Mathias I. und Paul Kinys von dieser Nation waren.

Wenn es aber den bannatischen Walachen, in ihrem gegenwärtigen Zustande nicht an Industrie fehlet, so sind sie auch nicht so ganz von Scharfsinn leer, besonders wenn es darauf ankommt, sich irgend einen Vortheil zu verschaffen.

Ein Oberkneez war, bis zu Ende des vorigen Jahrs, die höchste Stufe, zu welcher man in der arbeitenden Klasse gelangen konnte; nunmehr aber werden diese Stellen durch die Wirtschaftsdirektoren der Kameralherrschaften, in den neuangeordneten vier Kreisen versehen. Es sind also nur die Kneesen, oder gemeinen Dorfrichter übrig. Diese kön-

können meistens weder lesen noch schreiben, und führen die Rechnungen der eingegangenen Gelder, sowie der Robothen, welche ihr Dorf geleistet hat, durch Kerbhölzer. Ein Oberknees hatte 120 Gulden jährliche Besoldung; ein Knees aber geniesset nur das Jahr hindurch, da er sein Amt verwaltet, die Kontributionsfreiheit, und darf im Hofe seines Hauses Stok und Eisen haben, womit er, wenn es der Fall ist, diejenigen bestraft, welche die Ruhe des Dorfes stören, oder sonst gegen die gegebenen Befehle ungehorsam sind.

Nach dem Popen ist ein solcher Knees immer die beträchtlichste Person unter seinen Landsleuten. Auch haben sie einige Achtung für die wohlhabenden, d. h. diejenigen, welche viel Vieh besizen, reiche Getreidärndten, den meisten Wein und Raki machen. Der Arme trägt das wenige Geld, welches er durch Tagarbeit oder Verkauf seiner Wirtschaftserzeugnisse gewinnt, bei sich; wer aber schon Einkünfte hat, die er beiseitelegen und sein Kapital vermehren kann, vertraut solches seinem Weibe, die gewöhnlich es unter die Erde an einen Ort vergräbt, der nur ihr und dem Mann bekannt ist. Eine andere Art, ihr Vermögen vor den Angriffen der Räuber und Hausdiebe in Sicherheit zu bringen, wissen sie nicht.

Wenn die Walachen nicht sosehr in den starken Getränken ausschweiften; so könnte man ihnen das Lob der Frugalität nicht absprechen. Ihr Brod, welches sie melai nennen, und welches aus Waizenmehl und türkischen Korn gemischt wird, ist sehr schlecht zubereitet und noch schlechter gebaken. Ihre gewöhnlichsten Speisen sind sehr einfach, meistens Vegetabilien, welche sie mit vielem Knoblauch und Zwiebeln, aber wenigem Salz würzen. Salat und Mehlspeisen werden mit Schweinefett, ader auch an Fasttagen mit Leinöhl zubereitet. Sie ziehen allerhand Geflügel, Hüner, Indianen, Aendten und Gänse auf, speisen aber selten davon, wenn es nicht an ihren grösten Festen ist. Zu Weihnachten wird auch im ärmsten Hause ein Spanferkel, zu Ostern aber ein Lamm und Fladen gespeiset. Sie verkaufen das kostbareste Federwildpret und die besten Fische, welche die Flüsse liefern; für sich behalten sie nur Fischottern, um das Fell zu gewinnen und zum Verkaufe zu bringen. Ein gleiches thun sie mit den schwarzen und weissen Lammsfellen.

Man findet wenige walachische Häuser, wo einige Ordnung und Reinlichkeit herrschte. Nur ein Reisender, der wenig ekel und auf alle Fälle gefaßt ist, mag sich an ihren Tisch wagen; ein schmuziges Tuch, eine Schüssel, woraus alle zugleich essen, und ein gemeinschaftliches Trinkgeschirr, sind gewis nicht sehr einladend.

Das grosse Vergnügen dieser Völker ist der Tanz. Auch haben sie ihn, von den ältesten Zeiten des Christenthums her, mit ihren Religionsgebräuchen verbunden. So tanzen sie an den grösten Festen, als Maria Empfängnis, Christus Geburt und Auferstehung, Allerseelen, welches bei ihnen der zweite Ostertag ist, auf der geweiheten Erde, oder dem Kirchhofe, wohin sie vorher jeder aus seinem Hause die Speisen gebracht, und so in Geselschaft gespeiset haben. Diese Tänze, welche von beiden Geschlechtern nach der Flöte oder Sakpfeife aufgeführt werden, bestehn in gewissen Kreisen, in welchen sie sich bald geschwinder, bald langsamer herumdrehen, dabei noch verschiedene Bewegungen mit dem Kopf und mit dem Leibe machen, und was die jüngern sind, ihren Geliebten oder Bräuten zärtliche Blike zuwerfen.

Zur Arbeit abgehärtet, gewohnt von allem und ohne Ordnung, bald viel bald wenig zu essen, im rauhesten Winter mit offener Brust zu gehn, in ihren Häusern auf dem Bret und in freier Luft auf der blossen Erde zu schlafen, sich Schnee und Wind ohne weitere Bedekung als ihren elenden, langen Mantel auszusezen — alles dieses giebt den Walachen ein äusserst starkes Temperament; sie zeugen viele Kinder, und gelangen insgemein, sowol Weiber als Männer, zu sehr hohen Alter. Dieses ist besonders in den gebirgigten Gegenden zu bemerken. Man sieht Familien, wo sich Greise, die über ein Jahrhundert erlebt haben, unter Söhnen, Enkeln und Urenkeln befinden. Dem General Mercy wurde ein Walach aus dem Distrikt von Karansebes vorgestellt, Janko Rovin mit Namen, der 172, und sein Weib Sara 164 Jahr alt war. Sie hatten beide 147 Jahr in der Ehe gelebt, und sind 1728. verstorben. Der General lies sie abmalen, und schikte das Gemälde K. Karl VI. der es in seiner Bildergallerie zu Wienn aufstellen lies.

Bei diesem hohen Alter der Walachen, bleiben sie doch nicht so ganz von allen Krankheiten frei. Sie sind besonders in der Jugend den Fiebern unterworfen, welche im Land endemisch sind; sie ziehen sich ähnliche Krankheiten durch den übermässigen Gebrauch der starken Getränke zu; viele sind von der Lustseuche, der Kräze, dem Grind angestekt; nichtzugedenken jener Gattung von Abzehrung (Marasmus) deren ich schon bei Gelegenheit der Vampirs gedacht habe, die anfangs nur eine Krankheit der Einbildungskraft ist, endlich aber in ein wirkliches physisches Uebel übergeht, und diese Unglüklichen elend ums Leben bringet.

In alle diesen Krankheiten leiden sie solange sie können, und gehn damit sehr leichtsinnig um; endlich aber ergreifen sie dennoch die Heilmittel, welche ihnen ihre Nationalmedizin anbietet. Diese ist blosse Tradition, und wird immer von den alten Frauen in den Familien ausgeübt. Sie besteht in gewissen Kräutern, deren Kräfte wider die Krankheit bekannt sind, oder in Aberglauben, als Amuleten, Zeichen, Worten, die ein Gemische von heiligem und weltlichem sind, daß man sich davor entsezen mus.

In den gefährlichen hizigen Flekfiebern, und auch in andern Ausschlägen, pflegen sie nicht selten die Fussolen mit Schlägen zu reizen, und das spanische Fliegenpflaster dem Kranken an den Armen, am Hals und auf den Seiten aufzulegen. Ist es ein Wechselfieber, so bedienen sie sich, wenn der Paroxysmus drei oder vier Tage gedauert hat, mit gutem Erfolg eines Dekokts aus bittern Kräutern und Wurzeln. Finden sie sich den Magen beschwert, so haben sie Kräuter, welche zum Erbrechen reizen. Das Getränke hiebey ist kaltes Wasser, oder ein

De-

Dekokt von Aglei (Aquilegia) oder Kronsbeeren (Vitis idæa). Im Bauchfluß und der Ruhr geben sie die Beeren des Sauerdorns (Berberis) zu essen, und hängen dem Kranken Kalmus (Acorus, calamus adulterinus) als ein Amulet an. Wider Magenweh finden sie das Dekokt von Wermut (Absynthium) gut; welche Pflanze das Land sehr häufig hervorbringt, sowie den Ephen (Hedera) dessen sie sich im Seitenstechen bedienen. Die Kolikschmerzen zu stillen, geben sie ein Klistier von Tabakblättern; das Dekokt ebendieser Pflanze wird gebraucht die Läuse zu tödten, und den Grind zu kuriren. In Bauchschmerzen legen sie einen wollenen Sak mit Haber auf, der am Feuer erwärmt worden ist. Knoblauch mit Wein oder Rakj infundirt, dienet ihnen wider Blähungen, Kolikschmerzen und histerische Umstände. Die Grindwurzel (Lapathum), in Wasser gekocht und mit Hünerkoth zum Pflaster gemischet, mus die Kräze vertreiben. Von ihrem Verfahren bei der Inokulation der Poken habe ich bereits Rechenschaft gegeben; ich habe nur hinzuzusezen, daß sie sich, als eines Präservatifs für die Augen der Blatternden, des Fencheldekokts bedienen. Geschwüre, wenn sie solche mittelst eines Pflasters aus Honig und Zwiebeln gekocht, oder auch aus zerstossenen Eibischblättern, zur Eiterung gebracht haben, pflegen sie mit einem schneidenden oder spizigen Instrument, wie es der Fall ist, zu eröfnen. In eiternden Wunden besteht die ganze Heilungsart darinn, daß sie solche fleissig mit dem Dekokt von Löwenfus (Alchimilla) und andern Wundkräutern, waschen. Beide Geschlechter, wenn sie von der Lustseuche angegriffen sind, kaufen sich zu Temeswar Zinnober, den sie auf glühende Kohlen werfen, und den Kopf über den aufsteigenden Rauch halten; dadurch denn in kurzem der Speichelflus erfolgt, während welchem und auch wenn er schon aufgehört hat, sie das Dekokt von Buxbaum (Buxus) gebrauchen. Dieses ist das Franzosenholz (Guaiacum) der Walachen, sowie sie sich der Schößlinge von dem Geisblatt (Caprifolium) statt der Sassaparille bedienen. Da sie aber in dieser Krankheit nicht die gehörige Lebensordnung beobachten, weder ihre gewöhnliche Speisen und Getränke meiden, noch ihre Fasten und Vorabende brechen; so können sie nur selten genesen, und ei-

eine grosse Anzahl der Nation, männlichen sowol als weiblichen Geschlechts, ist von dem Gift angestekt.

Alle Theile des Hundskrautes (Solanum dulcamara) werden in der walachischen Medizin gebraucht; (7) besonders die Beeren, welche gedörret und pulverisirt, ihr Hauptmittel in den chronischen und verzweifelten Krankheiten sind. Dieses Pulver, zu einem Drachma ohngefähr, in Raki, Wein oder Bier infundirt, wird von ihnen muthig hineingetrunken.

Raserei, Wahnsinn, und grausame Konvulsionen, sind die Folgen, welche man von diesem heroischen Mittel zu erwarten hat; ist aber das Temperament stark genug, daß es dem Gifte widersteht und der Tod nicht erfolget, so fällt der Kranke in einen äusserst starken Schweis und tiefen Schlaf, welches sie als das Zeichen der künftigen Genesung ansehn. Man mus gestehn, daß wer so glüklich gewesen ist, die Kur zu überleben, seine Gesundheit durch ein sehr einfaches Mittel erworben hat. Vielleicht verdiente diese Nachricht die Aufmerksamkeit und Versuche der berühmten praktischen Aerzte, welche in unsern Zeiten bemüht gewesen sind die Heilkräfte des Schierlings (Cicuta) des Tollkrautes (Aconitum Napellus) der Gemsewurzel (Arnica Doronicum) und anderer Gifte zu erforschen, und mit diesen Pflanzen unsere Medizin zu bereichern. (8)

In

(7) Solanum scandens, caule perenni flexuoso, foliis superioribus hastatis. Linn. Flor. Suecic. 189. Solanum Dulcamara. C. B. P. Solanum foliis trifidis, aliis simplicibus. Haller. Flor. Helvet. 509.

(8) Nicht soseht die Pflanze selbst, als die ungeschikte Art, mit welcher die rohen Walachen sich ihrer bedienen, ist gefährlich; indem sie am meisten die pulverisirten Blätter gebrauchen, welches der giftigste Theil derselben ist. In einem Brief an die Verfasser des Journal Encyclopédique Tom. VII, Part. I. Année 1775. p. 129. finden sich Beobachtungen über den Gebrauch des Solanum scandens, oder Dulcamara in allen Gattungen Flüssen, und es wird als specifisch angerühmet. Hr. Henrich Fouquet führte den Gebrauch desselben in dem Militarspital zu Monpellier ein; und der glükliche Erfolg, mit dem er nicht allein

In den Distrikten von Karansebes, Mehadia, in der Almasch und Klissura, wo sie die warmen Bäder von Mehadia in der Nähe haben, bedienen sich die Walachen dieser heilsamen Wasser mit grosser Zuversicht, in den gefährlichsten, eingewurzelten Krankheiten. Gewöhnlich kommen sie Samstags nachmittag an, gehn noch selbigen Abend ins Bad, wo sie, Männer und Weiber unter sich vermischt sizen, eine bis zwei Stunden im Wasser bleiben, und ohngeacht der starken Hize desselben, bis an die Brust sich untertauchen. Sie schlafen auf der Stelle, in ihren Mantel eingewikelt, und wenn sie am Morgen nochmals das Bad gebraucht, geschwizt und Speise genommen haben, kehren sie wieder nach Hause; ausgenommen wenn es in Wunden oder sonst offenen Schäden ist, wo sie sich länger aufhalten und mit dem Gebrauch der Wasser eine Zeitlang anhalten müssen. Das ist die Badekur der Walachen — Tradition und Erfahrung, keinen andern Unterricht haben sie nie gehabt.

Und soviel habe ich auch, nach vielen Bemühungen, von der Arzneikunde dieser Nation erforschen können. Bei ihrem gesunden Tempera-

 men-

lein die Dulcamara sondern auch andere giftige Pflanzen, in den schwersten chronischen Krankheiten verordnete, munterten den Hrn. Pignot auf, es ebenfalls mit der Dulcamara zu versuchen. Er fand sie von guter Wirkung in verjährten Gliederflüssen und Geschwulsten; sie war dienlich in allen Gattungen von Flüssen; nichtminder in den heftigen Brustschmerzen der Mädchen, wenn ihre Zeiten ausbleiben; auch gab er sie in Engbrüstigkeit mit Husten, wo wirklich die Brustwassersucht zu befürchten war. Werlhof empfiehlt das Dekokt derselben mit Mohnsieur wider die Schwindsucht. Die HH. von Sauvages und von Linne, gaben es als schmerzstillend in den venerischen Krankheiten. Man hat beobachtet, daß die sicherste Art es zu geben folgende ist: man nimmt die frischen Stengel, welche, nachdem sie der Blätter, Blumen und Beeren beraubt sind, in etwas zerrieben und zerquetscht werden, in der Dosis eines, oder auch ein und eines halben Drachma; man läßt sie in zwei Pfund Wasser bis auf die Hälfte einsieden, theilt solches zu zwei gleichen Theilen, deren einen man morgens zum Frühstük, mit ebensoviel abgeramter Milch, den andern abends, mit oder auch ohne Milch, gebraucht. Eine stärkere Dosis hatte nicht den Erfolg, als wenn man mit anderthalb Drachmen, bis zum Ende der Kur anhielt. Auch hat es bei einigen Personen, und zwar ohne Unterschied der Temperamenten, eine Art vorübergehenden Schwindel verursachet.

ment entgehn sie auch, wenn sie sich nur nicht Ausschweifungen überlassen, den meisten Krankheiten denen der Mensch sonst unterworfen ist; sie werden aus gesunden Kindern, blühende Jünglinge und starke Männer. Die Ehe scheint eine Nothwendigkeit für sie. Wirklich findet man unter den weltlichen Leuten dieser Nation, sehr wenige die nicht verheirathet sind; auch schreiten sie, wenn sie die erste Gattinn verlieren, immer zur zweiten Verbindung, selten jedoch zur dritten; als welches ihre Popen nicht leicht zulassen. Die Popen selbst, wenn sie einmal Witwer werden, können sich nicht wiederverheirathen. Sie hatten im Bannat, sowie anderwärts den Gebrauch, ihre Familienangelegenheiten in Ordnung zu bringen, sich von ihren Kindern zu beurlauben, und dann den Rest ihrer Tage in einem Mönchskloster, wie ein anderer Kaloyer zuzubringen; die Kaiserinn Königinn aber hat durch ein Dekret vom J. 1775. diesem Gebrauch in ihren Staaten ziel gesezet, damit nicht diese Klöster, deren Zahl man kurz vorher eingeschränkt und in mehreren derselben die unnüzen Renten eingezogen hatte, mit überflüssigen Individuen belästigt werden möchten.

Ich darf nicht mit Stillschweigen übergehn, wiesehr die Walachen ihre verstorbene Eltern, Anverwandten und Freunde im Andenken erhalten, und wie lebhaft sie ihren Schmerz, sowol unmittelbar bei dem Tode derselben, als noch lange nachher ausdrüken.

Jeder Todesfall wird von dem Trauerhause sogleich angekündigt. Dieses geschieht damit, daß auf einer Stange ein Tuch ausgehangen wird; weiß, wenn es ein unverheiratheter Sohn oder Tochter, roth, wenn es eine verehlichte Person ist.

So, wenn z. B. ein Hausvater stirbt, überlassen sich Kinder und Verwandte, hauptsächlich aber die Witwe, lauten Thränen und Klagen, womit sie die Leiche umgeben. Sie scheiden sich nicht davon, essen stehend in dem nämlichen Zimmer, vergessen auch nicht, wenn sie Wein oder Raki haben, immer etwas davon auf den Todten zu giessen, und ihm auf das Heil seiner Seele zuzutrinken. Den folgenden Tag wird er

in

in seiner gewöhnlichen Kleidung, in den Sarg gelegt; auch geben sie um den Kopf der Leiche herum, Birnen, Aepfel, Zwetschken und andere Früchte, wie sie die Jahrszeit trägt, nebst ein paar Büscheln frischer, wolriechender Kräuter. Izt kommen Freunde und Nachbarn, welche den Verstorbenen zärtlich küssen und ihre Thränen mit den Thränen der Familie mischen, unterdes die hinterbliebene Gattinn, Brüder oder Söhne mit dem empfindlichsten Schmerz seine guten Eigenschaften anrühmen. Selbst derjenige, der ihn im leben für seinen Feind gehalten hat, darf sich von der Ceremonie nicht ausschliessen, man würde mit Fingern auf ihn zeigen, er würde dem ganzen Dorf verhaßt werden, der Todte selbst, nach dem Vorurtheil der Walachen, von dem ich schon geredet habe, würde aus seinem Grabe kommen und ihn beunruhigen.

Zulezt begleiten die Verwandten, Freunde und andere Einwohner, den Leichnam in Prozession nach dem Gottesaker. Der Sarg wird von den nächsten Verwandten auf den Schultern getragen, einer derselben hält rükwärts das Leichentuch, mit einem hölzernen Kreuz. Man sezt die Leiche neben dem zubereiteten Grabe nieder; es werden im Kreis herum einige Lichter angezündet; der Pope spricht die Leichengebete, während welchen das Frauenvolk mit klagen nicht aufhört, sich die Haare ausrauft, und in lautes Heulen und Geschrei ausbricht. Sie verdoppeln solches, jemehr der Pope gegen das Ende der Ceremonie kommt. Izt küssen Witwe, Kinder und Verwandte nochmals den Todten, und nehmen die Büscheln von wolriechenden Kräutern weg, welche er unter dem Kopfe gehabt hat, welche sie sorgfältig aufbewahren und sehr in Ehren halten. Endlich wird der Sarg verschlossen und in das Grab versenkt; der Pope wirft ein wenig Erde kreuzweis darüber, welches alle Umstehende nachthun, und so ist er sogleich bedekt. Auf das Klaggeschrei folgt ein tiefes Stillschweigen, oder wenn ja etwas gesprochen wird, so ist es zum Lob des Verstorbenen. So kehret der ganze Kondukt nach dem Trauerhause zurük, wo man, wenn es nicht ganz arme Leute sind, jedem einen Becher Wein, Bier oder Raki, nebst einem Schnitt Brod und Schöpsen oder Schweinefleisch anbietet. Indem sie dieses Todtenmahl reichen, sprechen sie: Pomana, welches mit Domnedzeu sa le jen-

te

re sustatul. d. i. Gott der Herr wolle ihn bei sich behalten! erwiedert wird. Die Verwandten bleiben bei der Familie zur Abendmahlzeit, um sich untereinander zu trösten, woraus denn nicht selten eine Schmauserei wird, daß sie nicht anders als betrunken auseinandergehn.

Und dieses wären überhaupt die Begräbnisgebräuche der Walachen, welche bei beiden Geschlechtern gleich, und nur in dem mehreren oder geringeren Aufwand verschieden sind, den die Familie nach ihren Vermögensumständen dabei machen kann. So geben die Reicheren zu ihrer Pomana auch eine Kerze; sie theilen den Armen Geld aus; sie erhöhen dem Popen und Diakon der Pfarre die Stolgebühr. Für Geld können auch Weltleute in das heilige Land, im innern Umfang der Kirche begraben werden, welcher sonst nur der Geistlichkeit verbehalten ist. Wer die Mittel hat, läßt auch wol eine hölzerne Stelle an dem Begräbnisort seines Verwandten errichten, wo ein eigends dafür bezahlter Mensch, auf eine gewisse Zeit, zuweilen auf ein ganzes Jahr hindurch, eine Lampe mit Oehl oder Fett erhält. Vielleicht handeln die Walachen hierinn noch nach ebendenselben Beweggründen, welche die Römer bei ihren Sarcophagis und Columbariis hatten: es ist bekannt, daß wo alte Grabmäler ausgegraben werden, man immer Lampen, sowol aus Thon als aus Erz, antrift.

Die bannatischen Walachen gehn nach dem Tod eines Vaters, einer Mutter, einer Gattinn, oder eines Kindes, sechs Wochen, auch wol ein Jahr, mit entblößtem Haupt, Regen, Schnee und den heissen Sonnenstralen gleichausgesezt. Hierinn besteht die Trauer dieser Nation; und sie sind der gewissen Ueberzeugung, daß sie durch dergleichen Bussen der Seele des Verstorbenen nichtwenig zustattenkommen.

Doch nichts gleichet den Schmerzensbezeugungen, welche das andere Geschlecht über den Verlust ihrer Ehmänner, Kinder, Eltern und Geschwister äussert. Einige kommen alle Tage, andere nur die Feiertage, nach dem Gottesaker, wo sie sizend, oder auf den Knien liegend,

gend, am Grabe der Geliebten in so lebhafte Klagen ausbrechen, daß sie wirklich Mitleid erweken. Andere bringen Raki, Brod und sonstige Eßwaaren mit, welche sie auf das Grab streuen, als wenn der Verstorbene davon speisen solte; sie reden ihn an, malen ihm ihren äussersten Schmerz ab, rufen ihn aus dem Grab hervor, und drüken in einer Art von Trauergesängen das Glük ihres vorigen Lebens, in Vergleichung mit dem gegenwärtigen Gefühl der Beraubung aus. Ein ähnlicher Gebrauch herrschet noch unter dem Landvolk einiger Gegenden in Italien, besonders in dem österreichischen und venezianischen Friaul.

Doch die Walachen lassen es dabei noch nicht bewenden. Sie schiken den dritten, neunten, und vierzigsten Tag, auch den dritten, sechsten und neunten Monat, nichtminder am Jahrtag des Verstorbenen, eine grosse Breze, eine Wachskerze und eine grosse Schüssel Rokenmus in die Kirche, wovon jeder, der eintrit, einen Löffelvoll nimmt, und für die abgeschiedene Seele betet. An ebendiesen Tagen wird auch die Pomana unter die Armen ausgetheilet; doch niemals so reichlich, als am Fest Allerseelen, welches der griechische Kalender auf den Montag nach Ostern sezt.

An diesem Fest, wenn der Pope in der Kirche die Messe celebriret hat, geht er mit der ganzen Dorfschaft in Prozession nach dem Gottesaker; wobei sie beständig Gebeter und Lieder absingen; das Frauenvolk trägt grosse Gefässe mit Weihwasser, damit sie nicht allein die Gräber, sondern auch die Vorbeireisenden, und wer immer sich ihnen nähert, besprengen. Andere streuen gedorrte Bohnenkörner auf die Begräbnisstätten; desgleichen auch Stüken dünner Kuchen, aus Mehlteig in Schweinefett gebaken, und diese theilen sie auch den Umstehenden aus. Noch andere nehmen ihren Plaz an den Gräbern ihrer Verwandten, wo sie sich ihren gewöhnlichen Klagen und Schmerzensbezeugungen überlassen. Darauf kehret die ganze Prozession in die Kirche zurük, in deren Umkreis sie endlich, wenn sie alle zusammen sich genug mit Essen und Trinken überladen haben, frölich bis in die Nacht tanzen. Man mus bei alle diesem sich der Gebräuche erinnern, welche die Römer in ähnlichen Gelegenheiten beobachteten.

Ich würde Ew. rc. Geduld zusehr ermüden, wenn ich über ähnliche Artikel mich weiter ausbreiten wolte. Und so übergehe ich die Art, mit der die Walachen der Distrikte von Lugosch, Karansebes und Mehadia, die Aerndte und Weinlese eröfnen — Feste, die den Gebräuchen, womit die Römer ihre Cerealien und Bachchanalien begiengen, sehr ähnlich sind.

Es ist wahr, es käme noch vieles über diese Nation zu bemerken. Ich habe mir aber nur bei demjenigen einiges Detail erlauben wollen, was zeichnende Züge derselben abgiebt, worinn die bannatischen Walachen mit den übrigen, die in den benachbarten Ländern wohnen, am meisten übereinkommen; und wo endlich überall die für die Menschheit erniedrigende Beobachtung auffällt, wie Nachkömmlinge der berühmtesten Völkerschaft, die durch ihre Waffen, durch ihre Gelehrsamkeit, durch jede Gattung unsterblicher Unternehmungen gros war, so abarten konnten, daß man sie izt nicht übel mit den rohesten, asiatischen und amerikanischen Nationen in Vergleichung bringen könnte. Zwar hat die erhabenste Monarchinn, allezeit gros, und jeder Gelegenheit gewärtig, das Wohl ihrer Unterthanen zu befördern, bereits die Verfügung getroffen, daß in jedem walachischen oder raizischen Dorf eine Schule ist, wo dem Volk raizisch lesen und schreiben gelehret wird, um es auch sonst in der Kultur der Sitten und in der Arbeitsamkeit den Raizen näher zu bringen; denn wirklich haben diese mehr Industrie, und lieben auch den Akerbau und die Künste mehr, als die Walachen.

In tiefester Verehrung beharre rc.

Achter Brief

an den hochgelehrten Herrn Abt, Hieronimus Tiraboschi, Herzogl. modenesischen Bibliothekar.

Ueber die walachische Sprache; ihre Verwandschaft mit der italiänischen und anderen, die aus dem verdorbenen Latein entstanden sind.

Dero vortrefliches Werk über die Geschichte der italiänischen Litteratur, hat mir nicht unbekannt bleiben können, soweit entfernt ich auch von unserm schönen Vaterland lebe. So wahr ist es, daß die unsterblichen Produkte des italiänischen Geistes sich überall einen Weg machen — ihr inneres Verdienst, der Ruhm, der die Folge ihres Wehrtes ist, kündiget sie allenthalben an. Ich muß ihnen nur gestehn, mein Herr Abt, ich war erstaunt über die ausgebreitete Gelehrsamkeit, welche Eu. ꝛc. durch ihr Werk zu verweben wusten; über die Richtigkeit der Bemerkungen, welche sie einstreuen; über die standhafte Gedult, mit welcher sie eine so anhaltende, soviel Anstrengung fordernde Arbeit fortsezten. Eine kaum zu bemerkende Unrichtigkeit — wenn mir eine aufgestossen wäre, kann der Schönheit des ganzen sowenig benehmen, daß ich anstehn solte, ihnen meinen Zweifel vorzulegen.

Er betrift den Ursprung der italiänischen Sprache. Ich lebe in einem Lande, wo ich mit einer Nation bekannt geworden bin, deren Sprache deutlich beweiset, daß sie Abkömmlinge jener alten römischen Pflanzer sind, von denen man weis, daß **Nerva Trajan**, nach der Eroberung des dacischen Reichs, sie dahinversezte; und so haben wir dero Vermuthungen, in der dem IVten Theil ihres gelehrten Werks vorstehenden Dissertation, nicht so ganz genugthun können.

Sie sagen mit vielem Grunde, daß über den Ursprung der italiänischen Sprache sehr viel gestritten worden ist; ich habe die Ehre, Sie zu versichern, daß man ungleich weniger gestritten haben würde, wenn die italiänischen Gelehrten die Sprache der Walachen gekannt hätten. Diese Sprache hat ausser einer Menge Latinismen sehr viele Wörter, welche sich dem Italiänischen nähern; viele, welche ganz die nämlichen sind, sowol wie die Gelehrten im reden und schreiben sie gebrauchen, als wie sie in den abweichenden Mundarten des Volks der verschiedenen Gegenden Italiens üblich sind; auch fehlt es nicht an französischen und spanischen Redensarten, als welche Sprachen gleich dem Italiänischen, aus dem verdorbenen Latein entstanden sind.

Johann Lucius hat in seiner dalmatischen Geschichte (1) ein Verzeichnis einiger solcher Wörter gegeben, welches, wie er sagt, aus einer Schrift des bulgarischen Mönchs und Erzbischofs **Franz Soimirovich**, genommen ist. Noch ein anderes, volständigeres, befindet sich in der Geschichte der neuern Staatsveränderungen der Walachei, von **Anton Maria del Chiaro**, einem Florentiner (2). Ich will nur hier das leztere abschreiben, welches ich jedoch um mehr als zwei Drittheile solcher Wörter vermehren kann, die entweder ganz dem Italiänischen gleichkommen, oder doch bei gleicher Bedeutung nur wenig davon abweichen.

Wa-

(1) De reg. Dalmat. lib. V. cap. 5. p. 285. edit. Amstelodam. d. a. 1768.

(2) p. 273. edit. Venez. 1618.

Walachisch.	Italiänisch.
A.	**A.**
Abaja	Albagia
abducere; daher abduce	porgere qualche cosa.
acro	agro
adapat	adacquato
addeverat	dadovero od. avverato
addeverinza	riverenza
agneo	agnelo
aide.	cammina presto. (3)
ago	ago
ajun	digiuno
amaraciume	amarezza
ann	anno
appoi	dappoi
argint	argento.
asta	questa
aur	oro
auzir und daher auzit	udire, udito ascoltato.
B.	**B.**
Barba	Barba
barbato	marito
battut	batturo
bei, daher io ai beut	bevi, ho bevuto
berbecce	favellare (4)
beselica	basilica, chiesa

(3) Noch izt sagen die Venezianer aide, um ebendas auszudrüken.
(4) Die venezianischen Provinzialwörter barbotta, barbottare sind mit parlare vollkommen gleichbedeutend, auch sagt man im Toskanischen: ci barbottano insieme, egli barbotta da se.

Walachisch.	Italiänisch.
B.	B.
beutura	bevitura
bine	bene
boo	bue
bruma	bruma oder brina
bun	bono
buba	marciume (5)
butie	botto
C.	C.
Caignat	cognato
cal plur. cai	cavallo pl. cavalli
calatore	cavalcante
caldo	caldo
camaſcia	camicia
cap	capo
capra	capra
caplon	capone
capielli	capelli
carne	carne
carta	carta
caſa	caſa
caſciul	caſcio
cerul u. ciel	cielo
cheneba von latein. canabis	canape
chigna	cagna
chiſel	cagnetto

chi-

(5) Im Venezianiſchen ſagt man boba ſtatt marcia.

Walachiſch.	Italiäniſch.
C.	**C.**
chiſela	cagnetta
cince	cinque
cittato	città
cica	chiave
coda	coda
cognoſce	conoſce
conoſcinza	conoſcenza
colò	colà
como oder cum	come
corda	corda
cuje	coglioni
cuina	cucina
cumperer	comprare
cupillo	pupillo
D.	**D.**
Datoria	debito
datuor	debitore
degete	digito, dito
denainte	dinante oder dinanzi
denderet	di dietro
dinzi	denti
dormir	dormire
drago	dragone, diavolo
dreptate	rettitudine
drumo, von húmus	terreno
doi	due
Domno	Signore
domle	ſignorino

dzece

Walachiſch.	Italiäniſch.
D.	**D.**
dzece	dieci
dzooa	dì, giorno
F.	**F.**
Faclia	fiacola
fapture	fattura
farina	farina
fata	fanciulla da marito
fer	ferro
fereſtra	feneſtra
filo	filo
felicit	felice
fiscior	figliuoli
fon	fieno
forfice	forfice
forcita	forchetta
formuos	formoſo
forte bine (6)	aſſai bene, beniſſimo
frigo	freddo
frigori	febbre con freddo
fulger	folgore
fune	fune, corda
frunte	fronte, fronteſpicio, facciata del edificio
fur	furatore, ladro
fuzir	fugire

Gaina

(6) Das fort bien der Franzoſen.

Walachisch.	Italiänisch.
G.	G.
Gaina	gallina
genuchi	ginochia
gial	giallo
gioca	gioco, ballo
gicire	giacere
greo	grave
greul	grano
groſſavo	groſſolano
guſtare	guſtare
gura	gola
I.	I.
Jer	jeri
jerba (7)	erba
jeſci a fora	eſci fuori
incepe lat. incipio	comminncia
incepatura	comminciamento
incalecat	incavalcato
inghizzir	inghiotire
jo lat. ego	jo
intellept	intelletto
inchis	chiuſo
inchinde	chiudi
L.	L.
Lacrime	lagrime
latte	latte

(7) Auch in Friaul sagt man jerba statt erba.

Walachisch	Italiänisch.
L.	L.
leingne	legno
limba	lingua
limbut	linguacciuto
lotri	ladri
lumina	luna
luminaria	lume
luminos	luminoso, chiaro
luna	lunazione, mese
locol	luogo
lucro daher i au lucrat bine	lavoro, ho lavorato bene
lup	lupo
M.	M.
Macinare	macinare
mamma	mama, madre
munzat	manzetto
mare	grande
massa	mensa, tavolino
maritat	maritato
mere	mela
merge	cammina
mica	cosa minuta, picciola
miere	melle
migna	me
mirare	ammirare
moarte	morte
morito	morto
mont	monte
mucid	mucido

muci

Walachisch.	Italiänisch.
M.	**M.**
muci	mocci
mujera	moglie, mogliera
muma	madre
muna	mano
muncare	mangiare, manucare, wie man bei den alten italiänischen Schriftstellern findet.
munca	mangia
N.	**N.**
Nas	naso
nascìut	nato
nea	neve
nebbun	non è buono
nefericit	infelice
negro	negro
neo	nuovo
nova	nuova
noastre	nostro
numle	nume
nu stio lat. nescio	non sò
O.	**O.**
Oa	Uova
onge (8)	zio

J i 2 och

(8) Bei den Franzosen Oncle,

Walachiſch.	Italiäniſch.
O.	**O.**
ochi	ochio
oſſo	oſſo
ors	orſo
ozzet	acciajo
ozzeli	accetto
ozzezzit	inaccettito
P.	**P.**
Pace	pace
paja	paglia
palator	palazzo
paretie	parete , muraglia
parinto	parente
paſſer	paſſara
patro	quattro
pazzir	patire
pecatele	peccato
pechie	pechie, api
pelle	pelle
percepir	percipere, riſcuotere
penna	penna
pes	peſte
peſcar	paſcatore
piatra.	pietra
piazza	piazza
pichior pl. pichiori	piede, piedi
pietine	pettine
piſat	piſciare
place	piace

plin-

Walachisch.	Italiänisch.
P.	P.
plingere	piangere
plue, pluve	piove
pluja	pioggia
poel	pelo
porcel	porcelino da latte
porch	porco
pringi	prendi
pucine	pane
prumer (9)	primo
pucinel	poco
puome	pomo
puorta	porta
R.	R.
Radere	radere
roja	rabbia
romagnir (10)	rimanere
reo, malo	càttivo
respuns	rispoſta
rice	riccio
rios	rognoſo
ris	riſo

(9) Ein Wort, welches die italiänischen Schriftsteller des XIVten Jahrhunderts gebrauchten.

(10) Das venezianische Romagner nähert sich mehr der walachischen als italiänischen Aussprache. Die Walachen sagen im Singular: Romagne in Sanitate oder Sanatos; im Plural: Romagnez ſanatuoſi.

(11) Z. B. reo, oder malo drum; schlechter Weg.

Walachiſch.	Italiäniſch.
R.	**R.**
rois lat. ros	ruggiada
rogatiuncula	ſupplica
rogare latein.	pregare
ros	roſſo
romugn romagneſch	romano
rumula	romulio
S.	**S.**
Sablia	ſciabla
ſalice	ſalice, ſalcio
ſanatos	ſanità
ſange	ſangue
ſanitate	ſanità
ſanto	ſanto
ſara (12)	ſera
ſcala	ſcala
ſcamn lat. ſcamnum	ſcrana
ſciapte	ſette
ſciopſe	ſei
ſcia	coſi
ſcriir	ſcrivere
ſingur pl. ſinguri	ſolo, ſoli
ſor	ſuora, ſorella
ſpaga	ſpada
ſtil lat. ſtilus (13)	ſtile, il parlare

ſpo-

(12) Z. B. Sara buona, das buona ſera der Italiäner.
(13) daher Stil Rumagneſch.

Walachisch.	Italiänisch.
S.	**S.**
ſporcat	ſuccido
ſpugne lat. expono	eſponi, parla
ſtatutuore	ſtabile, fermo
ſtergere, da tergo (14)	tergi, netta
ſtriga	ſtrilla, ſtrillare
ſtrigoica	ſtrega
T.	**T.**
Tair, tacut	tace, taciuto
tajar	tagliare
taine	tacci
tatul, tato	padre
trei	tre
V.	**V.**
Vaca	vacca
val, vallie (15)	valle
vindiere	vendere
vie	vigna
vai de mine	guai a me
vien quacio	vieni in quà
vino	vino
vitel	vitello
voja	voglia, volontà

voinza

(14) Die Redensart: ſterge lacrime, wiſche die Thränen ab.

(15) So ſagen ſie vallie mare, vallie micha, munt mare; groſſes, kleines Thal, groſſer Berg, u. ſ. w

Walachisch.	Italiänisch.
V.	V.
voinza	volere, bene placito
vo ba	parola
vitric	padrigno
uscio	uscio, porta
unir	unire
uom inzelipt	uomo intelligente
vulp	volpe
un	uno
unt, untura	burre

Mit einem nur flüchtigen Blik, den Ew. ꝛc. auf dieses Wörterverzeichnis werfen wollen, mus es ihnen auffallen, daß diese Wörter, nach mehr oder weniger Abweichung, auf das Latein zurükgeführet werden können — die Sprache sowol, deren sich die bessern Schriftsteller der ältern Zeit, und die heutigen Italiäner in Reden und Schriften bedienen, als diejenige, womit das gemeine Volk dieser Nation sich auszudrüken pflegt. Und doch hat uns die Geschichte keine Zeugnisse, nicht einmal Vermuthungen aufbehalten, daß die römischen Pflanzer, welche Trajan nach Dacien versezte, und in der Folge ihre Nachkömmlinge die Walachen, in irgend einer Gemeinschaft mit dem Mutterland gestanden wären. Ich ziehe daraus den richtigen Schluß, daß zu den Zeiten dieses Kaisers, neben der guten lateinischen Sprache, deren sich die Gelehrten in den auf uns gekommenen Schriften, und wahrscheinlich der feinere Theil der Nation auch im Umgang bedienten, unter dem gemeinen Volk noch eine besondere Mundart herrschte, die verstümmelt, abgebrochen und verdorben, von allem, was Korrektion heist, sich entfernte; nun aber wurde mit der herabsinkenden Aufklärung der Zeiten, dieser Unterschied immer weniger beobachtet, beide Mundarten fielen zusammen, und aus beiden ohne Unterschied, sind die Sprachen der heutigen Walachen und der heutigen Italiäner entstanden.

Ich

Ich bin überzeugt, daß auch vor Trajans Zeiten, dieser Unterschied zwischen der Sprache der feinern Welt und der Sprache des Pöbels schon bestanden hat. Mehrere Zeugnisse der Schriftsteller sagen uns ausdrüklich, daß unter der Regierung der ersten Kaiser, sowol zu Rom, als in den übrigen Städten Italiens öffentliche Schulen waren, in denen man die reine, korrekte lateinische Sprache ebenso lehrte, wie die griechische.

Damit will ich mich jedoch nicht den Meinungen eines Leonard Bruni, insgemein Aretin (16), eines Strozza, bei dem Kardinal P. Bembo (17), und unter den Neuern des Quadrio (18) nähern. Es ist bekannt, daß diese Schriftsteller das Alterthum der italiänischen Sprache der lateinischen gleichsezen, und beweisen wollen, daß man sich zu Rom beider zugleicherzeit bedienet habe.

Was ich vorher angeführt, würde vielmehr zween Säze beweisen. Erstlich, welches man bei allen Nationen überhaupt beobachtet, daß der Ausdruk des gemeinen Volks zu Rom sowol als in dem übrigen Italien, zur Zeit Trajans und auch vorher, unendlich roher war, als die Sprache der Gelehrten und überhaupt der Personen von Erziehung, die in den römischen Schulen den Unterricht im guten und zierlichen Latein ebenso schöpften, wie heutzutag die bessre Klasse der Italiäner, Deutschen und Franzosen, die Regeln ihrer Landessprache und den schönen Gebrauch derselben lernt. Zweitens, daß der völlige Uebergang des Lateinischen in das heutige Italiänische, nichteben, wie viele behauptet haben, den Barbarn zuzuschreiben ist, welche in der mittleren Zeit Italien überschwemmten; die Hauptursache war nur die Vernachlässigung des edeln, korrekten Ausdruks und der Grammatik, wodurch die gemeine Redensart und die fehlerhafte Aussprache des Pöbels die Oberhand gewonnen — Worte und Wortfügung arteten immer mehr ab,

 und

(16) Lib. VI. epistol. X.
(17) Prose Lib. I.
(18) Storia della poësia Italiana Tom. I, p. 41.

und nur die Italiäner selbst sind es, die sich ihre neue Sprache schufen.

Dieses war auch, wie Sie mein Herr Abt selbst anführen (19), die Meinung des berühmten Marchese Maffei, in Absicht auf den Ursprung der italiänischen Sprache; und ich getraue mir, mit einiger Einschränkung, ein gleiches von der Walachischen zu behaupten. Das kurze Verzeichnis, welches ich gleich anfangs gegeben habe, beweiset unwidersprechlich, daß eine Menge italiänischer Wörter ohne alle, oder nur wenige Veränderung, auch von den Walachen gebraucht werden; nun aber haben weder sie noch ihre Vorfahren, seitdem sie in beiden Dacien sich anbauten, jemals einige Gemeinschaft mit dem Mutterland unterhalten: es müssen also diese, beiden Sprachen gemeinschaftlichen Wörter, von den Zeiten Trajans her, nichts anders, als die abweichende, pöbelhafte Mundart der lateinischen seyn. Die Gothen und Longobarden waren damals weder nach Dacien, noch nach Italien gekommen: sie können bei der Veränderung des Lateins in die heutige walachische und italiänische Sprachen, nicht mitgewirket haben, wenn beide früher schon vorhanden waren.

Eu. ꝛc. greifen die Meinung des Marchesen an; und gewis haben auch Ihre Gründe das Uebergewicht vor den seinigen. Maffei ganze Stüze sind einige wenige Wörter und Redensarten aus dem Plautus und Terenz; denn die übrigen, welche man in den Schriften eines Cassiodorus, Gellius, Servius und der HH. Hieronymus, Gaudentius, Zeno, findet, beweisen wenig, indem zur Zeit, daß diese lezteren Schriftsteller blüheten, die Einfälle der Barbarn in Italien schon angefangen hatten. Vielleicht hätte dieses Verzeichnis von Wörtern, welches ich Ihnen vorzulegen die Ehre habe, und welche zur Zeit Trajans in Rom und in dem übrigen Italien müssen üblich gewesen seyn, Sie mein Herr Abt, bewegen können, die Sache aus einem andern Gesichtspunkt anzusehen?

Man

(19) Verona illustrata P. I. Lib. XI.

Man könnte mir entgegensezen, daß, da die Gothen und Longobarden sich lange genug in Dacien aufgehalten, eh sie nach Italien gekommen, und auch dort eine schöne Zeit geherrschet, sie in beiden Ländern leicht diese Veränderung in der lateinischen Sprache verursachen konnten, in denen das Walachische und heutige Italiänische von derselben abweicht, und im Gegentheil unter sich miteinander übereinkommt. Und so wären denn die ganz unlateinischen Wendungen und fremden Wörter beider Mundarten, dennoch gothischen oder longobardischen Ursprungs.

Ich fühle die ganze Stärke dieses Einwurfs. Doch sie verschwindet, wenn wir die Schriftsteller zuratheziehn, die uns über die Sprachen der Gothen, Longobarden und übrigen Völker, die zu verschiedenen Zeiten die europäischen Länder überschwemmet haben, nähere Aufklärung geben. Diese Sprachen waren rauh, schwer auszusprechen, die Worte voller Konsonanten, nur wenige die in einen Vokal endigten. In der schwedischen Sprache, von der man behauptet, daß sie völlig aus der alten gothischen zusammengesezt ist, sucht man vergebens Wörter, die auch nur der entferntesten Aehnlichkeit nach, im Walachischen oder Italiänischen auch vorhanden wären. Noch eine andere Bemerkung, die ich nicht vorbeigehen darf. Die Walachen, oder Romanodacier, sind, wie bekannt, von einer Zeit zur andern unter die Herrschaft nicht allein der Gothen, sondern nachher auch der Griechen, Hunnen, Slaven, Ungarn, Türken und Deutschen gerathen: natürlich schlichen sich dadurch mehrere Wörter aus den Sprachen dieser Nationen ein; aber sie behielten solche wie sie sind, ohne sie zu latinisiren, keine leichtere Aussprache — keine dem Lateinischen und Italiänischen sich nähernde Endigung, die sie ihnen gegeben hätten.

Aus alle dem ergiebt sich, daß es keine Gothen und Longobarden brauchte, die an sich schon schlechte Mundart der Walachen zu verderben. Der Pöbel in Italien sprach wie der Pöbel in Dacien; und so können sie auch dort nicht die völlige Veränderung der Sprache, wie man behaupten will, verursachet haben. Etwas mochten sie beitragen — das geb ich zu; aber gewis nur sehr weniges. Ich darf es wieder-

 holen:

holen: schon in dem schönsten Zeitalter der lateinischen Sprache, wie sie in dem Mund ihrer berühmten Redner und unter den Federn ihrer unsterblichen Schriftsteller, wie zu Rom, so durch das ganze Italien blühte; schon damals herrschte unter dem römischen und übrigen italiänischen Pöbel, eine äusserst schlechte lateinische Mundart, deren Wörter in der Aussprache verändert, verstümmelt, verdorben und auch wol ganz auf andern Sinn gezogen waren. Diese Mundart wurde noch schlechter, jemehr das römische Reich von seiner Grösse herabsank, und jede Gattung von Kenntnis und Kultur verloren gieng. Ebendieselbe haben die römischen Planzer mit sich nach Dacien gebracht. Sie haben solche, ausser einigen griechischen, illirischen und ungarischen Wörtern, die sie aufnahmen, sonst gelassen wie sie war; unterdes die Italiäner im zwölften Jahrhundert anfiengen, die Barbarei abzuschütteln und aus der Unwissenheit sich herauszuarbeiten: dadurch bildete sich unvermerkt eine neue Sprache, die, sosehr man sie auch vom Lateinischen entfernt hat, doch mit demselben, sowie mit dem Walachischen grosse Aehnlichkeit behält.

Wirklich wird ein Italiäner die Walachen allezeit sehr leicht verstehn, und in der kurzen Zeit von zwei bis drei Monaten, die er sich unter ihnen aufhalten mag, sich ihnen verständlich machen. Nicht allein auf die Wörter, auch auf ganze Redensarten und Wortfügungen, dehnt sich die Aehnlichkeit beider Sprachen aus: ich mus hievon einige Beispiele geben — einzelne Wörter hab ich bereits genug angeführt.

Walachisch.	Italiänisch.
Spugne a Domno ta rason, io ai spugne la mine.	Esponi al Signore la tua ragione ch'io ho esposta la mia.
Fa come tu place.	Opera come ti piace.
Pugne asta massa a colò.	Poni questo tavolino, o mensa colà.
No cape Domno.	Non vi capisce Signore.
Siege su la drum.	Siedi in terra.
Siege su la scamn.	Siedi sulla serana.
Asta carne j'est tutta osso.	Questa carne è piena di ossa.

Que

Walachisch.	Italiänisch.
Que face Szupughnas?	Che fai Padrone?
Face bine Domno.	Faccio bene Signore.
Jesci a fora.	Esci fuori.
Inchinde uscio.	Chiudi la porta.
Non potie Dominiatâ.	Non posso Padrone.
Foste tu alla patura singur?	Foste tu solo al bosco?
Szoupugnazza pline bubat al mare too cupillo; j'est l'urema tiempo?	Signora, innesta il buon vajuolo grande al tuo figliulo; che ora n'è il vero tempo?
Totts ocenici au lasciat singur dascallor.	Tutti i discepoli hanno lasciato solo il loro maestro.
Tato a nostro care j'es cerul; sfince à scase numelo tuo.	Padre nostro che se ne' Cieli, santifichesi il nome tuo.

In den beiden lezten Beispielen, findet sich eine Vermischung von verdorbenem Lateinischen, Italiänischen, Griechischen und Illirischen. Noch mus ich anmerken, daß die Walachen das Zeitwort sum nur in der dritten Person der gegenwärtigen Zeit, oder est gebrauchen.

J'est babuccia Szoupugna?	Avete scarpe Padrone?
J'est Domno.	Ve ne sono.
Est appa mare?	Evvi aqua grande?
J'est appa mica.	Non v'è che poc' aqua.

Hingegen gebrauchen die Walachen das Hülfswort avere, in den vergangenen Zeiten, ganz genau wie es die Italiäner gebrauchen; davon ich noch einige wenige Beispiele anführen will.

Ce ai scris?	Cosa ai scritto?
Ai tu bevut?	Hai tu bevuto?
Ai lucrat bine?	Hai tu lavorato bene?
Jo ai facut bine Domno.	Jo ho fatto bene Signore.

Walachisch.	Italiänisch.
Jo ai tagliat la fune.	Jo ho tagliata la corda.
Adam parinte al nostro à pecatiat.	Adamo padre nostro ha peccato.
Christos à pazzit pentru pecatale noastre.	Christo à sofferto per i nostri peccati.

Aus dieser kurzen Idee, die ich Ew. ꝛc. von der walachischen Sprache gebe, wird es ihnen leicht seyn zu entscheiden, ob meine Meinung über den Ursprung der italiänischen Sprache bestehn kann. Ich unterwerfe mich in jedem Fall Ihrem Urtheil — allezeit bereit den Zweifel, den ich gegen Dero vortrefliches Werk erreget habe, zurükzunehmen; izt aber erlauben sie mir die Versicherung der volkommenen Hochachtung hinzuzusetzen, welche ich für Dero Person und Verdienste hege, und mit welcher ich bin ꝛc.

Neun-

Neunter Brief

an Se. Excellenz, den Hochgebornen Reichsgrafen und Herrn, Karl von Firmian, Herrn zu Kronmez, Meggel und Leopoldskron, Ritter des hohen Ordens vom goldenen Vließ, JJ. KK. KK. MM. wirkl. Geheimerrath, Generalpostmeister durch Italien, Vicestatthalter der Herzogthümer Mantua und Sabionetta &c. gevolmächtigter Minister bei der österreichischen Lombardei.

Von den Ueberbleibseln römischer und barbarischer Alterthümer, welche im Banna Temeswar theils noch vorhanden, theils von daher nach andern Gegenden gebracht worden sind, nichtminder von denjenigen, welche sich am rechten Ufer der Donau gegen das benachbarte Servien finden.

Da diejenigen Denkmäler des grauen Alterthums, welche in Münzen Statuen und Inschriften auf uns gekommen sind, die sichersten Archive für für die Geschichte der Zeiten, der Nationen und der grossen Männer abgeben, so ist auch das Studium derselben von den Gelehrten und Beförderern der Wissenschaften, nie vernachlässigt worden, vielmehr durch Aufmunterung der einen und Verwendung der anderen, gleich den nüzlichsten, auf das Wohl des Staates unmittelbar einwirkenden Kenntnissen, emporgestiegen.

Eu. Excellenz unterscheiden sich ebensosehr durch die Liebe zu den schönen Künsten, und den unzweideutigen Schuz, welchen Sie denen angedeihen lassen, die solche mit Eifer treiben, als durch die glänzenden Würden und wichtigen Aemter, welche von den Besten der Monarchen Denenselben anvertrauet sind. Und so nehm ich keinen Anstand, dem künsteschäzenden, huldvollen Minister, auch gegenwärtigen Versuch unterterthänigst zuzueignen. Er betrift die römischen und barbarischen Alterthümer, welche im Bannat Temeswar theils noch vorhanden, theils von daher ausgeführet, theils auch in den benachbarten Gegenden zu sehen sind.

Bekanntlich gehöret das Bannat zu dem alten Dacien, und zwar ist es genau derjenige Theil, welcher nach Trajans Eroberung riparia hies. Gleich dem heutigen Siebenbürgen (Dacia mediterranea) und der Moldau und Walachei (Dacia transalpina) hatte das Land mehrere Pflanzstädte und municipia und so ist es nicht zu verwundern, wenn auf seinem Boden öfters Medaillen und Münzen aus den ersten, mittleren und lezten Zeiten des römischen Reichs ausgegraben, auch hinundwieder Inschriften auf Stein gefunden werden, deren Seltenheit und Wehrt die nur mittelmässige Zahl derselben unendlich ersezen kann.

Die erste Stelle verdienen gewis die Ueberbleibsel von Altären und Opfertafeln (tabulae votivae) eines berühmten Tempels, welcher dem **Herkules** und **Aeskulap**, nichtminder der **Hygia** und den Wassergottheiten dieser Gegend, heilig war. Er stand an den Ufern des Flusses Czerna, an dem Ort, wo mehrere warme Quellen hervorsprudeln, welche man ehedem die **Bäder des Herkules** (Thermae Herculis) nennte, und welche izt die **Bäder von Mehadia** heissen, wegen der Nachbarschaft eines Schlosses dieses Namens, an dem Gebirge, welches das Bannat von der westlichen Walachei scheidet.

Ich mus jedoch, eh ich auf die Alterthümer komme, welche in dieser Gegend zur Zeit noch gesehen werden, erst diejenigen beschreiben, welche sie nicht mehr besizt. Diese wurden gröstentheils im J. 1736. gefunden, da der General **Andreas Hamilton**, damaliger Gouverneur der Provinz, diese Bäder auf Befehl **Karls** VI. wiederherstellen lies, und die gesagten Alterthümer nach Wienn schikte, wo sie nebst einigen andern aus Siebenbürgen gekommenen, zur Zierde des Vorsaals und der Treppe dienen, welche zur k. k. öffentlichen Bibliothek führen. Es sind folgende:

I.

I.

HERCVLI. AVG. VALER. M
FELIX. RVFI. SATVRNINI. G. PP
T. P. EXPR. L. V. STATIONIS
TSIERNEN. IIII. ID. A. ANNO. XI
BARBATO. ET. REGVLO. COS
EX. VOTO. POSVIT

Man kann diese Inschrift folgendergestalt lesen: Herculi Augusto Valerius Maximus, Felix Rufinus Saturnini Gener; Propraeses, Tribunus Plebis, Expraefectus Legionis quintae, Stationis Tiernensis, quarto Idus Augusti, anno undecimo, Barbaro & Regulo Consulibus, ex voto posuit. Die fünfte Legion, welche hier genennet ist, wurde sonst noch durch den Beinamen: macedonica unterschieden, wie aus den Inschriften Nro. IV. und XXV. zu ersehen, und sie hatte ihr Standquartier in der Czernischen Kolonie, welche nicht weit vom Ort der Bäder entfernt lag, gleich über der Gebirgskette nämlich, in der Gegend, wo izt Csernitz, an der Donau im türkischen Gebiete liegt. Diese Kolonie war eine der ersten in Dacia riparia, und da sie Trajan selbst angelegt hatte, so genos sie auch italiänisches Stadtrecht (1). Die Zeit der Errichtung dieses Denkaltars, wird durch das Konsulat des Barbatus

Y 1

(1) Czernentium colonia, a Divo TRAJANO deducta, juris Italici est. *Apud* Ulpianum *de censibus lib. 1.*

tus und Regulus bestimmt, welches in die Regierung des Kaisers Antoninus Pius fällt. Der Valerius Maximus Felix Rufinus, der solchen errichtet, wird neben den Würden, welche er selbst bekleidete, noch ein Schwiegersohn des Saturninus genennet, eines vornehmen Mannes, der ausser andern Eigenschaften auch Dekurio dieser Kolonie war, wie sich aus der Inschrift Nro. XIII. ergiebt.

II.

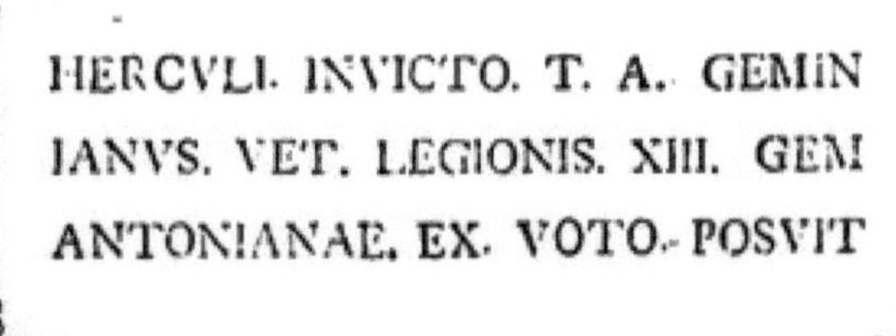

HERCVLI. INVICTO. T. A. GEMIN
IANVS. VET. LEGIONIS. XIII. GEM
ANTONIANAE. EX. VOTO. POSVIT

Die alte Legio XIII. gemina von welcher der auf dem Altar genannte T. A. Geminianus war, hies in der Folge Antoniana von K. Antoninus Pius, und hatte in Dacien ihr Standquartier.

III.

III.

HERCVLI
PRO. SALVTE. IMPE
RATORVM. SEVERI
ET. ANTONINI. P. CONSER
VATORI. AVGVSTORVM
DOMINORVM. NOS
TRORVM. C. I. GALLVS
C. V. LEGATVS. EORVM
PR. PP. CVM. SVIS

IV.

HERCVLI. GENIO
LOCI. FONTIBVS
CALIDIS. CALPVR
NIVS. IVLIANVS
V. C. LEG. V. MAC
LEGA. AVG. PP. PR
MOE . . . . . .

V. L. S.

Man pflegt diese Zuschrift auf folgende Art zu lesen: Calpurnius Julianus Vir Consularis Legionis quintae Macedonicae, Legatus Augustalis, Propraeses Moesyae, votum libenter solvit.

V.

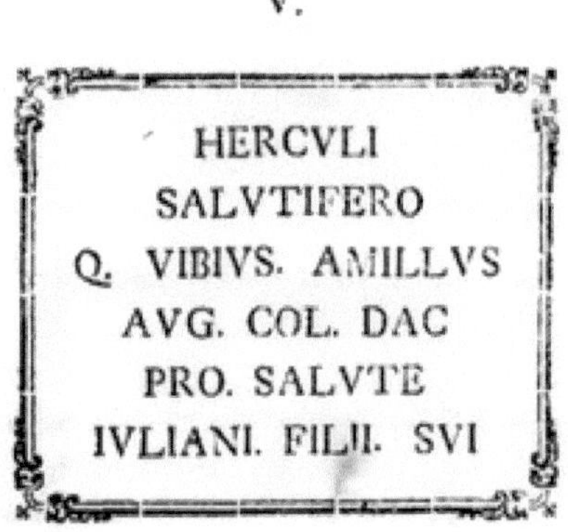
HERCVLI
SALVTIFERO
Q. VIBIVS. AMILLVS
AVG. COL. DAC
PRO. SALVTE
IVLIANI. FILII. SVI

Ulpia Trajana, welche Trajan selbst angelegt hatte, wurde auch Augusta colonia Dacica genennet, ohne doch den alten Namen Sarmizegetusa zu verlieren, den es zur Zeit führte, da es die Hauptstadt des alten dacischen Reichs war. In dem äussersten mittägigen Theile von Siebenbürgen, werden noch Ueberbleibsel derselben gesehen; der Ort, wo sie gestanden hat, heisset heutzutage Warley.

VI.

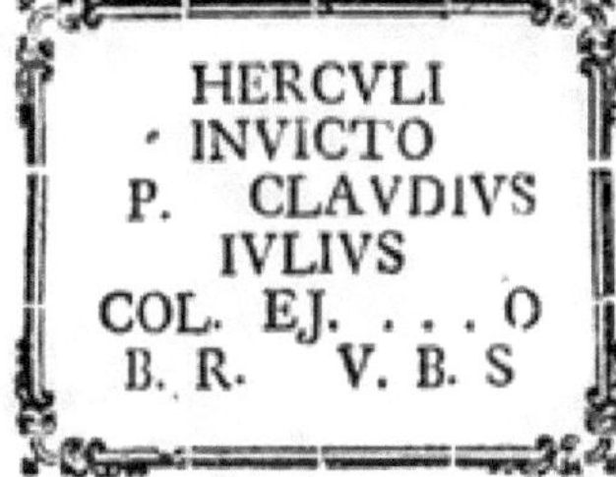

HERCVLI
INVICTO
P. CLAVDIVS
IVLIVS
COL. EJ. . . . O
B. R. V. B. S

VII.

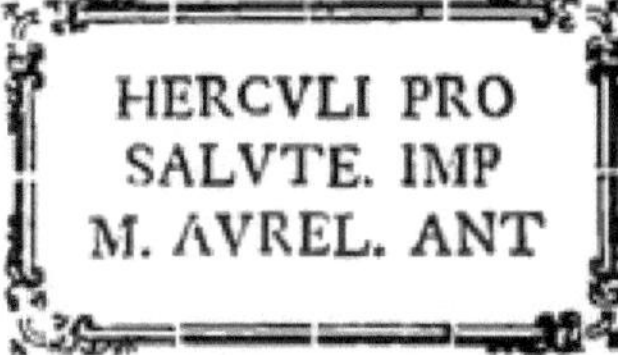

VIII.

M. AVREL. FAVS
TINAE. AVG. MATRI
AVG. ET. CASTRORVM
SVB. CVRA. IVLI. PA
TERNI . . . . . PROC
. . . . SYNTROPVS

IX.

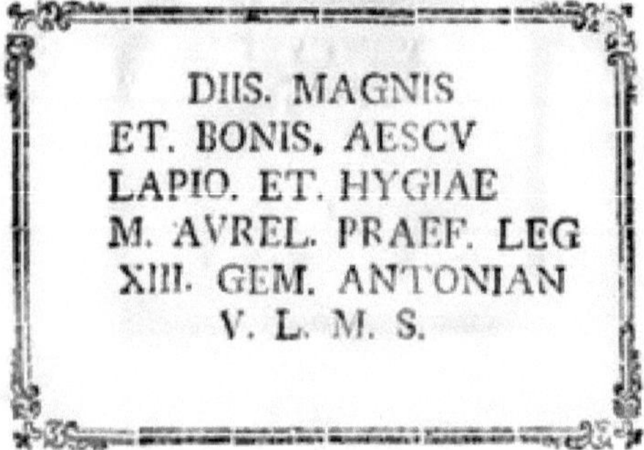

DIIS. MAGNIS
ET. BONIS. AESCV
LAPIO. ET. HYGIAE
M. AVREL. PRAEF. LEG
XIII. GEM. ANTONIAN
V. L. M. S.

X.

S. V. C.
PRO. SALVTE
M. SEDATI
SEVERIANI
LEG. AVG

Aus zwo marmornen Inschriften bei dem Gruterus (Thes. antiqu. inscript. CXXV u. MLXXVII.) wissen wir, daß dieser Sedatus Severianus unter der Regierung des Antoninus Pius, Legatus Augustalis in Dacien gewesen. Eine dieser Innschriften wird zu Rom im Palast Colonna aufbehalten, die andere hat der gelehrte P. Sirmond zu Ostia abgeschrieben.

XI.

XI.

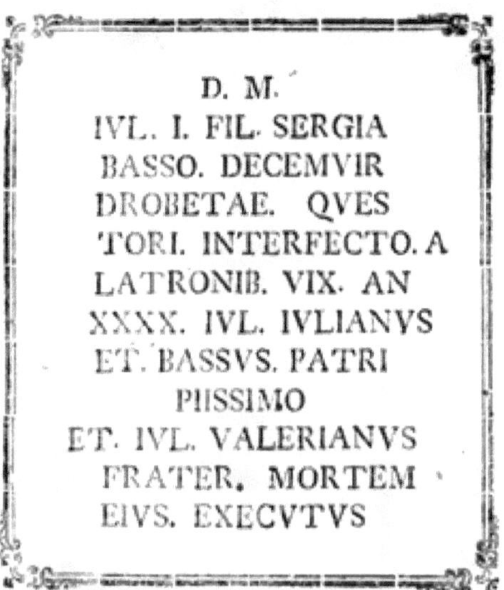

D. M.
IVL. I. FIL. SERGIA
BASSO. DECEMVIR
DROBETAE. QVES
TORI. INTERFECTO. A
LATRONIB. VIX. AN
XXXX. IVL. IVLIANVS
ET. BASSVS. PATRI
PIISSIMO
ET. IVL. VALERIANVS
FRATER. MORTEM
EIVS. EXECVTVS

Drobeta, oder **Sergia Bassus**, der auf einer Reise nach den Bädern des Herkules von Strassenräubern ermordet wurde, verwaltete die Aemter eines Decemvirs und Quästors, bei einer römischen Kolonie in Mösien an den Donauufern. Ich berufe mich hierinn auf die Dissertation, de Thermis Herculanis nuper in Dacia detectis, welche der Rechtsgelehrte **Caryophilus** im J. 1737. zu Wienn herausgegeben hat, worinn diese lezte, sowie die vorhergehenden Inschriften, zuerst bekannt gemacht und erläutert worden sind, und woher ich sie auch entnommen habe. Der Marchese **Scipio Maffei** giebt in dem Anhang seiner gelehrten Anmerkungen über das veronesische Museum, Nachricht von nicht wenigen Inschriften, die zu Wienn aufbehalten werden, und mehrerern

da-

dacischen: er hat sie aus einem Manuskript des Grafen **Josef Ariosto** genommen, welches die Bibliothek des k. k. Theresianum besizt, und er führet daraus die folgende an (2), die der Scharfsichtigkeit des **Cariophilus** entgangen ist.

XII.

Auch die folgende könnte, meiner Meinung nach, ihre Beziehung auf die herkulischen Bäder haben.

XIII.

(2) *Museum Veronense App. p. CCXLVIII. Nro. XII.*

XIII.

AESCVLA
PIO. ET. HY
GIAE. P. AN
SATVRNI
NVS. DC. COL
V. S. L. M.

Denn, obschon Ariosto, aus dessen Handschrift Maffei sie abgeschrieben hat (3), nicht sagt, wo sie gefunden worden ist; so mußt' ich doch ganz natürlich auf diesen Gedanken gerathen, wenn mir beifiel, daß der Tempel bei diesen Bädern nichtallein dem Herkules, sondern auch andern Gottheiten, vorzüglich aber dem Aeskulap und der Hygia, heilig war. Die Inschrift Nro. IX. und eine andere, welche unter Nro. XVII. folgen wird, beweisen dieses. Der Saturninus, dem hier die Würde eines Dekurio, wahrscheinlich der Kolonie von Csernes, beigelegt wird, findet sich schon oben in der Inschrift Nro. I. genennet, wo V. M. Felix Rufinus, der den Altar errichten lies, sichs zur Ehre anrechnet, sein Schwiegersohn zu seyn; und es ist wahrscheinlich ebenderselbe, den Gruterus auf dem Fragment eines, zum Gedächtnis des von Nerva Trajan über die Dacier erfochtenen Siegs, errichteten Dankaltares hat (4).

(3) *Ibidem. pag. CCXLIX. Nro. IV.*

(4) VICTORIAE. AVG . . . .
INPERIO NERVAE . . .
SATVRNINVS. I. . . . .
pag. CIII. Nro. IV. Man findet sie auch beim Fabretti, *Syntagma de columna Trajani.*

Ich komme nun auch auf die noch nicht herausgegebenen Inschriften, die sich zu Mehadia, bei den Bädern befinden. Diese sind alle erst nach den Zeiten des Generals Hamilton ausgegraben worden, und ich habe sie an dem Orte selbst, wie sie hier folgen, abgeschrieben.

XIV.

HERCVLI
ET. VENERI
MERCVRIVS
PRAEFECTVS
CVM. SVIS

Von diesem Stein habe ich nur ein vernachlässigtes Fragment, bei dem Franziscibad liegen gesehn. Ich seze jedoch die völlige Inschrift her, wie ich sie in einem deutschen Manuskript fand, welches mir von dem Hrn. Abbe Ernst Neumann, Pfarrer zu Temeswar, kommunizirt worden ist. Die folgenden sind alle am Schindelbad eingemauert.

XV.

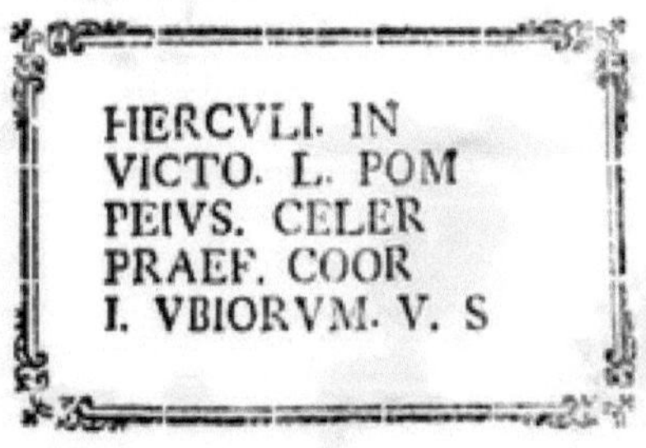
HERCVLI. IN
VICTO. L. POM
PEIVS. CELER
PRAEF. COOR
I. VBIORVM. V. S

XVI.

HERCVLI SANC
TO. SIMONIVS. V. C
PRAESES. DACIARVM

XVII.

AESCVLAP
ET. HYGIAE
PRO. SALVTE. IVNIAE
CYRILLAE. QVOD. A
LONGA. INFIRMITA
TE. VIRTVTE. AQVA
RVM. NVMINIS. SVI
REVOCAVERVNT
T. B. A. EIUS. V. S. L. M

XVIII.

DIIS. ET. NVMINIBVS
AQVARVM
VLP. SECVNDINVS
MAR. VALENS
POMPONIVS. HAEM. V
HVLCARVS. A. VALENS
LEGATI. ROMAM. AD
CONSVLATVM. SEVE
RIANI. C. V. MISSI. INCOLV
MES. REVERSI. EX. VOTO

Caryophilus, der in der obenangeführten Dissertation behauptet, die Bäder des Herkules zu Mehadia, mit dem benachbarten Tempel, könnten nicht früher als zu den Zeiten der Antonine erbaut seyn, wird durch diese, ihm nicht bekannte Inschrift volkommen widerlegt; denn Severians Konsulat fällt in die Regierung Adrians, wie aus dem P. Petau (Rationarium temporum) Mezzabarba und andern zu ersehen.

In der umständlicheren Beschreibung dieser Bäder, die ich mit der chemischen Untersuchung derselben geben werde, will ich diesen Gegenstand in sein völliges Licht sezen, und wider den genannten Schriftsteller beweisen, daß höchstwahrscheinlich Trajan selbst es ist, unter dem sie in Ruf gekommen sind.

Viele

Viele andere dergleichen Steine sind beschädigt, und da man einige zum Pflaster des Bades verwendet hat, die Buchstaben völlig ausgelöscht. Man kann daraus abnehmen, wie reichlich der Ort mit ähnlichen Denkmälern versehen gewesen, und daß auch andere von verschiedener Art mögen verlorengegangen seyn. Wirklich hat man bei den wenigen Gebäuden, welche errichtet werden, immer noch, wenn der Grund gelegt wird, viele Münzen ausgegraben, besonders vom **Trajan**, **Adrian**, den **Antoninen**, bis auf den **M. A. Philippus**, **Herennius Hetruscus Mösius Decius**. Mir ist, als ich mich daselbst befand, eine in die Hände gekommen, die unter dem fünften Konsulate **Trajans** geprägt ist, wo man auf der Kehrseite das Bildnis des Herkules, mit einer Löwenhaut über der Brust, einer Keule in der Hand, und die Ueberschrift siehet: HERCVLI CONSERVATORI; denn es ist bekannt, daß das ulpische Haus sich des besondern Schuzes dieses Gottes rühmte, und ihn daher als seinen Erhalter ansah. Zum Beweise dienet, theils eine dacische Inschrift bei dem **Gruterus** (5) theils diejenige, wo **Trajan** selbst, nach dem Sieg über den **Decebalus**, nicht allein dem **Jupiter Stator**, sondern auch dem **Herkules**, seinen Dank abstattet (6);

(5) HERCVLI
CONSERVATORI
DOMVS. VLPIORVM
- - - M. VERECVNDVS
Thes. Antiq. Inscript. pag. XXXXV. Nro. X.

(6) IOVI. STATORI
HERCVLI. VICTORI
M. VLPIVS. NERVA. TRA
IANVS. CAESAR
VICTO. DECEBALO
DOMITA. DACIA
VOTVM. SOLVIT
Idem. pag. XXIII. Nro. III. Auch **Zamosius**, **Lazius**, **Sivert** und andere Sammlungen dacischer Alterthümer, nachzulesen.

theils der Dankaltar, den die dacische Kolonie zu Sarmizgetusa, für das Wohl dieses Kaisers und seiner Schwester, Marciana, dem vergötterten Helden errichtet hat (7). Schwarz bemerket (8), daß Trajan von den Völkern gleichsam als ihr Herkules angesehen worden, und daß sie ihm unter der Gestalt desselben ein Standbild errichtet hätten. So findet man ihn wirklich auch auf den Kehrseiten mehrerer Münzen, die der Senat zu Ehren dieses Fürsten prägen lies, wohin auch diejenige gehört, die der genannte Schriftsteller genauer beschreibt, und welche im Vaillant, Mezzabarba, *Thesaurus Brandeburgicus*, und anderen Sammlungen, soviel mir wissend, nicht stehen.

Ich übergehe mehrere schäzbare Münzen, die ich in Zeit von mehr als zwanzig Tagen Aufenthalt in den Bädern sammeln konnte; die meisten sind solche, wie sie in Dacien landesüblich waren, und von gleichem Stempel mit denjenigen der mösischen Kolonie in der nähe von Viminatium; ich unterscheide nur eine des M. A. Philippus, worauf Dacien personifizirt erscheint, und um sich her die Insignien der scythischen Vten und macedonischen IVten Legion hat.

Von

(7) DEO. HERCVLI
PRO. SALVTE
DIVI. TRAIANI
AVGVSTI. ET
MARCIANAE
SORORIS. AVG
COLONIA. DAC
SARMIZ

Ibid. pag. XXXXVI. *Nro.* XI.

(8) Forte itaque Romani, TRAJANVM tanquam HERCVLEM suum, qui gloriam saeculi, imperiique amplificaret venerati, hujusmodi statuam, honori ejus dicarunt, *In Prolog. ad Panegyricum Plinii jun. suae editionis.*

Von andern Werken der bildenden Künste, schreibt Caryophilus in der angef. Dissertation, daß man im J. 1736. sieben Statuen des Herkules ausgegraben, die alle nach Wienn gebracht worden sind, wo die schönste derselben in einem Zimmer der k. k. Bibliothek aufgestellt ist, und wo ich sie nur erst in dem abgewichenen 1777sten Jahr gesehn habe. Sie ist über zween Fus hoch, und im schönsten weissen Marmor ausgeführt. Der Gott hält mit der linken Hand den Knaben Hilas im Arm, und in der rechten die Keule, welche er auf den Kopf des erimantinischen Schweins stüzet, gegenüber zu seinen Füssen hat er einen Jagdhund, der vortreflich gearbeitet ist. (Kupfert. III. Fig. 1.) Später gegen das J. 1755. wurde der Sarcophagus einer unbekannten Frauensperson entdekt, auf jeder seite mit einem Bildnisse des Herkules, sowie das übrige in hocherhobener Arbeit ausgeführt, aber von sehr unvolkommener Zeichnung. (Fig. 2.) Man schikte solchen nebst andern Alterthümern nach Wien; da aber das Schif, welches sie auf der Donau überbringen solte, bei Pest zugrundegieng; so ist uns von diesem Denkmal nichts weiter übrig, als eine sehr unvolständige Zeichnung, wie sie damals am Ort selbst aufgenommen, und mir von einem Landingenieur, der daran theilhatte, zugekommen ist. Sie dienet wenigstens das Gedächtnis derselben zu erhalten, und ich habe sie eingerükt, um mein Verzeichnis der römischen Alterthümer in den Bädern des Herkules, soviel an mir ist, nicht unvolständig zu lassen.

Bei den übrigen alten Inschriften, welche man in andern Gegenden der Provinz findet, mache ich den Anfang mit den beiden, welche der Graf Ludwig Ferdinand Marsigli, in seinem grossen Werk über die Donau (9) anführet. Die eine, sagt er, ist aus den Ruinen der abgebrochenen Festungswerker des Kastells von Mehadia hervorgezogen, die andere am Zusammenfluß der Bistra und Temes gefunden worden.

XIX.

(9) Danubius Pannonico-Mysicus. Vol. II.

XIX.

PAVLVS. DEC
COL. CONIVGI
CARISSIMAE
POSVIT

XX.

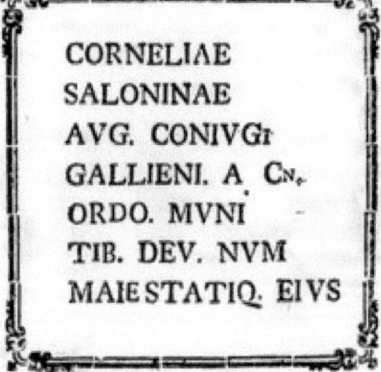

CORNELIAE
SALONINAE
AVG. CONIVGI
GALLIENI. A CN.
ORDO. MVNI
TIB. DEV. NVM
MAIESTATIQ. EIVS

Ich lese diese Inschrift also: Corneliae Saloninae, Augustae conjugi Gallieni Augusti Caesaris nostri, Ordo municipalis Tibiscanus devoto numini, majestatique ejus. Sie befindet sich auch in der ariostischen Handschrift der theresianischen Bibliothek, aus welcher Maffei sie in dem obenangeführten Appendice Musei Veronensis, eingerükt hat. Dieser Marmor ist deswegen schäzbar, weil das municipium Tibiscum vorkommt, dessen Ptolomäus und Strabo gedenken, und es in Dacia riparia am Zusammenfluß der Marösch und Theiß sezen. Ich habe nicht erfahren können, wo dieses Denkmal gegenwärtig aufbehalten wird, was für Nachfragen ich auch anstellen mochte. Das folgende, welches in den äussern Wänden der Kameralkanzlei zu Karansebes eingemauert ist, haben schon Karyophilus, Ariosto und Maffei, nicht aber Sivert, dessen Samlung dacischer Steine doch die jüngste ist.

XXI.

PVB. AEL. VLPIVS. ET. EX. DEC.

HANC. SEDEM. LONGO. PLACVIT. SACRARE. LABORI

HANC. REQVIEM. FESSOS. TANDEM. QVAM. CONDERET. ARTVS

ULPIVS. EMERITIS. LONGEVI. MVNERIS. ANNI

IPSE. SVO. CVRAM. TITVLO. DEDIT. IPSE. SEPVLCHRI

ARBITER. HOSPITIVM. MEM. . . . . FACTOQVE. PARAVIT

Diese schöne und zierliche Inschrift, welche ebenfalls dem Hause der Ulpier angehöret, soll auf dem Berg Mica gefunden worden seyn, und zwar in der Gegend eines alten Thurms, den man sehr unrichtig den

Tharm des Ovidius benennet, in der irrigen Meinung, daß dieses der Verweisungsort des Dichters gewesen, da man doch weis, daß sein Aufenthalt, Tomi, an den Küsten des schwarzen Meeres lag, und er über ein Jahrhunderte früher gestorben ist, als die Römer Dacien eroberten. Ich komme wieder auf die Inschrift. Es ist ein grosses Stük Marmor, ohngefähr fünf Fus in die Breite und zween Fus in die Höhe, auch sieht man von beiden seiten zwo Figuren in römischer Rüstung, von halberhobener Arbeit ziemlich schlecht ausgeführt. Sonst hat sich der Stein aufs beste konservirt; ebenso auch der folgende.

XXII.

MARCIO. TVRIONI
FRONTONI. PVBLICIO
SEVERO. PRAEF. PRAET
IMP. CAESARIS. TRAIANI
HADRIANI. AVGVSTI. P. P
COL.VLPIA.TRAIANA.AVG
DACICA. SARMIZEGET

Gruterus hat diese Inschrift sehr unkorrekt; daher auch Reinesius muthmasset, sie könnte unächt seyn. Maffei, der sie aus dem ariostischen

stischen Manuscript genommen hat, giebt sie korrekter (10); nur daß er statt Turioni, wie ich es nach eigener genauer Beobachtung auf dem Stein gefunden, wie alle seine Vorgänger schreibt Turboni. Vielleicht hat folgende Stelle des Spartianus zu dem Irrthum Gelegenheit gegeben. Er sagt von diesem Turio im Leben des Adrian (11): Lucium Quietum, subiatis gentibus Mauris quos regebat, quia suspectus imperio fuerat, exarmavit; *Marcio Turbone* Judæis ad deprimendum tumultum Mauritaniae destinato . . . . . *Marcium Turbonem* post Mauritaniae praefecturae infulis ornatum, Pannoniae, Daciaeque ad tempus praefecit. Unde statim Hadrianus ad refellendam de se tristissimam opinionem, quod occidi passus esset, uno tempore credita, titulo Egyptiae praefecturae, quo plus auctoritatis haberet, ornato. Diese völlig unbeschädigte, ächte Inschrift mag denn dienen die angeführte Stelle des Spartians zu berichtigen, wo statt Turbone, Turione gelesen werden mus; auch sehn wir daraus, was man vorher nicht wuste, daß er praefectus praetorio in Dacien gewesen, und bei den Völkern der Provinz in solchem Ansehn gestanden, daß die Colonia Ulpia Trajana Augusta ihm zu Ehren ein Denkmal gesezet.

Hulsius meldet, daß man solches auf dem Kirchhofe zu Kernyest in Siebenbürgen gefunden, welcher Ort unweit Warley, wo die gesagte Kolonie ihren Siz hatte, gelegen ist; Lazius hingegen versichert, es sey zu Schäsburg ausgegraben worden; gegenwärtig ist es in der gedachten Kanzlei zu Karansebes, an der Brustlehne der Treppe eingesezt, ohne daß man wüste, woher es dahingebracht worden.

Ich seze noch folgenden Grabstein hinzu.

(10) *Ibid. Append. pag. XXII. N IV.*
(11) *Edit. Aldin. Venet. 1515. pag. 24.*

XXIII.

. . . . FLA
VIA. INGENVA . . .
XIT. ANNOS. XX.
IVLIVS. FLAVIANVS
CONIVGI. MOES . .
H. M. P.

Er ist im Jahr 1776. an einem Abhange des Berges Besedin im moldowa'er Bezirk gefunden worden; ganz nah an der Donau, wo sich wahrscheinlich die alte dacische Kolonie, die bei dem Ptolomäus Centumputea heißt, befunden hat, und welche auch die Peutingerische Tafel dahin sezet. Wenigstens findet man in der Gegend alte Bergarbeiten die als Schächte betrieben sind; ich habe Gelegenheit in der Folge davon zu reden.

Andere Steine mit Inschriften, die im Bannat, oder Dacia ripensi der Alten, zuhausegehörten, sind mir ausser den angeführten keine bekannt; auch weis ich nicht, daß man ausser den angezeigten Statuen des Herkules, mehrere Arbeiten dieser Gattung gefunden hätte. Münzen und Laren sind zwar zu verschiedenen Zeiten, auf den Akerfeldern durch den Pflug ausgestossen, immer aber ausser Landes geschikt worden. Ich bemerke von der lezten Gattung nur zwei Stüke, die ich bei dem Herrn Generalmajor und Kommandanten der Festung Temeswar, Grasen ken Josef von Soro, gesehn, und zwei andere, die ich selbst von einem Raizen in dieser Stadt, um geringen Preis an mich gebracht habe. Die dem Grafen zugehörigen, stellt das eine den Herkules auf seine Keule gestüzt (Kupfert. III. Fig. 3.), das andere den ägiptischen Anubis vor, eine menschliche Figur mit einem Hundekopf, nämlich (Kupfert. III. Fig. 4.). Die meinigen stellen beide ägiptische Gözen vor: ein kleiner Kanopus, (Ebend. Fig. 6.) und eine Isis, welche Arme und Füsse mit Schlangen umwunden hat (Ebend. Fig. 5.). Merkwürdig ist es, daß auf dem lezten, statt der Hieroglyfen, mit denen man dergleichen kleine Figuren fast immer beschrieben sieht, die lateinische Legende, Isis Patrona, sich eingegraben findet; zum Beweis, daß sie in einem römischen Land verfertiget worden. Soviel ist gewis, daß der Dienst der Isis und anderer ägiptischen Gottheiten, bereits von den Zeiten Augusts her zu Rom und im übrigen Italien eingeführet, nach diesem zwar verbannt, aber auch wiederhergestellt, mithin von den lateinischen Pflanzern angenommen war, welche Trajan nach Dacien versezte; wenn man auch nicht zulassen will, das ebendieselben Betrüger, welche diesen Dienst einzuführen sich zu Rom und im übrigen Italien für ägiptische Priester ausgaben, damit auch in diese Gegenden gekommen sind, wo sie in der Folgezeit unter dem Namen der Aegiptier, Faraonen, und Zigeuner sich ausgebreitet, und von daher fast alle europäische Länder überschwemmt haben. Ich will es nicht auf mich nehmen, die streitigen Meinungen der Gelehrten über diesen Punkt zu vergleichen.

Uebrigens waren gewis wenige, von den Römern unterworfene Länder, so reich an grossen und prächtigen Denkmälern, als Daciens tapfere und arbeitsame Völker hinter sich gelassen haben. Ich will nur von einigen derselben, die ich selbst gesehen, wie ich die benachbarten Gegenden des Bannats bereisete, Rechenschaft geben, und hernach zu dem, was im eigenen Umfang der Provinz noch vorhanden, und wirklich bemerkenswehrt ist, zurükkehren.

Es war im Junius 1775. daß ich die Ehre hatte, mit dem k. k. Administrationsrath, Grafen Poting, eine Reise auf der Donau von der mittägigen Gränze, da wo sie Belgrad gegenüber die Theiß aufnimmt, bis gegen Orsova zu machen. Ausser einer Menge Bemerkungen, die ich in Absicht des Laufs des Flusses selbst gemacht, und welche mir bewiesen, wie unrichtig und mangelhaft die Karten des Generals Grafen **Marsigli** sind (12), habe ich auf der langen Schiffarth nur wenige, unbedeutende Alterthümer zu Semendria wahrgenommen; von **Ujpalanka** an aber, wo man in der nähe die Ruinen des in der mittlern Zeit berühmten Schlosses Horom hat, nicht ohne Verwunderung hinundwieder Wege gesehn, in das feste Gestein der Felsen eingehauen, mit denen die Ufer des Flusses gegen Servien, oder dem alten Mösien zu, von Moldova und Kolumbacz, bis Taktalia und Polezin, besezt sind.

Diese Wege sind alle etwas über den Wasserpaß erhoben, einige fünf, andere sechs auch sieben Schuh breit. Die Römer mochten diese Wege angelegt haben, um bei dem Wirbel der in dieser Gegend, noch breiter aber bei der Insel **Poratz** ist, ihre Barken destoleichter vorbeizuziehn, welche auch heutzutage bei niedrigem Wasser nicht ohne Gefahr übergehn.

Zu diesen Arbeiten wurden, unter der Regierung des Kaisers **Tiberius**, die Kriegsvölker in Mösien, und von den Legionen die IVte scythische und Vte macedonische gebraucht; welches zwo Inschriften andeuten, die in den Felsen, an deren Abhang ganz nah an **Poletin** eine dieser Strassen vorbeigehet, annoch lesbar sind. Die Strasse selbst ist breiter als die übrigen, und zieht sich auch eine längere Streke fort. Da **Marsigli** diese Inschriften sehr fehlerhaft mitgetheilt hat, so will ich beide von diesen Fehlern gereinigt hier einrüken; die Lage der Gegend, wo sie sich befinden, ist auf der IVten Kupfertafel abgebildet.

XXIV.

(12) Im angeführten Werk *Tom. II.*

XXIV.

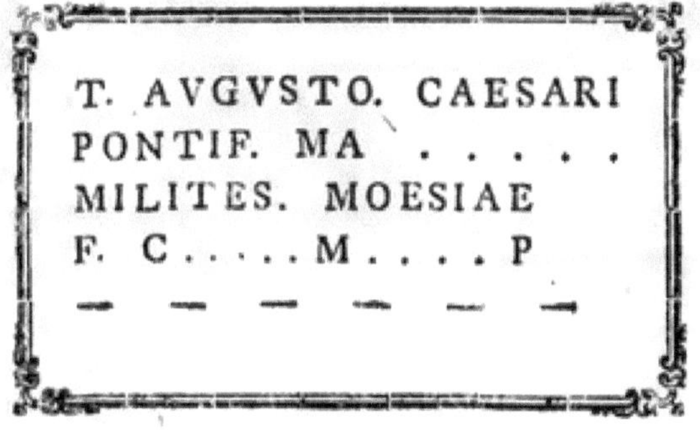

T. AVGVSTO. CAESARI
PONTIF. MA . . . . .
MILITES. MOESIAE
F. C . . . . . M . . . . P
— — — — — —

XXV.

TIB. CAESARI. AVG. DIVI
AVGVSTI. F. IMPERATORI
PON. MAX. TR. POT. XXX
LEG. IIII. SCYTI. ET. V.MACED

Einige Meilen von dem genannten Orte hin, entdekt man an den Klippen, aus welchen der untere Theil des Gebirges von dieser seite besteht, hinundwieder tiefe, vierekigte Oefnungen, und zwar höher als der Wasserpaß angebracht. Dergleichen sind besonders vor und hinter Malagolumbina zu sehn, wo das Bette der Donau so enge wird, daß

daß es kaum über einen Pistolenschuß in die Breite hat. Man sieht offenbar, daß in irgend einem Umstand, da Nothwendigkeit und Eile solches heischten, diese Oefnungen in den Stein gemacht wurden, um starke Balken darinn zu befestigen, die man nachdem mit dünnern Balken oder starken Bretern der quere nach belegte, so daß sie einen Gang formirten, der auf eine zeitlang ebenden Dienst leisten konnte, als der in den Fels gehauene Weg zu Taktalia; indem es bei dem engen, öfters wirbelhaften Flußbette, nöthig war die Schiffe zu ziehn, um sie in Bewegung und auf die rechte Bahn zu bringen.

Dergleichen Oefnungen sieht man noch weit hin am fusse eines Berges, der völlig nakt von allen Pflanzen, sich gegenüber dem Dorf Ogradina erhebt. Dieses Dorf liegt am jenseitigen Ufer der Donau, und ist dem Militardistrikt von Mehadia zugetheilet. In einer Länge von mehr als zwanzig Schuh, formiret der Gebirgsfus eine Art natürlicher Stiege, welche zu einer Inschrift, mit sehr grossen Buchstaben, führet: zween geflügelte Genien halten die gerollte Tafel, von jeder seite ist ein Delfin angebracht, die beide mit den Schweifen in ein Dach, oder Gewölbe, endigen, welches nach Quadratfeldern verzieret, und wo im mittleren Feld der römische Adler mit ausgebreiteten Flügeln eingehauen ist. Unter diesem Dach halten sich öfters die türkischen Fischer der Gegend auf; da sie ihr Feuer darunter haben, so sind all diese Arbeiten schwarz, mit Rus bedekt, die Inschrift selbst verdorben und ihre Buchstaben verwischt. Nur die ersten zwo Zeilen haben sich noch lesbar erhalten.

XXVI.

XXVI.

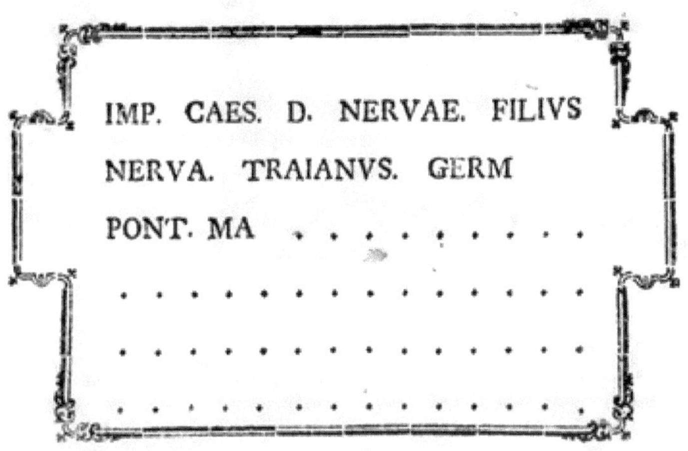

IMP. CAES. D. NERVAE. FILIVS
NERVA. TRAIANVS. GERM
PONT. MA

Marsigli giebt mit seiner Abbildung (14) eine sehr schlechte Idee von der Pracht dieses Denkmals; wirklich wird man beim Anblike desselben von einem ganz andern Gefühl durchdrungen, selbst wenn man die Absicht, warum es dasteht, nicht wissen solte. Ich habe mich daher verbunden geglaubt, eine richtigere Zeichnung (Kupfert. IV.) zu geben; der Unterschied zwischen beiden ist auffallend.

Zamosius (15) war einer der ersten, der das Fragment dieser Inschrift so bekannt gemacht hat, wie ich es fand; und so steht es auch beim Fabretti (16), der es wahrscheinlich aus ihm entnommen hat. Ich begreife nicht, wie Caryophilus, der ihn in seiner Dissertation über

(14) Angef. Orts.
(15) *In antiquae Daciae analectis.*
(16) *Syntagma de columna Trajani, cap. VIII, pag.* 234.

die herkulischen Bäder doch anführet, die Worte DIRVPTIS. MONTIBVS sezen kann, die sowie sie heutzutag fehlen, schon zu den Zeiten des Zamosius nicht zu lesen waren, und daher schlechterdings untergeschoben sind.

Ich kann dieses Denkmal nicht anders geben, als ich es gegenwärtig finde. Fragment, wie es ist, giebt es noch genug zu erkennen, daß die Absicht der Inschrift war die Nachwelt zu belehren: wie Trajan, nachdem er bei dem Paß von Taktalia seine Völker in Barken übergesezet, und in der Eile bei Malagolumbina einen Weg angelegt, in dieser Gegend wo izt das bannatische Dorf Ogradina ist, gelandet sey, um sich von daher über das benachbarte Gebirg, in das Innere des feindlichen Landes auszubreiten. Es war dieses Trajans erster dacischer Feldzug, der in sein viertes Konsulat und das J. 103. der christlichen Zeitrechnung fällt. Daher heißt dieser Kaiser in der Inschrift blos Germanicus; er hatte damals noch nichts in Dacien unternommen, und sein zweiter Beiname, Dacicus, war ihm nach dem Zeugnis des Diokassius vom Senat erst beigelegt worden, wie er siegreich seinen ersten Feldzug geendigt hatte.

Noch mus ich anmerken, daß Zamosius sehr übel berichtet war, wenn er glaubt, dieses Denkmal sey an der Brüke Trajans selbst gestanden, und unter den Ruinen derselben hervorgezogen. Alle Scriptores historiae augustae sagen uns, daß diese Brüke, auf Befehl Trajans und unter seinem fünften Konsulat, d. h. im J. C. 105. von dem Baumeister Apollodorus Damasenus errichtet wurde; ebendamals, wie nach der Empörung des Königs Decebalus, der Kaiser seine Waffen zum zweitenmal wider Dacien kehrte.

Die Ruinen selbst, wie sie der Graf Marsigli beschreibt, befinden sich beinah fünf deutsche Meilen von der erstgesagten Lage entfernt, über den grossen Donaufall (cataractae Danubiales) heutzutag Demirkapi hinaus, ganz nah an Sozoreny, einem Orte der westlichen Walachei, dem alten Schlosse Severinum und Czerniz mitten inne. Sie bestehen in zween grossen Pfeilern, jeder zu drei Klaftern Breite, die sich nah

am

am Ufer erheben, nebst den Spuren von zwo Festungen, deren auf jeder Seite des Flusses eine angebracht war, den Eingang der Brüke zu deken. **Marsigli**, der diese Ueberbleibsel genau untersucht, und die Entfernung der beiden Pfeiler 17 1/2 Klafter gefunden hat, rechnet verhältnismässig zur Breite der Donau in dieser Gegend, 23 Pfeiler und die ganze Länge der Brüke, auf 443 Klafter: die Mauern dieser Pfeiler sind Bruchsteine mit Ziegeln überkleidet; die 22 Bogen, sowie der ganze, obere Theil der Brüke, waren wie unser Schriftsteller allem Anscheine nach vermuthet, Zimmerwerk aus Eichenholz. (17)

Diese Beobachtungen entsprechen ganz nicht der Beschreibung, welche **Diokassius** von der Brüke giebt (18), über welche die Gelehrten ohnedies schon getheilt sind. Einige halten sich mit **Marsigli** überzeugt, daß die gesagten Ueberbleibsel wirklich von der Brüke **Trajans** sind;

(17) *Danubius Pannonico-Mysicus. T. II.* Ebendesselben Verfassers Schreiben an den P. **Montfaucon**, in *Sallengre Nov. Thesaur. Antiqu. Roman. T. I, p. 25. sqq.*

(18) Per ea tempora TRAIANVS lapideum pontem in Istro fecit, opus sane mirandum & maxime memorabile, cui caetera illius opera vix adaequare possis. Viginti stant ex quadrato lapide pilae, qualium altitudo centum & quinquaginta pedum, praeter fundamenta habetur: latitudo sexaginta pedes continet: distant inter se centum & septuaginta pedibus, fornicibus vero conjunguntur. Impensa profecto ingens, & vix credibilis, Sed illud mirari convenit, qua ratione & quibus viribus, quoque artificio in illa gurgitum altitudine, tamque praecipiti fluvio, singulae columnae extrui valuerint, tantarum molium fundamenta stabiliri: vada praeterea limosa erant, neque amnis alio modo averti poterat. Quanta vero sit altitudo aquae, & quam latus pateat amnis, haud equidem ennaraverim. Diffunditur per ea loca spatiosus, atque interim triplo priori sua parte major, aut restagnat aut defluit, qua vero arctatur, vorticosus & ferox, aedificia & pontes non patitur, & rursum liberatus angustiis, in pelagi formam totus exspaciatur, iterumque coit quasi retentus profundior, & rapidus fertur. Arduum itaque, & maxime laboriosum fuit, in ea fluminis parte pontem aedificare. u. s. w.

sind (19); andere sind der Meinung (20), daß man diese anderswo suchen müsse, und glauben sie in der Gegend zu entdeken, wo der Fluß **Aluta**, heutzutag Olt, nachdem er die Gränzscheidung zwischen Siebenbürgen und der Walachei gemacht hat, seine Wasser vor Nikopolis in die Donau schüttet. Wirklich sieht man hier, von beiden Seiten des Stroms deutliche Spuren, daß hier eine grosse Brüke mus gestanden haben; auch sieht man dicht am Ufer hin einen Weg angelegt, der völlig die Bauart der römischen Heerstrassen hat, noch izt via Trajana genennet wird, und sich längs der Aluta bis an das eiserne Thor ziehet, welches, wie bekannt, der Eingang zu Siebenbürgen und der Moldau ist.

Auch **Marsigli** hat diese Ueberbleibsel gesehn (21). Er hält sie für Ruinen einer andern Donaubrüke, die später von **Konstantin** dem **Grossen** geschlagen worden, als er wider die Gothen zog, die von den Zeiten **Galiens** her, in Dacien eingefallen waren und sich daselbst behauptet hatten. Doch hierinn beschuldigen ihn die Vertheidiger der andern Meinung eines starken Irrtums. Nach ihnen hätte die römische Heerstrasse ihm Beweis genug seyn sollen, daß dasjenige ein Werk **Trajans** seyn müsse, was er **Konstantin** zuschreibt; dann hätte er nicht nöthig gehabt, von der Beschreibung des **Diokassius** abzugehn, der als ein beinah gleichzeitiger Schriftsteller doch Glauben verdient; er hätte, wie ein Irrthum immer den andern nach sich zieht, uns nicht die bekannte Münze **Trajans**, wo auf der Kehrseite, nach allen Alterthumskennern, keinen ausgenommen, der Hafen von Ostia vorgestellt ist, für eine Abbildung der vom **Apollodor** erbauten Brüke gegeben; vielmehr sich begnügt eine

(19) Ich will unter sovielen andern nur folgende anführen. *Cuspiniani comment. de consulibus Romanorum p.* 418. Ebendesselben *Oratio protreptica de bello contra Turcbas suscipiendo. Paullus Jovius Histor. sui temporis. Sambuc. rer. Hungaricar. Append. ad Bonfinium Lib. I.*

(20) Unter dieser Zahl war auch der gelehrte **Schwarz**, in der *Exposit. numorum veterum* die seiner schon angeführten, zu Nürnberg 1746. herausgekommenen Ausgabe des **pliniusischen Panegirikus**, p. 53. vorgesezt ist.

(21) Ebenderselbe ebendas.

eine andere Münze dieses Kaisers, von seinem fünften Konsulat, anzuführen, worauf man den personifizirten Donaustrom mit der Ueberschrift DANVBIVS sieht, und welche nächst Dions Beschreibung das ächteste Dokument ist, welches wir von dieser bewunderswehrten Unternehmung haben (22). Die Münze Konstantins, mit welcher Marsigli die Brüke an der Aluta erläutern, und sie diesem Kaiser zuschreiben will, beweiset nichts; da eine andere grosse Münze Konstantins vorhanden ist, (23) auf deren Kehrseite man das Gebäude an beiden Enden mit Thürmen befestigt sieht, welches genau mit den Beobachtungen übereinkommt, die der Graf selbst über die angezeigten Ruinen bei Severin und Czernes anstellt.

(22) *Lipsius de magnitudine romana lib. III. cap. 13. Zamosius, Analect. Inscript. Dacic. cap. IV.*

Gruterus, und andere Samler römischer Inschriften, sowie die Kommentatoren der angeführten Stelle des Diokassius, haben noch folgenden Marmor den immer einer vom andern kopirt, und der in einem von den Forts, die an der Brüke Trajans angelegt waren, demjenigen von der seite von Dacien, sich soll befunden haben.

PROVIDENTIA
AVG
VERE. PONTIFICIS
VIRTVS. ROMANA
QVID. NON. DOMAT
SVB. IVGVM. ECCE
RAPITVR. ET. DA
NVVIVS

Sivert, der lezte Samler dacischer Denkmäler, zweifelt an der Aechtheit dieser Inschrift; ich habe mir daher nur die angezeigte Münze, nebst der Stelle des griechischen Geschichtschreibers, als Beweise für die Errichtung der Brüke, anzuführen getrauet.

(23) Ich habe solche sehr schön konservirt im k. k. Münzkabinette zu Wien gesehn.

Ich meines orts verlange nicht zu entscheiden, wem diese Denkmäler der römischen Grösse eigentlich zuzuschreiben sind; meine Absicht war mehr nur ihre Ueberbleibsel zu beschreiben, und die Gegenden zu bestimmen, wo sie sich befinden.

Ein nichtminder schäzbarer Gegenstand sind die berühmten Bergwerke, die noch zu Trajans Lebzeiten erschürft worden sind. Ich übergehe diejenigen von Salakna in Siebenbürgen (Dacia mediteranea) wo man aus den noch vorhandenen Inschriften in Stein ersiehet, daß daselbst ein Collegium aurarium gewesen. Also nur vom Bannat zu reden, behauptet man nicht ohne Grund, daß einige im Bergamt Saska befindliche alte Gruben römische Arbeiten seyn müssen, so wie es unläugbar auch diejenigen sind, welche in dem benachbarten Moldova oder Bosniak im besediner Gebirg gesehen werden, wo man im J. 1776. die oben unter Nro. XXIII. eingerükte Grabschrift ausgegraben hat, und wo wahrscheinlich, wie ich dort schon bemerkt habe, die Kolonie von Bergvolk, Centum putea genannt, angelegt gewesen ist.

Allezeit werden diese Arbeiten ein Gegenstand der Bewunderung für jeden wahren Kenner bleiben, der sie am Orte selbst beobachtet und seine Betrachtungen darüber anstellt. Sie sind durch das festeste Gestein betrieben, und die Felsen, welche man heutzutag mit Schiespulver sprengt, mit Schlägel and Eisen gewältiget, dabei aber einige Wände so gerade, glatt und polirt, als die mühsamste Steinmezenarbeit.

Die Oefnungen der Schächte und Stöllen sieht man aus den ganzen Steinmassen gehauen, welche theils schiefer- theils kalkartig sind, und von elliptischer Figur — alles bemerkens- und untersuchenswehrt, sowol wenn man die kühne Unternehmung an sich, als die schwere Arbeit der Knappen bedenkt, die zu solcher verurtheilt waren: ad metalla damnati. So ist es aus der Kirchengeschichte bekannt, daß eine Menge der ersten Christen, von den Zeiten Trajans an zu rechnen, auf solche art nach Dacien geschikt worden sind.

Ausser-

Ausserdem hat das Bannat noch eine andere Gattung Alterthümer, die nichtweniger die Aufmerksamkeit des Beobachters heften. Ich rede von den grossen Wällen oder Linien, die man hinundwieder auf seinen weiten Ebenen antrift. Der erste nimmt seinen Anfang von der Mitternachtseite, nah an der Marosch, und erstrekt sich in krummer Linie über Parathas und Mercidorf bis Bogda, nah an das linke Ufer des Beg; hier weiter hin gegen Mittag, haben die starken Ueberschwemmungen, durch welche die beiden grossen Moräste, Illancer und Alibonar entstanden sind, auch den Wall unterbrochen, von dem man sofort nur abgesezte Linien mit mehreren weiten Oefnungen sieht, die sich in die sogenannten Sandhügel endigen; und so laufen die Trümmern dieser Arbeiten bis Ploschniza, ganz nahe bei Kubin, welches das alte Schloß Kevee ist, so daß sie beinah das linke Ufer der Donau erreichen. Das wäre die erste Linie.

Die zwote geht von der Marosch aus, über den deutschen Pflanzort Gutenbrunn; von daher sie in einer geraden Diagonale sich gegen Fibis erstrekt; dann weiter hin über Csernethas, Temeswar ganz nahe kommt, indem sie die beiden Vorstädte, Mihala und Josefstadt in einigen Lagen durchkreuzet, eh sie über Freidorf weg, die Temes erreicht, und jenseits des Flusses über Sighet und Seebel, durch die weite Ebene bis Denta, St. Georg, Homor und Moraviza, auslauft. Sie wird von den Flüssen Temes, Pirda, Bersova durchschnitten, und endigt sich an der Morgenseite des Morastes Alibonar, über Margita hinaus.

Auch die dritte Linie fängt sich von der Marosch an, nicht weit von Neudorf, einem deutschen Pflanzort, und verlängert sich über Greisenthal. Sie erreichet den Beg bei Nemete, und zwischen Meduesch und Tragschina die Temes. Von dem leztern Fluß lauft sie gegen die Pirda und weiter gegen die Bersova, verliert sich gleichsam in den fetten Boden von Werschez, verlängert sich über Gatsol und endigt ohngefähr, wo der Fluß Karasch bei Uipalanka in die Donau fällt. Wäre dieser dritte Wall welcher das ganze Bannat der Breite nach durchschneidet, eine gerade Linie; so würde sie ohngefähr siebzehn deutsche Meilen betragen: wie sie

ist,

ist, mit den vielen Krümmungen, spizigen und stumpfen Winkeln, welche sie in ihrem Laufe macht, möchte man ihre ganze Länge wol über vierundzwanzig Meilen rechnen dürfen.

Die Architektur dieses grossen Erdwalles, und der beiden vorerwähnten, ist sich gleich. Man unterscheidet, da wo sie sich am besten erhalten haben, zwo Linien, die von beiden seiten, jede durch ihren Graben beschüzt, und durch einen zwischenlaufenden dritten Graben unter sich selbst getheilt sind. Wenn nach sovielen Jahrhunderten, troz den Verwüstungen der Zeit und Witterung, ihre Höhe in einigen Gegenden noch sechs bis sieben Fus übersteigt: wievielmehr musten sie sich über die Erde, aus der sie aufgeworfen sind, erheben, da sie noch neu waren und von den gesagten zerstörenden Ursachen nichts gelitten hatten?

Noch andere dergleichen Wälle von den vorigen wenig verschieden, findet sich einer über der Theiß, der von Ratzis-Beckse, in krummer Linie, fast bis Neusaz, Peterwardein gegenüber (in Yazygia Pannonica) fortläuft: ein anderer über der Marosch, erstrekt sich ein beträchtliches Stük Landes durch das heutige Komitat Arad, bis an Simanda hin.

Alle diese Wälle werden von den Deutschen gewöhnlich Römerschanzen genennet. Ich weis nicht mit welchem Grunde; da kein Zeugnis irgend eines alten Schriftstellers vorhanden ist, daraus sich, daß solches wirklich römische Arbeiten wären, nur vermuthen liesse, oder sonst einer Gelegenheit gedächte, bei welcher sie errichtet worden sind.

Einige sezen sie in die Zeiten **Adrians**, als hätte sie dieser Kaiser ebenso wie ähnliche Arbeiten in Brittanien und Deutschland aufwerfen lassen; mit sowenigem Grund als andere, die sie dem Kaiser **Aurelian** zuschreiben, der solche nach dem **Eutropius** angeordnet haben soll, um Pannonien vor den Einfällen der Gothen sicher zu stellen. Man weis, daß dieser Kaiser sich genöthigt gesehen, den grösten Theil der lateinischen Pflanzer in Dacien bis in das Herz von Mösien zurükzuführen, und aus gleicher Absicht die berühmte Brüke **Trajans** abzubrechen.

Viel-

Vielmehr war es die Gewohnheit der asiatischen Völker, sich in den Ländern, welche sie eingenommen hatten, zu verschanzen, hier mit Ringmauern; dort mit Erdwällen, wie es die Gelegenheit gab, sich des einen oder des andern Materials zu bedienen. Der Verfasser der Recherches philosophiques sur les Egiptiens & les Chinois (24) giebt uns die Geschichte dieser Gattung Festungsarbeiten, von denen mehrere auch heutzutage noch bestehen, und worunter diejenige, welche China zur Vormauer gegen die grosse Tatarei dienet, Van-ly genannt, die berühmteste ist. Er hat jedoch ganz auf die Arbeiten der Hunno-Avaren vergessen, die in der Sprache der mittleren Zeit Agani, Ringi, Circuli heissen. Diese Völker, tatarischen Ursprungs, fielen in der zwoten Hälfte des sechsten Jahrhunderts in Europa ein, grifen das alte Dacien, sowie beide Theile Pannoniens an, und befestigten sich in ihren neuen Sizen mittelst dieser Schanzen, die der Hauptgegenstand ihrer Industrie waren. Man findet Zeugnisse hievon, und auch vollständige Beschreibungen dieser Schanzen, bei dem Mönch von St. Gallen, im Leben Karls des Grossen, (25) bei dem Eginhard, (26) bei dem ungenannten sächsischen Annalisten (27) und anderen gleichzeitigen Schriftstellern. Ich will nur den sächsischen Annalisten reden lassen. Terra *Hunnorum* qui & *Avares* dicuntur, ut antiquorum temporum relatores testantur, IX. *Circulis*, quas Teutonici *Haga* vocant, cingebatur, qui singuli ita stipitibus quercinis, seu faginis abiegnisve erant extructi, ut de margine ad marginem XX. pedum spatio tenderentur in latum, & totidem subrigerentur in altum, cavitas autem universa aut durissimis lapidibus, aut creta tenacissima repleretur, superficies vero vallorum integerrimis cespitibus tegeretur. Inter quorum confinia plantabantur arbusculae, quae abscissae atque projectae, ut cernere solemus, comas caudicum foliorumque

(24) *Part. II. Sect. III. Tom. II.*

(25) *Lib. II. cap. 2.*

(26) *Rerum Francicarum lib. XXV. cap. 90.*

(27) *In Collectione Historicorum medii aevi J. Georgii Echardi Tom. I. p. 158.*

que proferunt. De primo usque ad secundum XX milliaria Teutonica protendebantur; sicque ad tertium & usque ad nonum, quamvis iidem circuli, alius alio multo contractiores fuissent. Inter hos aggeres ita vici, villaeque erant locatae, ut de aliis ad alias hominis vox posset audiri. Contra eadem vero aedificia inter inexpugnabiles muros, portae non satis latae erant constitutae, per quas latrocinandi gratia non solum exteriores, sed etiam interiores, solebant exire. De circulo quoque ad circulum sic erant possessiones, & habitacula undiqueversum ordinata, ut clangor tubarum inter singula cujusque posset rei significantius audiri: Ad has munitiones per ducentos adeo amplius annos, omnium occidentalium divitias congregantes; cum autem Gothi & Vandali quietem hominum turbaverunt, orbem occiduum pene vacuum relinquerant (28).

Der

(28) Aventinus *Annal. Boicor. lib. IV. pag.* 333. *edit. Ingolstad.* 1554. giebt uns aus der Stelle des ungenannten Sachsen, und der angeführten sowol, als anderer Schriftsteller Beschreibungen folgende Idee von diesen Ringen. Porro AVARI portionem suam novem segmentis & circulis, quos *Rhingos* & *Landuveras*, nuncupant, tutandi causa cinxerant. Distabant inter se hujusmodi tutelae circiter millia passuum quadraginta, unaquaeque circuitu millia passuum quinquaginta amplectebatur, & septa erat aggere militari sine fossa, qui murus a *varrare*, a Teutonibus *Haga*, *Hecca* pervocari solent. His item contrarii jungebantur e regione vicenum pedum intervallo: id ubi aut salicibus constratum, limove completum erat, cespitibus integris contegebatur. Latitudo igitur hujusmodi sepimenti extendebatur viginti pedibus, totidem altitudo eminebat. Obseri solebat utrinque, intus & extra, hoc genus valli salicibus majoribus, ulmis, albis populis atque arboribus, quae potatae propagine farciunt locum senescentium. Hae enim ubi pullularunt vel maxime fructuosae sunt, sustinent sepem, frondem jucundissimam pecori atque bobus ministrant. Virgas praebent sepibus, ligna foco, ac furno. Tam insuperabile munimentum, perangusta velut a latrocinantibus adhibetur porta. Intra hosce aggeres, vici & villae, quantum vox humana hauritur, distabant: extra vero illa septa, praedia & aedificia ita quaqueversum disposita, sitaque erant, ut in unoquoque quodvis signum tuba datum in altero audiretur. Proximi invicem quiritari poterant, ne procul repetendum esset multum auxilium. In haec tutissima sive castra, sive latibula adpellari libeat, per trecentos ferme annos, omnium gentium latrones, opes orbis congesserant.

Der erste von diesen Ringen nahm einen grossen Strich von Dacia mediterranea, oder Siebenbürgen ein; der zweite war in den Ebenen von Dacia riparia, dem heutigen Bannat Temeswar angelegt, und hies Hiringius Horomiensis, von dem Schloß Horom, izt Ujpalanka an der Donau, welches an der Spize der Hauptschanze war; die übrige sieben fanden sich gegen mitternacht über der Marosch (Marisius) und gegen abend über der Theiß, (Tibiscus) von daher sie sich durch Ober- und Niederpannonien ausbreiteten. Der Hauptring, wo der Kagan oder Fürst der Nation seine Residenz hatte, war in der Gegend von Ofen. M. Bel hat in einer von seinen Karten, welche den alten, mittleren und heutigen Zustand des Königreichs Ungarn darstellen, und welche zu Presburg, sowol einzeln als mit seinem grossen historischen Werk, ausgegeben worden sind, die eigentliche Lage und Austheilung dieser hunno-avarischen Ringe, vor augen gelegt.

In den Jahrbüchern des P. Pray (29) sind die übrigen Unternehmungen dieser Völker beschrieben. Er beginnet ihre Geschichte mehrere Jahrhunderte früher, als sie aus Asien nach Europa gezogen sind, und verfolget sie bis ins achte Jahrhundert der gemeinen Zeitrechnung, wo durch die siegreichen Waffen Karls des Grossen, unter Anführung Herzogs Heinrichs von Friaul, ihr Hauptring, sowie alle übrigen in Pannonien erobert und zerstöret wurde (30). Sie hatten dahin von langer Zeit her den Raub der Nationen gesamlet. Pipin schikte die gefundenen Reichthümer seinem grossen Vater nach Aachen, der sie grossentheils dem h. Stuhl zu Rom schenkte, das übrige aber unter seinem Hof und Kriegsstaat austheilte (31).

(29) *Annales Hunnor. Avarorum & Hungaror. Diss. II.*

(30) Sed & *Ericus* Dux Forojulensis, missis hominibus suis cum *Voromiro* Sclavo in Pannonias, *Hiringium* gentis *Avarorum*, longis retro temporibus quietum, spoliavit. *Annales Francorum auctiores ab anno* 708. *apud* Andr. du Chesné *Hist. Francor. Scriptores*. T. II.

(31) Missus est a Rege CAROLO M. Romae ad LEONEM PONTIF. ad hoc Engilbertus Abbas Monasterii S. Richarii. Per quem etiam tunc ad S. Petrum

Aventin hat eine merkwürdige Stelle, bei Gelegenheit des Zugs dieser Völker wider die Franken, die ich nicht übergehen kann. Non exstiterat in memoria hominum bellum, ubi tantum auri & argenti & divitiarum Franchi comparassent. Antea pauperes fuerant, bellum Hunnicum ditissimum militum Francum reddidit. At e diverso hostium omnium nobilitas periit; plurima edita sunt praelia, multum sanguinis effusum est. Omnis gloria, qua longo tempore Hunni clarissimi extiterant, extincta, gaza, thesauris, praeda omni, nostri potiti sunt. Terra ita ferro, caedibus, flamma attrita, ut ne vestigium qvidem Regiae adpareret. Nomen Avarorum-Hunnorum, simul cum gente excisum, evanuit (32).

Nach diesen ersten Eroberungen suchte Pipin die Avaren, wie er sie aus ihren Verschanzungen oder Ringen herausgeworfen hatte, überall auf, und nur über der Theiß fanden die Reste der Völkerschaft ihre Sicherheit. Und so ist es begreiflich, wie in dieser Gegend, oder dem Bannat Temeswar noch Spuren von den beschriebenen Arbeiten übrig sind, von demjenigen Ringe nämlich, welcher, wie bereits erwähnt worden, Hiringius Horomiensis hies, und nicht mit den übrigen das Schiksal hatte, daß er wäre zerstört und der Erde gleichgemacht worden.

Ich müste sehr irren, oder der Ursprung der bannatischen Erdwälle leidet keinen Zweifel mehr. Es ist ganz unrichtig, wenn man ohne allen historischen Beweis, oder auch nur wahrscheinliche Vermuthung, sie für römische Arbeiten ausgeben will; da es doch im gegentheil nicht an Zeugnissen der Schriftsteller aus der mittleren Zeit fehlet, die klar genug darthun, daß diese Denkmäler barbarischen Ursprungs sind. Und so solte man

trum magnam partem thesauri, quem Ericus Dux Forojulensis, spoliata Hunnorum Regia, quae Rhingus vocabatur, eodem anno de Pannonia Regi detulerat, misit: reliquum vero inter optimates & aulicos, caeterosque in palatio suo militantes, liberali manu distribuit. *Ibidem.*

(32) *Annal. Doicor. Ibidem.*

man sie nicht Römerschanzen, sondern nach dem Aventin, hunnisch-abarische Linien, oder Landwehren heissen.

Soweit geht meine Kenntnis von Alterthümern, welche Römer und Barbarn im Bannat zurükgelassen haben. Ich unterwerfe meine Vermuthungen über diese Denkmäler Eu. Excellenz geschärften Beurtheilungskraft, die leicht ersezen und selbst hinzudenken wird, wo meine Einsichten nicht hinlänglich gewesen sind, den Gegenstand überall, wie er es verdiente, aufzuklären. Und so, gnädiger Herr, darf ich mir schmeicheln, Hochdieselben werden meinen Versuch mit huldvoller Nachsicht beurtheilen, und in gewohnten Gnaden den tiefesten Respekt annehmen, mit welchem ɀc. ɀc.

Ende des ersten Theils.